성장독서 **HOW**

성장독서 **HOW**

초판 발행 2020년 4월 16일

지은이 이삼형, 이희용, 지은희, 길호현
펴낸이 박찬익

펴낸곳 (주)**박이정** | **주소** 서울시 동대문구 천호대로 16가길 4
전화 02) 922-1192-3 | **팩스** 02) 928-4683 | **홈페이지** www.pijbook.com
이메일 pijbook@naver.com | **등록** 2014년 8월 22일 제 305-2014-000028호

ISBN 979-11-5848-445-3 93370

성장독서HOW

이삼형 이희용 지은희 길호현 지음

(주)박이정

독서가 성장에 도움이 된다는 것은 아주 오래된 상식이다. 우리는 독서를 통해서 세상을 알아가고, 생각을 키우고, 우리 삶을 풍족하게 한다고 알고 있다. 그래서 독서를 해야 한다고 사람들은 이구동성으로 말한다. 그처럼 당연한 상식을 이 책은 들고 나왔다. 왜일까?

그것은 우리 주변에서 이루어지는 독서가, 특히 학교에서의 독서가 본연의 모습을 찾고 있지 못하다는 생각에서이다. 그동안 학교에서는 소위 '학습독서'라고 해서 교과 학습에 도움을 주는, 지식과 정보를 얻거나 구성하는 데에 중점을 두는 독서가 주류를 이루었다. 그런데 진정한 의미의 독립적 독자를 키우는 데에는 성공한 것처럼 보이지 않는다. 학습자들의 학습능력이 크게 향상되었다는 이야기를 들어보지 못한 것이 이를 방증한다. 이는 사회에서 이루어지는 독서도 마찬가지이다. 한때 홍수처럼 자기개발서가 쏟아져 나왔음에도 자기 성취를 이룬 사람들을 보기는 쉽지 않다. 왜일까?

학교에서나 사회에서나 이루어지는 독서가 책읽기에서 끝나버리기 때문이다. 자신의 삶에 투영되지 않고 문자의 이해나 어떤 지식이 어떤 책에 있다는 것을 아는 것에 그친다. 누가 이렇게 이야기했다고는 알지만 그것이 자신의 삶에 투영되지는 않는다.

우리는 앎이 삶으로 연결되고, 삶이 진정한 앎으로 나아가는 선순환적인 구조를 지향하고자 한다. 이러한 선순환적인 구조를 이루어야 성장할 수 있다. 선순환 구조의 시발점은 내가 일상에서 보고, 듣고, 체험한 모든 것이 될 수 있다. 그 중에서도 우리는 독서가 가장 든든한 시발점을 이룰 수 있다고 확신한다. 이것이 우리가 이야기하는 '성장독서'이다.

그러나 솔직하게 고백하건데 우리가 가야할 길은 아직 아득히 멀다. 이상이 아무리 훌륭하더라도 방법이 부족하면 공허한 법이다. 그럼에도 불구하고 세상에 이 책을 선보이는 것은 묵혀두는 것보다 생각을 공유하는 사람들과 함께 길을 가고 싶기 때문이다. 길을 가면서 갈고 다듬어져 더욱 발전된 '하우'로 나아갔으면 하는 바람이다.

이 책이 나오기까지는 오랜 세월이 걸렸다. 함께 공부하면서 '성장독서'라는 핵심 개념을 발견한 것은 십년이나 되었다. 그동안 이희용 선생이 성장독서를 주제로 박사 학위 논문을 펴냈고, 지은희 선생이 성장독서연구소를 개설하였으며, 길호현 선생이 GROWTH 모형을 구안하였다. 쉽게 풀리지 않는 문제들이 많았음에도 불구하고 '성장독서'라는 개념을 버리지 않고 작업을 진행해 준 지은희, 이희용, 길호현 세 명의 박사에게 치하와 감사의 마음을 전하고 싶다.

아울러 어려운 사정에도 출판을 흔쾌히 허락해 준 박이정 박찬익 사장님과 실제 작업 과정에 많은 도움을 준 심재진 실장님께 감사의 마음을 전하고 싶다.

저자를 대표해서 이삼형 서

성장독서가 궁금해요

Q 성장독서란 무엇인가요?

A 성장독서는 독자의 삶을 총체적으로 성장하도록 도와주는 독서입니다. 성장독서는 독서 경험을 통해 독자 스스로 자신의 호기심이나 문제를 해결할 수 있도록 도와주는 독서 방법론이자 사회 • 문화 운동이라 할 수 있습니다. 특히 독자의 생애 역량을 총체적으로 성장하도록 돕는 것을 본질로 합니다. 따라서 성장독서는 독자의 삶의 양식을 결정짓는 경험 그 자체라 할 수 있습니다. 기존의 독서 방법론이 학생의 삶의 맥락과 유리된 탈맥락적인 것인데 반해 성장독서는 학생들이 자신의 삶을 기반으로 자신의 문제를 스스로 탐구하고 그 것을 삶 속에서 해결하며 이러한 과정에서 즐거움을 느끼고, 이것이 순환되어 생애 독자, 성장 독자로 나아갈 수 있게 하는 독서 방법론입니다. 또한 개인의 성장에만 그치는 것이 아니라 독서를 통해 스스로 성장할 수 있는 문화를 창조하여 사회의 성장을 도모하기 하기 때문에 사회 • 문화 운동이라고 볼 수 있습니다.

Q 성장독서는 왜, 중요한가요?

A 성장독서는 '나침반'과 '학생 에이전시'의 역할을 할 수 있습니다. 최근 OECD에서는 THE OECD Education 2030 프로젝트를 추진하면서 학생들이 미래 사회를 대비하기 위해 여러 개념들을 제시하고 있습니다. 여기서 주목해야 할 것은, 학생들로 하여금 그들의 미래를 설계할 수 있도록 돕는 것을 강조하면서 '학습 나침반'과 '학생 에이전시'라는 용어를 사용하고 있습니다. 이것은 교육이 학습자의 주체적이고 능동적인 문제 해결 능력을 기를

수 있도록 주변의 동료, 교사, 부모 등이 조력자의 역할을 해야 한다는 것을 의미합니다. 성장독서는 학생에게는 '나침반'의 역할을 할 수 있으며, 주변의 동료나 교사, 부모들에게는 '학생 에이전시'의 역할을 하도록 도와줄 수 있습니다. 또한 학교에서는 삶이라는 맥락 안에서 인지적, 정의적 능력을 총체적으로 길러줄 수 있는 독서 방법론이며, 학생들이 학교를 벗어나 사회에 진출하고 난 뒤에도 평생동안 독서를 실천할 수 있는 힘을 길러 줄 것입니다.

Q 성장독서와 기존의 독서 방법은 어떤 차이점이 있는지요?

A 독서 교육은 어디에 중점을 두느냐에 따라 두 가지의 관점으로 대별됩니다. 첫째, 분석적 지도는 독서 활동을 독서 과정에 따라 나누어 분석하고 각 과정에서 필요한 기능을 개별적으로 교육하는 방법입니다. 분석적 지도는 교육 현장에 오랫동안 적용되었던 기능주의를 기반으로 한 독서 방법이지만 독서의 하위 기능의 목록을 특정할 수 없다는 점, 그리고 실제의 독서 행위(맥락)와 괴리될 수밖에 없다는 한계를 지닙니다. 이것에 대한 대안으로 독서 전략이 강조되었지만 전략 역시 독서 목표를 세분화하여 분절적으로 접근한다는 점에서 한계점이 존재합니다. 둘째, 총체적 지도는 좋은 책을 많이 읽게 하여 자연스럽게 독서의 방법을 익힐 수 있도록 하는 독서 방법입니다. 하지만 총체적 지도는 그동안 이론적 기반을 토대로 한 구체적인 방안이 미비하였습니다. 총체적인 독서 방법으로써 우리의 아이들이 평생 독자로 나아갈 수 있는 독서 방법론이 필요합니다. 이러한 방법이 성장독서라고 할 수 있습니다. 최근 국어과 교육과정에 '한 학기 한 권 책 읽기'가 전면적으로 등장하면서 짧은 글이나 중략된

텍스트를 읽는 것이 아니라 수업 시간에 한 권의 책을 통으로 읽도록 하고 있는데, 이러한 점으로 미루어 볼 때에도 성장독서는 더욱 유용한 독서 방법론이라 할 수 있습니다.

Q 성장독서가 추구하는 목표는 무엇인가요?

A 성장독서는 독자의 지속적 성장을 강조하며 평생 독자로서 완숙한 독서가가 될 수 있도록 돕는 것을 목표로 합니다. 독서 행위에 대한 의미와 가치를 텍스트에서 독자 중심으로 이동시켜 독자가 자기주도적인 성장 독자로 성장할 수 있도록 돕는 것을 최우선으로 합니다. 성장독서는 무엇을 위한 방편이 아니라 그 행위 자체가 우리의 삶의 가치와 의미를 결정짓게 하는 경험 그 자체입니다. 이것은 에리히 프롬이 이야기한 존재양식으로 존재하는 독서라고 할 수 있습니다.

Q 성장 독자의 개념을 설명해 주세요.

A 성장독자는 독서를 통한 현재적 관점에서의 변화는 물론 미래 지향적인 변화를 강조한 개념입니다. 성장독자는 현재 자신의 모습을 책을 통해 고찰하고 반성할 수도 있지만 미래의 모습을 상상해 보고 그에 알맞은 독서를 통해 미래를 준비하고 스스로의 역량을 성장시키는 독자를 말합니다. 또한 대상을 피상적이고 단순하게 보기보다는 깊이 있게 바라보고 사고하며, 언어적으로 아는 것에 그치기보다는 실제의 체험처럼 느끼는 독자를 말합니다. 이를 통해 앎이 삶으로, 삶이 앎으로 순환되어 스스로 성장할 수 있는 독자를 말합니다.

Q 성장독서의 이론적 배경이 궁금합니다.

A 성장독서는 철학과 교육이라는 두 가지 축을 근간으로 합니다. 먼저 철학적인 측면에서는 존 듀이의 성장 이론과 반성적 사고, 주체화와 관련된 에코, 라캉, 훗설, 리쾨르, 칸트, 슐라이어마허의 이론, 그리고 분석 철학에 기반을 두고 있습니다. 또한 페퍼의 맥락주의, 상황인지 이론, 기호학, 바흐찐의 대화 이론, 텍스트 언어학이 중심을 이룹니다. 또한 교육적인 측면에서는 평생 학습의 핵심이라고 할 수 있는 들로르 보고서와 기존에 논의되었던 여러 교육학자들과 국어 교육 학자들의 이론, 국어과 교육과정 등을 바탕으로 개발되었습니다.

Q 성장독서 교육의 핵심 원리에는 어떤 것들이 있나요?

A 성장독서 교육은 세 가지 기본 원리를 바탕으로 합니다. 첫째, 상호작용의 원리입니다. 이 원리는 공간적 차원이 강조되는 것으로 독자가 현재의 독서 상황에서 책과 상호 작용하며 자신의 독서 경험을 성장시키고 나아가 독자 자신을 성장시키는 원리입니다. 둘째, 연속성의 원리입니다. 이 원리는 시간성이 강조되는 것으로, 독서 경험 중, 동기나 독서 태도 등과 관련됩니다. 이전의 성공적인 독서 경험이 이후의 독서 경험으로 이어질 수 있다는 독서 경험의 습관화가 강조되는 원리이기도 합니다. 셋째, 주체화의 원리입니다. 독자의 성장을 위해서는 독자 스스로가 객체가 아닌 능동적인 주체로 변모해 가야 합니다. 그러기 위해서 독자는 자신의 삶에 대한 이해를 바탕으로 객체에서 주체로 변모해 나아가야 하며, 이러한 과정에서 요구되는 원리가 주체화의 원리입니다.

성장독서가 궁금해요

Q 성장독서를 위한 구체적인 방법을 알려 주세요.

A 성장독서를 위해서는 문제 해결 과정으로서의 독서 방법(반성적 사고)과 맥락화 과정이 필요합니다. 첫째, 반성적 사고란 심리적, 정신적 사고 과정으로 목적성을 지니는 문제 해결 과정이라고 할 수 있습니다. 반성적 사고의 과정은 나선형 순환 과정으로 '독서 상황→ 문제 인식→지성화→문제 확정→독서 경험→문제 해결'의 과정을 거칩니다. 이 과정을 통해 독자는 자신의 삶의 문제를 독서 경험을 통해 해결해 갈 수 있습니다. 둘째, 맥락화 과정입니다. 맥락화란 독서 상황을 자신의 문제 상황으로 인식하는 방법입니다. 자신이 현재 읽는 텍스트를 자신의 과거 경험 또는 미래에 겪게 될 경험과 연결시키거나 자신과의 대화를 통해 자신의 의문을 지속적으로 확장시켜 나아감으로써 자신의 문제를 끊임없이 점검하는 과정입니다. 또한 하나의 텍스트가 아닌 복수 텍스트를 활용하여 자신이 알고 있는 텍스트를 다른 텍스트와 융합하여 사고해 나가는 과정이기도 합니다. 이러한 방법들을 활용하여 독자는 자신만의 해석 텍스트를 만들 수 있습니다.

Q 성장독서 방법 중, 문제 해결 과정으로서의 독서 방법(반성적 사고)을 자세히 설명해 주세요.

A 반성적 사고는 '독서 상황→문제 인식→지성화→문제 확정→독서 경험→문제 해결' 과정을 거치게 됩니다. 문제를 인식하는 단계에서는 주어진 학습 목표를 제대로 이해하고 있는지, 내가 알고 싶은 것이 무엇인지 등에 대한 판단이 필요합니다. 이 과정에는 지성화 단계

가 따릅니다. 그동안 학습했던 내용들을 떠올리거나 관련 자료를 찾아보면서 자신이 알고 있는 상황을 점검하는 단계입니다. 지성화 과정을 통해 자신의 상황을 구체적으로 인식하고 자신이 해결하고 싶은 것들을 설정하는 문제 확정 단계를 거칩니다. 그런 다음 문제 해결을 위한 읽기 자료를 통한 독서 경험 과정을 거쳐, 자신이 설정한 문제를 해결합니다.

Q 성장독서 방법 중, 맥락화 방법을 자세히 설명해 주세요.

A 맥락화에는 인식의 상관성과 텍스트 간 상관성을 기초로 하는 방법이 있습니다. 첫째, 인식의 상관성에 기초한 방법은 현재 경험을 과거의 경험이나 미래에 겪게 될 경험에 연결시키거나 '자신과의 대화'를 지속적으로 하는 것입니다. 즉, 현재 자신의 독서 상황에서 설정한 문제를 과거의 독서 경험과 연관시키거나 문제를 해결하기 위해 독서 계획을 세우는 활동 등을 말합니다. 또한 '타자화된 나', 즉 자신과의 대화를 통해 자신의 문제나 독서 상황을 끊임없이 점검해 나아가는 방법도 필요합니다. 여기에서 맥락화의 초점은 텍스트가 아니라 과거, 현재, 미래의 독서 경험이나 독자 자신에게 있습니다. 둘째, 텍스트 간 상관성에 기초한 방법입니다. 이것은 텍스트A로 텍스트B를 이해하고, 다시 텍스트B로 텍스트A를 이해하면서 자신의 해석 텍스트를 만드는 것입니다. 하지만 텍스트 간 상관성이 높다고 하더라도 독자가 이들을 융합하여 해석 텍스트를 생산하지 못한다면 두 개의 텍스트를 활용하는 방법은 의미가 그리 크지 않을 수 있습니다.

Q 성장독서 유형에는 어떤 것들이 있는지 알려 주세요.

A 성장독서의 유형은 세 가지로 나눌 수 있습니다. 첫째, 지식이나 정보를 탐구하는 탐구형 독서, 둘째, 다른 사람과 교감하며 자신의 삶을 성찰하는 성찰형 독서, 셋째, 자신에서 출발하여 세상과 소통을 목표로 하는 소통형 독서가 있습니다. 이 유형들은 평생 학습의 근간이라 할 수 있는 들로르 보고서의 알기 위한 학습, 존재를 위한 학습, 더불어 살아가기 위한 학습과 맥을 같이 하며, 교육이 추구하는 지식적 인간, 생각하는 인간, 사회적 인간과도 연결됩니다.

Q 성장독서 유형 중, 탐구형에 대해 자세히 설명해 주세요.

A 탐구형은 문제 해결 과정으로서의 독서가 강조되는 유형입니다. 문제를 해결하기 위해서는 해결 방법에 대해 가설을 설정하고 일련의 독서 경험을 통해 그 가설의 타당성을 검증해 가는 탐구 과정이 필요합니다. 또한 하나의 텍스트를 다른 텍스트로 맥락화 함으로써 자신이 읽어야 할 텍스트의 의미를 구성한다는 점에서 텍스트에 의한 텍스트 맥락화가 강조됩니다.

Q 성장독서 유형 중, 성찰형에 대해 자세히 설명해 주세요.

A 성찰형은 자신의 독서 경험과 삶을 성찰하며 사회 공동체 내에서의 바람직한 삶을 실현하

기 위한 유형입니다. 이 유형은 텍스트를 통해 구성된 의미에서 자신의 독서 경험을 돌아보거나 자신의 삶을 성찰합니다. 성찰형에서의 텍스트는 텍스트 자체로서의 가치보다는 독자의 의미 구성 과정에서 하나의 도구 역할을 합니다. 성찰형은 의미 구성의 구심력이 독자에게 놓인다는 점에서 탐구형과 차별이 될 수 있지만 탐구형을 기저로 학습자의 독서 경험을 텍스트에서 학습자의 삶으로 확장할 수 있다는 점에서 탐구형과 융합될 수 있습니다.

Q 성장독서 유형 중, 소통형에 대해 자세히 설명해 주세요.

A 소통형은 텍스트나 저자, '타자화된 나'와의 대화를 넘어 세상과의 소통을 목적으로 하는 유형입니다. 소통형은 텍스트를 읽는 독자의 메타 인지가 강조됩니다. 소통형은 현재는 물론 미래의 삶과도 직접적인 관련을 맺습니다. 가령, 자신과의 소통을 기반으로 현재 자신의 문제를 해결함으로써 자신의 미래 삶을 개척할 수 있습니다. 특히 독자가 청소년기의 학생이거나 취업을 준비하고 있다면 자신이 과연 어떤 진로를 선택하여 미래에 어떤 삶을 살아야 할 것인가의 문제와 직결된다는 점에서 독서 경험을 삶에 적용하거나 실천하는 것은 매우 중요합니다.

Q 성장독서(GROWTH Reading) 모형을 보다 쉽게 보여 줄 수는 없나요?

A

GROWTH Reading		공통 프로세스
G	Grasp (Grasp problem of life)	파악하기 (삶 속에서 문제 인식하기)
R	Relate (Relate reading experience)	관련짓기 (독서 경험과 연결하기)
O	Organize context	맥락화하기 (독서 맥락 구성하기)
W	Widen (Widen reading experience)	넓히기 (문제 해결하고 독서 경험 확장하기)
T	Try (Try in life)	실천하기 (삶 속에서 실천하기)
H	Head (Head for growth reader)	나아가기 (성장 독자로 나아가기)

탐구형 (주제 탐구형 독서)	성찰형 (인성 독서)	소통형 (진로 독서)
• 삶 속에서 문제 인식하기	• 삶 속에서 문제 인식하기	• 독서의 목적 인식하기

• 문제 상황 명료화하기
• 가설 설정하기
	• 독서 경험으로 문제 인식
	  명료화하기
		• 독서 경험을 통해 문제
		  인식하기

• 텍스트 맥락화 • 독자의 맥락화	• 텍스트 맥락화 • 독자의 맥락화	• 주 텍스트와 소통하기 • 독자의 맥락화
• 삶의 의미로 확장하기	• 덕목 찾기	• 가치화하기
• 다음 독서 계획하기	• 삶으로 나아가기	• 삶으로 나아가기
나아가기 (성장 독자로 나아가기)		

차례

제 1 장
독서란 무엇인가

제 2 장
독서 교육의 실천

차례

제 3 장
성장과 독서

제 4 장
성장독서 교육의 원리와 방법

차례

제 5 장
성장독서 교육의 실제

GROWTH Reading HOW

GROWTH Reading		공통 프로세스	탐구형 (주제 탐구형 독서)	성찰형 (인성 독서)	소통형 (진로 독서)
G	Grasp (Grasp problem of life)	파악하기 (삶 속에서 문제 인식하기)	• 삶 속에서 문제 인식하기	• 삶 속에서 문제 인식하기	• 독서의 목적 인식하기
R	Relate (Relate reading experience)	관련짓기 (독서 경험과 연결하기)	• 문제 상황 명료화하기 • 가설 설정하기	• 독서 경험으로 문제 인식 명료화하기	• 독서 경험을 통해 문제 인식하기
O	Organize context	맥락화하기 (독서 맥락 구성하기)	• 텍스트 맥락화 • 독자의 맥락화	• 텍스트 맥락화 • 독자의 맥락화	• 주 텍스트와 소통하기 • 독자의 맥락화
W	Widen (Widen reading experience)	넓히기 (문제 해결하고 독서 경험 확장하기)	• 삶의 의미로 확장하기	• 덕목 찾기	• 가치화하기
T	Try (Try in life)	실천하기 (삶 속에서 실천하기)	• 다음 독서 계획하기	• 삶으로 나아가기	• 삶으로 나아가기
H	Head (Head for growth reader)	나아가기 (성장 독자로 나아가기)			

제 1 장

독서란 무엇인가

　인간은 오랫동안 독서를 통해서 인격을 수양하고 정서를 함양하며, 지식을 확장해 왔다. 독서는 전통적으로 글을 통해 필자가 전하려는 의미를 이해하고 해석하는 행위로 간주되어 왔지만 오늘날 독서는 독자의 지식이나 경험, 상황이나 요구에 따라 의미를 재구성하는 관점으로 인식되고 있다. 독서의 관점은 변화되어 왔지만 독서의 중요성은 예나 지금이나 변함이 없다. 오히려 지식을 기반으로 하는 현대 사회에서는 지식을 재구성하고 창의적으로 해석하여 재생산해 낼 수 있는 능력이 요구되면서 독서의 중요성은 더욱 강조되고 있다. 그렇다면 빠르게 변화하는 현대 사회에서 독서는 왜 여전히 중요한가? 우리는 독서를 통해 과연 무엇을 얻는가? 그리고 독서를 통해 어떻게 성장하는가? 이러한 물음에 답을 얻기 위해 독서가 인간에게 어떤 가치를 지니는지 살펴보고자 한다.

책 읽는 인간

1. 책을 왜 읽는가

시간의 흐름에 따라 독서에 대한 관점이 바뀌어 왔듯이 독서의 대상도 변화하였다. 독서 대상은 인쇄 매체에서 다양한 양식의 텍스트로 확장되었다. 실제로 도서관에서 다루고 있는 자료의 범주는 인쇄자료, 필사자료, 시청각자료, 마이크로형태자료, 전자자료 그 밖에 장애인을 위한 특수자료 등 모든 매체에 이른다. 즉 독서 대상은 인쇄 매체에 국한되지 않는다.

하지만 다양한 매체가 등장하기 이전에 독서의 대상은 책으로 국한되었다. 전자매체가 등장하기 전까지 오랫동안 인간의 독서 행위는 문자를 해독하고 이해하는 행위로 간주되어 온 것이다. 이러한 관점에서 보면 독서는 문자의 발생과 궤를 함께한다. 이후, 인쇄술이 발달함에 따라 책이 대중화되면서 비로소 독서가 확산되었다.

독서는 문자의 발생과 책의 확산으로 시작된 행위이다. 그러므로 책을 왜 읽는가에 대한 답을 찾기 위해 먼저 문자와 책의 가치를 살펴보려고 한다.

책의 가치

[설형문자]

책은 인간의 정신세계를 드러낸다. 헤르만 헤세는 『독서의 기술』에서, 인간의 정신으로 만들어낸 세계 중 가장 위대한 것이 책의 세계이며, 책이 없이는 역사도, 인간이라는 개념도 존재할 수 없다고 하였다. 인간의 존재 가치를 문자의 기록인 책으로 보고 있는 헤르만 헤세의 의견에서 짐작할 수 있는 것처럼 책의 가치는 중대하다.

이러한 책의 가치는 책을 기록한 매체인 문자의 기원과 맥을 함께 한다. 우리는 책의 기원이 되는 문자와 책의 중요성을 통해 책의 가치를 확인할 수 있다.

문자의 기원

문자는 의사소통의 중요한 수단이다. 인간은 약 6천년 동안 문자를 사용하여 왔다. 점토판에 새겨진 메소포타미아의 설형문자나 파피루스에 쓰인 이집트 문자의 기록은 문자의 기원이자 독서 역사의 시작으로 볼 수 있다.

현재까지 확인되는 가장 오래된 문자 기록은 수메르의 설형(쐐기)문자이다. 수메르인들은 기원전 3300년경 메소포타미아 지역 쐐기 모양의 설형문자를 이용하여 뾰족한 도구로 점토판에 법률이나 종교, 그리고 회계 등 다양한 분야에 관한 정보를 기록하였다(이순영 외, 2015).

이집트의 상형문자는 수메르인들의 설형문자와는 달리 그림을 통해 많은 정보는 물론 추상적 개념도 기록할 수 있었다.

서양 문자의 역사에서 획기적이라 할 수 있는 문자는 알파벳이다. 기원전

5-6세기경 그리스 알파벳이 개발되면서 문자의 보급이 활발해지기 시작했다. 표음문자인 그리스 알파벳은 이전의 문자와는 달랐다. 알파벳이 사용되기 전 수메르의 설형문자, 이집트의 상형문자, 한자 등은 최소 천 자 내외의 문자를 암기해서 사용해야만 했다. 그러나 순수한 표음문자인 그리스 알파벳은 이전의 문자와는 체계도 완전히 달랐고, 습득도 용이했다. 이러한 특성으로 아테네 남성 시민 계층을 중심으로 문자를 사용하는 시민들이 늘어났고, 이후 로마 시대에 와서 알파벳은 더욱 확산되었다.

[파피루스에 쓰인 이집트 문자]

중국의 문자 기록 중 가장 오래된 문자는 갑골문자이다. 중국의 허난성에서 출토된 갑골문자는 기원전 약 1400년 경 기록된 것으로 추정하고 있으며 한자의 모태로 알려져 있다.

문자를 기록하는 매체도 다양하게 변화되어 왔다. 고대 메소포타미아에서는 점토판, 이집트에서는 파피루스, 중앙아시아나 페르시아 지역은 양피지, 중국의 갑골문자는 거북의 등딱지에 기록된 것이 전해져 온다. 이후 비단이 사용되었고, 중국의 후한시대에는 채륜이 종이를 개발하면서 종이가 사용되었다. 종이는 현재까지도 중요한 기록 매체로 사용되고 있다. 종이책이 보편화되기까지는 꽤 오랜 시간이 걸렸다. 문자 언어의 사용은 자연스럽게 언어의 기록인 책의 탄생으로 이어졌다(이순영 외, 2015).

문자의 가치

문자는 인간의 의사소통 수단이다. 지구의 종중 유일하게 문자를 사용하는 인간은 문자를 통해 많은 것들을 이루어왔다. 문자는 단순히 인간의 말을 시각적으로 표현하기 위한 목소리를 전달하는 도구는 아니다. 문자는 지속적으로 지식을 보유하는 도구이며 사회의 문화적 매개체로서 지식의 전달과 공동체 이념의 유지, 의사 표현과 지식의 대중화를 위한 수단이 되어왔다.

[거북의 복갑에 새겨진 갑골문자]

문자의 사용은 인간의 추론적 사고를 가능하게 하였다. 인간의 추론적 사고는 인간의 문명적 발전을 가져다주었다. 언어심리학자 올슨(Olson, 1977)은 "언어 능력은 인간 개념의 핵심이다. 언어의 사용으로 인간은 인간다워지고, 문자의 사용으로 인간은 문명화된다."하였다(노명완, 2012, 재인용). 문자가 없었던 시대에 문화는 구어에 의해 전승되었다. 하지만 구어는 전달자나 전수자가 모두 언어로 전달되는 내용을 기억하여야 한다는 심리적 부담이 있었다. 이 때문에 자유로이 사고하기가 힘들었다. 인간은 문자언어를 사용하면서 언어 그 자체가 아닌, 언어가 뜻하는 의미에 더 많은 노력을 기울일 수 있게 되었다. 그 결과 언어의 형태는 점차 서사적 진술(not utterance, but statement)의 형태로 변모하게 되었고, 추상적 논리성과 합리성이 크게 강조되었다.

겔브(Gelb)나 올슨(Olson)에 의하면, 인류 문명의 발전과 현대 사회에서 당연시되고 현대과학이 추구하는 논리성과 합리성은 인류가 언어 그 자체로부터 해방되어 자유로이 사고할 수 있도록 조건을 만들어 준 문자의 발명과 사용 때문이라 한다. 프랑스의 민족학자 필립 데스콜라는 문자 기록이 없는 사회의 시간 감각은 '단선적'이며, 문자가 있는 사회는 '누적적'라 하였다. 문자를 통한 사고는 인간이 시간의 누적으로 기억의 공간을 형성할 수 있게 한다. 누적적인 사회를 형성할 수 있게 만드는 문자의 중요성은 문자의 기록물인 책의 중요성, 독서 행위의 중요성으로 인식할 수 있다.

인간은 문자와 더불어 고등사고가 가능하게 되었다. 비고츠키는 인간의 초인지 발달을 이끄는 데 있어서 문자, 즉 읽기와 쓰기가 특별한 역할을 한다고 보았다. 그는 문자를 사용하는 쓰기와 관련하여 말하고 있는데 쓰기는 사고를 좀 더 명확하게 하고, 생각을 형상화 해 준다는 것이다. 기록되고 재검토를 가능하게 하여 반성적으로 사고를 가능하게 하며, 말보다 정련되고, 주관적인 생각을 객관적으로 볼 수 있게 한다. 또한 쓰기는 사고와 상징을 좀 더 의도적으로 사용하게 하는데, 자신이 사용하는 상징을 선택하고 문장 구조에 따라 그것들을 기록해야 하기 때문이다. 문자 언어는 탈맥락적이므로 구어보다 의도성이 훨씬 더 개입되며, 문자 사용자가 상징을 신중하게 선택해야 한다. 비고츠키의 연구 결과에서 알 수 있듯이 문자는 인간이 고등사고 능력을 갖게 하고, 지적 발달을 가져오는데 핵심적인 역할을 하였다.

문자로 이루어진 축적물은 인류 발전의 원동력이 되었고, 현대를 살아나가는데 중요한 수단이다. 현대 사회는 지식기반 사회로 객관적이고 보편적인 지식을 재구성하고 창의적으로 해석하여 재생산해 낼 수 있는 능력이 요구된다. 이러한 능력은 책을 통해 더욱 확장될 수 있다. 문자를 통한 사고는 인간의 고등사고를 가능하게 하였고, 기록의 전승으로 문명의 발전을 가져왔다. 문자는 과거에는 극소수만이 사용하였지만 현재는 세계인구의 85퍼센트 정도인 약 50억 명이 사용하는 의사소통 도구이다.

오늘날 독서 행위는 누구나 자유롭게 누릴 수 있는 행위이지만 인간이 문자

[금속활자 인쇄기]

[금속활자로 인쇄한 성경]

를 사용하게 된 이후 아주 오랫동안 책읽기는 대중이 수월하게 할 수 있는 행위가 아니었다. 책의 대중성은 구텐베르크의 인쇄술 이후 급속하게 확산되었다. 책은 금속 활자의 발명 이후 특권층의 전유물에서 벗어나게 되었다. 인쇄술의 발명 이후 대중성을 확보한 책은 더 이상 특정 계급이나 계층만이 누릴 수 있는 특권이 아닌 것이다.

책의 중요성

과거에서 현대에 이르기까지 독서 환경은 지속적으로 달라져왔지만 책의 가치나 중요성은 여전하다. 지식을 기반으로 한 현대 사회에서 오히려 독서 행위는 더욱 강조되고 있고 평생을 지속적으로 이어가야할 행위로 인식된다. 독서는 지식 습득에 대한 만족이나 정서적인 위안과 회복을 위해서 이루어지기도 하지만 현대를 살아가기 위한 수단으로도 작용한다.

청소년기 시절 책의 노출에 대한 인지능력과 소득의 상관관계에 관한 연구가 있다. 2011년에서 2015년 사이 경제협력개발기구(OECD)가 31개국 성인 16만 명을 대상으로 수행한 국제성인역량조사(PIAAC)의 질문 중 하나가 '당신이 16세였을 때, 집에 책이 몇 권 있었나요? 신문, 잡지, 교과서/참고서는 제외한 책을 대상으로 답해주세요'였다. 가구당 책 보유 규모를 볼 수 있는데. 에스토니아가 가구당 평균 218권으로 최고였고, 그 외에 노르웨이, 스웨덴, 체코가 200권 이상이었다. 반면 터키가 27권으로 가장 낮았다. 전체 평균은 115권으로 집계되었는데 한국은 91권으로 책을 적게 갖고 있는 여섯 번째 국가였다. 이를 국립오스트레일리아대학(ANU)과 미국 네바다대학의 경제학자들이 분석하였다. 그 결과 청소년기 책에 노출되는 것은 인지능력 발전에 전반적으로 영향을 미쳤다. 언어능력, 수리능력 및 기술문제 해결능력에 걸쳐 65권 정도까지 가파르게 인지능력이 상승한다. 그리고 대략 350권이 넘어서면 그 이후로는 거의 영향을 미치지 못한다.

또 다른 연구로 이탈리아 파도바대학의 경제학자 조르조 브루넬로 등은 유럽 국가들을 대상으로 책 보유량과 소득에 관한 분석을 시도했다. 이들은 2010년 유럽연합이 조사한 건강, 노화 및 은퇴 조사(SHARE)를 이용하여, 1920-1950년 사이에 유럽에서 태어난 남성 노인 6천명을 대상으로 살펴보았다. 교육 수준이 높아지면 소득이 높아지는 효과는 여러 연구에 의해 전세계적으로 관찰되는데, 이들의 연구에서도 학교교육을 받은 기간이 1년 늘어날 때 평생소득이 9% 늘어나는 것이 발견되었다. 그런데 이 효과는 균일하지 않아서, 청소년기에 집에 책이 전혀 없었던 그룹(10권 이하)의 경우 소득 상승효과는 5%에 불과했지만, 그보다 책이 많은 가정에서 자라는 그룹(11-200권)의 경우에는 이 효과가 21%에 이르렀다(한겨레신문, 2018. 11. 17).

■ 가구당 평균 책 보유량
(단위: 권, 자료: 소셜 사이먼스 리서치)

국가	보유량
터키	27
칠레	52
싱가포르	52
그리스	62
이탈리아	75
한국	**91**
슬로베니아	92
벨기에	95
일본	102
스페인	102
아일랜드	107
리투아니아	109
폴란드	111
미국	114
평균	**115**
프랑스	117
슬로바키아	117
캐나다	125
오스트리아	131
영국	143
호주	148
독일	151
이스라엘	153
네덜란드	154
러시아	154
핀란드	162
뉴질랜드	166
덴마크	192
체코	204
스웨덴	210
노르웨이	212
에스토니아	218

[가정의 책 보유량의 효과]

■ 청소년기 집의 책 보유량의 효과
(자료: A는 사이먼스 리서치, B는 이코노믹 저널)

A 성인 시절 문제해결 능력이 미치는 효과
※ 표준편차

범례:
- 언어능력
- 수리능력
- 기술문제 해결능력

구간: 5권 정도, 20권 정도, 65권 정도, 150권 정도, 350권 정도, 500권 정도

B 추가교육1년이 평생소득 증가에 미치는 효과
※ 1920-1950년 사이에 유럽에서 태어난 남성 노인 6천명 대상

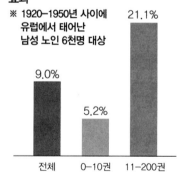

전체	0-10권	11-200권
9.0%	5.2%	21.1%

이와 같은 연구조사 결과를 통해 책의 가치를 확인할 수 있다. 스탠퍼드 대학 심리학자들의 연구에 의하면 인터넷을 통해 정보를 탐색하는데 뛰어난 멀티태스커들이 그렇지 않은 학생들에 비해 테스트의 난이도가 높아질수록 인지력이 현저히 떨어졌다. 독서의 기회가 많이 주어질수록 문제해결능력 향상을 가져온다는 것과 대조적인 결과이다. 청소년기에 적정량의 책을 보유하고 있다는 사실만으로도 인간의 문제해결능력 향상과 소득 상승효과를 가져온다는 연구 결과는 책의 가치를 명백하게 보여 주고 있다. 책은 인간의 삶 전반에 걸쳐 긍정적인 영향을 미친다.

독서의 가치

우리나라 국민 독서 실태

독서는 세상과 만나는 통로이다. 인간은 책을 통해 필요한 지식을 습득하기도 하고 삶의 지혜를 얻는다. 독서를 통해 얻은 다양한 경험들은 지속적인 성장의 원천이 된다. 독서를 통한 정신작용의 축적과 세상에 대한 해석은 창조적 산물의 근간이 되기도 한다.

이와 같은 독서의 유용성에 대해 많은 사람들은 긍정적으로 인식하고 있다. 실제 통계 자료를 통해서도 확인할 수 있다. 다음은 우리나라 '2017년 국민 독서실태 조사' 결과이다.

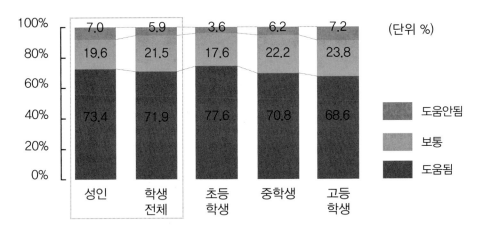

[성인 및 학생의 독서의 유용성에 대한 인식]

우리나라 초.중.고 학생과 성인의 약 70% 이상이 독서가 유용하다고 생각한다. 독서가 삶에서 중요하다는 것을 경험하고 있고, 중요성을 인식한 결과이다. 그렇다면 많은 사람들이 독서의 가치를 인정하고 그 효과를 알고 있는 것처럼 실제 독서 행위도 과연 따라주고 있을까? 다음 자료는 독서량과 관련된 조사 결과이다.

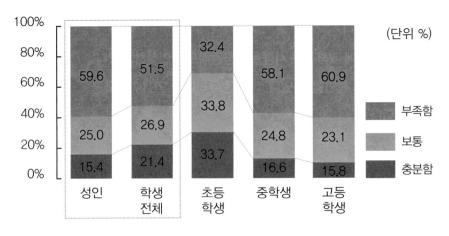

[독서량에 대한 본인 평가]

보는 바와 같이 초등학생을 제외한 중등학생과 성인은 자신의 독서량에 대해 충분하다고 느끼는 비율이 매우 낮다. 초등학생은 응답자의 약 3분의 1 정도가 자신의 독서량이 부족하다고 응답했지만 중학생과 고등학생, 그리고 성인은 응답자의 약 3분의 2 정도가 자신의 독서량에 대해 부족하다고 느끼고 있는 실정이다. 결국 70% 이상의 사람들은 독서의 유용성에 대해 인식하고 있지만 실제 독서 행위는 그 유용성의 인식에 비해 적극적으로 실천되지 않는다는 점을 알 수 있다.

그렇다면 실제로 독서는 어느 정도 이루어지고 있을까? 독서량에 대한 조사 결과에 따르면 성인의 연간 독서량은 전자책 포함 9.4권(종이책 8.3권)으로 집계된다. 그리고 1년간 1권 이상 책을 읽은 것을 의미하는 독서율은 종이책과 전자책을 합산하여 성인 62.3%, 학생 93.2%이다. 결국 성인은 1년에 책을 한 권도 안 읽는 사람이 대략 10명 중 약 4명 정도이다. 학창시절을 지나면서 독서량과 독서율이 낮아지는 현상은 독서가 평생을 두고 지속적으로 이루어져야 한다는 점에서 볼 때 재고해 봐야할 문제이다.

특히 종이책과 전자책 종합 독서율은 성인은 지난 2015년 대비 5.1% 포인트, 학생은 2.5% 포인트 하락한 것으로 조사되었다. 책을 읽지 않는 사람들이 2년 만에 더 늘어난 것이다.

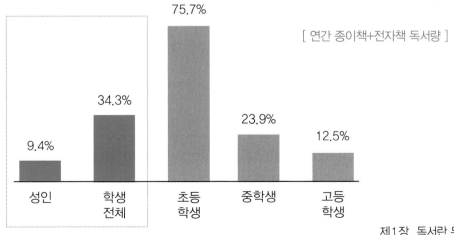

[연간 종이책+전자책 독서량]

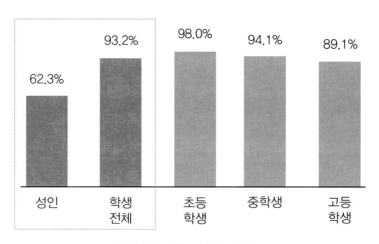

[연간 종이책+전자책 독서율]

이와 같은 현상을 종합해 볼 때 많은 사람들이 독서의 유용성에 대해 인정하면서도 독서에 대한 실천이 미비하고, 독서를 하는 사람들도 지난 몇 년간 줄었다는 점을 알 수 있다. 그렇다면 과연 독서의 유용성은 무엇인가? 독서는 삶을 살아나가는데 반드시 필요한 행위이다. 다음은 독서가 구체적으로 어떤 유용한 가치를 지니고 있는지 살펴보겠다.

독서의 유용성
독서는 세상과 소통하는 통로이다

사람들은 독서를 통해 타인의 존재와 사고방식을 접하고, 세상과 소통한다. 질 높은 독서를 통해서 자신을 성찰하고 재발견하며, 정서적으로 기쁨과 위로, 마음의 평안이나 힘을 얻어서 더 성숙한 삶을 향해 나아갈 수 있고 인지적으로는 지식을 쌓고 정보를 얻어 세상에서 살아갈 수 있는 동력을 얻기도 한다. 독서는 삶을 살아가는데 필요한 다양한 경험을 제공한다.

도로시 버틀러는 자신의 교육학 학위논문을 엮은 책인 『쿠슐라와 그림책 이야기』에서 자신의 손녀인 쿠슐라의 발달 과정을 분석하고 있다. 쿠슐라는 선천적으로 신체적 장애와 정신적 장애를 가지고 태어났다. 손발을 제대로 움직이지도, 눈의 초점을 맞추지도 못했고, 편히 잠들지도 못했다. 의사는 유전적 결함에 의한 선천적 장애 진단을 내렸다. 쿠슐라의 부모는 태어난 지 4개월이 되었을 때부터 그림책을 계속 읽어주었다. 만 3년 8개월에 받은 검사에서 쿠슐라의 지능은 평균보다 높았다. 성격도 낙천적이었고 다른 아이들과도 잘 놀았다. 그림책은 쿠슐라의 인지 발달 전반과 언어 능력에 중요한 영향을 미쳤다. 쿠슐라는 그림책 속에서 친구를 얻었고, 즐거움을 얻었으며, 세상을 배우기 시작했다.

[도로시 버틀러
(Dorothy Butler)]

독서의 효과에 관한 부분적인 예에 불과지만 책이 인간의 삶에 과연 무엇을 주는 것인가라는 물음에 대한 답을 제공한다. 책은 세상을 만나게 해주고, 세상과 소통하는 방법을 알려주며, 세상 밖으로 나갈 수 있게 해준다.

독서는 사고의 성장을 가져온다

인간은 문자의 사용으로 고등사고능력을 지니게 되었다. 경험적 사고가 아닌 추상적 사고가 가능하게 된 것이다. 책을 읽기 위해서는 상상력을 동원해야 하고, 추론이 가능해야 한다. 비고츠키의 연구를 살펴보면, 그는 문자가 있는 민족과 문자가 없는 민족은 사고의 차이를 보인다고 하였다. 즉 문자가 있는 민족은 추상적 개념으로 사고할 수 있고, 추론이 가능했지만 문자가 없는 민족은 구체적 개념으로 사고

[레프 비고츠키
(Lev Semenovich
Vygotsky]

한다는 것이다. 문자가 없는 민족은 상위범주의 개념으로 대상을 묶는 것이 불가능하다. 또한 세모, 네모, 원과 같은 추상적 개념을 이해하기 힘들다. 그들의 사고 체계는 정상적인 발달 과정에 있는 청소년기 이전의 사고 체계와 발달 장애가 있는 성인의 사고 체계를 닮아있다. 비고츠키의 연구는 문자 언어를 매개로 하는 독서가 인간의 고등사고 능력을 이끈다는 사실을 증명하고 있다.

독서는 책에 생명을 불어 넣는다

독자는 창조자이며 책에 생명을 불어 넣는 존재이다. 샤를 단치는 '책은 잠자는 숲속의 공주이고, 독서는 백마 탄 왕자'라고 말한다. 단순히 서가에 꽂힌 책은 생명력을 갖지 못한다. 헤르만 헤세는 책이 삶을 이끌어주고 삶에 이바지하고 소용이 될 때에 가치가 있다 하였다. 커브스(Curves 피트니스 프랜차이즈)의 창립자인 게리 헤빈(Gary Heavin)은 스무살에 헬스클럽을 열어 스물여섯 살에 백만장자 대열에 올랐다. 하지만 몇 년 뒤에는 경험과 지혜의 부족으로 모든 것을 잃었다. 그는 좌절을 겪던 어느 날 헌책방에서 절판된 책인 팻 로버트슨의 『제3의 선택』을 구입하였다. 그리고 이 책에서 제시하고 있는 원칙과 가치를 10년 동안 사업에 적용해 큰 성공을 거두었다. 사업에 실패해서 돈도, 신용도, 투자자 등 아무것도 없었지만 실패와 좌절을 극복하고 포기하지 않는 힘을 자신의 믿음과 책을 통해 얻었다. 그는 이 책이 사업과 인생에서 성공의 길을 찾도록 이끌었다고 말한다. 그는 한 권의 책으로 사고를 변화시켰고, 인생의 방향을 바꾸었다.

책의 가치는 독서의 질로 그 가치를 가늠할 수 있다. 책은 누구나 접할 수 있지만 책을 읽는다고 누구나 책을 통해 깨달음을 얻는 것은 아니다. 글은 읽을 때마다 늘 새롭게 다가오고 다르게 이해되며 다른 울림을 일으킨다. 책은 독자들에게 각기 다른 모습으로 다가간다. 독자는 각각 다르게 경험하고 가치와 신념을 획득하고 추구한다. 독서경험은 각자의 경험과 삶에 따라 얼마나 영향력 있게 만들어나가느냐에 따라 차이가 있다. 책을 읽는 것은 더 의식적으로, 더 성숙하게 우리의 삶을 지탱하기 위함이다. 같은 옷이라도 입는 사람에 따라 다르게 보이는 것처럼 각자의 관점과 경험, 요구 등에 따라 책의 의미는 새롭게 인식된다. 서가에 꽂혀있는 수많은 책들도 독서를 통해야만 비로소 생명을 얻어 유의미한 저작으로 자리매김한다. 독자는 책을 통해 성장하지만 책 역시 독자를 통해 성장한다.

독서는 창조물 탄생의 핵심이다

우리는 책을 통해 창조적 산물을 구체화할 수 있다. 독자는 자신의 배경지식이나 관점, 가치관 등에 근거하여 책을 이해한다. 그리고 자신의 지식이나 경험, 관점이나 요구에 따라 의미를 재구성한다. 이때 '의미의 재구성'이 곧 창조성을 발휘하는 지점이다. 독자는 독서 과정에서 텍스트에 담긴 인지적 정보를 이해하고 수용하기도 하지만 텍스트에 대한 이해를 근거로 자신의 삶을 새롭게 조명기도 하고, 창의적인 견해를 내세우기도 한다. 텍스트를 논리적, 비판적으로 검토하면서 사유의 폭을 주체적으로 확장하고 그 지점에서 창의적 사유를 경험한다. 독자는 확장된 창의적 사유를 창조적 산물로 구체화할 수 있다. 독서는 창조적 산물을 가능하게 하는 핵심이다.

수많은 학자나 작가, 기업인, 정치인, 저술가 들은 자신을 변화시키거나 영향을 주었던 결정적 요인이 독서라고 밝히고 있다. 때로는 한 권의 책이 이들의 인생을 바꾸어 놓기도 하고, 창조적 산물로 이어지기도 한다. 이들의 공통점은 전문 직업인이나 작가이기 이전에 적극적인 독서가란 점이다. 이들의 책

[오에 겐자브로
(大江健三郎)]

[윈스턴 처칠
(Winston Churchill)]

읽기는 문학뿐만 아니라 자신의 전문 분야에서 저술가로 거듭나는 계기가 되었다.

일본의 노벨 문학 수상자 오에 겐자브로는 자신의 어린 시절에 영향을 준 책으로『허클베리 핀』을 꼽는다. 이 작품의 주인공 헉은 지옥에 가는 일이 있더라도 노예인 짐을 배신하지 않겠다는 결심을 한다. 오에 겐자브로가 이 책에서 자신이 영향을 받은 것은 '그래 좋다, 나는 지옥으로 가겠다.'는 한 구절이다. 그는 이 부분에서 '아이들도 이런 결심을 해야 하는 때가 있구나. 나도 이렇게 살아야지' 생각하고 평생 그런 마음가짐으로 살겠다는 다짐을 하였다고 한다. 그런가 하면 그는 인간의 면모를 단테의『신곡』에서 발견하였다. 고전이 주는 경이로움을 말하면서 고전은 다양한 형태로 여러 번에 걸쳐 새롭고 심오한 감정을 불러일으키는 측면이 있다고 보았다. 그는 평생을 걸쳐 읽고자 하는 고전을 젊은 시절에 발견해 둔다면 일생에서 소중한 무언가가 될 것이라 하였다. 오에 겐자브로의 창작의 원동력은 독서에서 나왔다고 할 수 있다.

영국의 총리였던 처칠은 수상록에서 책의 중요성에 대해 언급하고 있다. 그는 독서의 양보다는 질을 강조하였는데 애독하는 책을 수없이 반복하여 읽으면서 마음에 와 닿는 문구가 있으면 암송하였고, 마음에 드는 인용구는 메모하였다. 처칠의 독서 방식은 글쓰기로 이어져『세계의 위기』,『제2차 세계대전』의 저작을 낳았고, 1953년『제2차 세계대전』으로 노벨문학상을 수상하였다.

미국의 대통령 케네디의 어머니는 도서 목록을 만들어 아홉 명의 자녀들에게 책을 읽게 하고 토론 하도록 하였다. 그녀는 회고록을 통해 유능한 인물로 키우려면 네다섯 살부터 독서와 토론훈련을 시작해야 한다고 밝힌다. 케네디 형제들은 어머니의 독서교육과 토론교육, 그리고 문법교육을 받고 성장하였다. 케네디는 『용감한 사람들』로 '플리처 상'을 수상했다.

[존 F. 캐네디
(John F. Kennedy)]

한 권의 책으로 인생의 행로가 바뀌고, 그것이 계기가 되어 저술로 이어지기도 한다. 『영혼을 위한 닭고기수프』의 저자 잭 캔필드는 『이 세상 후의 세상 (Life After Life)』에서 , "이 생에서 얻는 지혜가 무엇인가?" 와 "사랑의 용량을 어떻게 확장시켰는가?"의 두 구절이 자신의 인행 행로를 바꿔놓았다고 하였다. 그는 이 책을 읽은 후 일생을 사랑과 지혜를 배우고 가르치는 일에 바치기로 한다. 이 이야기들은 『영혼을 위한 닭고기수프』의 저술로 이어졌다.

스티븐 코비는 빅토를 프랑클의 『죽음의 수용소에서』와 E. F 슈마허의 『혼돈으로 부터의 도피』가 개인적 책임과 선택의 개념으로 자신을 인도했다고 한다. 이러한 생각은 그의 인생에 커다란 영향을 미쳤다. 그는 책을 통해 더 효과적이고 충만한 삶을 살도록 학생들과 수많은 독자들을 도와주고 싶어 했던 기틀을 마련했고, 『성공하는 사람들의 7가지 습관』을 저술하였다.

이들 외에도 저술가들 대부분이 독서를 즐겼고 독서를 통해 삶의 변화를 꾀하였다. 책을 읽는다는 것은 책을 읽고 그 의미를 깨우치는 것에 그치지 않고, 독자를 필자로 거듭나게 한다.

훌륭한 책을 읽는 행위는 가치 있는 일이며, 자신은 물론 타인에게까지도 인정받는 행위이다. 샤를 단치는 책을 읽는 행위는 읽었다는 자체가 자랑스러운 일로 긍지와 자부심을 느끼게 된다 하였다. 그의 말을 빌리지 않더라도 동서고금을 통해 책을 읽는 행위는 긍정적이고 바람직한 행위로 인식되어 왔다. 인간은 독서를 통해 사고의 성장을 꾀할 수 있다. 필요한 지식과 정보를 얻을 수 있고, 지적 능력과 지혜를 얻을 수 있다. 올바른 가치관과 신념을 가질 수 있으며 정서적 풍요로움을 누릴 수 있다. 또한 사회 공동체의 일원으로 사회문화 생활을 영위할 수 있다. 때로는 창조적 산물의 근간이 되기도 한다. 이와 같이 독서는 현대를 살아가는 인간이 정서적 혹은 인지적으로 보다 가치 있는 삶을 누릴 수 있도록 바람직한 방향으로 이끌어주고 성장시키는 중요한 역할을 한다.

2. 어떻게 책을 읽을까

책읽기는 독자가 의미를 깨우치고 사고를 확장하고, 새롭게 의미를 구성할 수 있게 한다. 하지만 책을 읽는다고 누구나 그렇게 되는 것은 아니다. 책읽기는 저절로 습득되는 행위가 아니다. 걷기, 먹기, 말하기, 노래하기, 다른 사람과 소통하기 등은 자연스러운 기술이다. 하지만 수영하기, 피아노 연주하기, 계산, 컴퓨터 프로그래밍, 독서 등은 인간에게 유용한 기술들이지만 시동기제가 없다. 책읽기는 특정 기술을 빠르게 학습할 수 있게 해주는 뇌에 장착된 기제인 시동기제가 없는 상태에서 학습에 의해 습득된다(사라제인 블랙모어 & 우타 프리스, 손영숙 역, 2009).

문자는 학습에 의해 습득된다. 글은 말처럼 자연스럽게 습득되지 않는다. 진화 심리학자 스티븐 핑거는 '소리에 관한 한 아이들은 이미 선이 연결된 상태이지만 문자는 고생스럽게 추가 조립해야 하는 액세서리다'라 말했다. 그렇다면 문자를 습득하면 독서가 가능할까? 글을 읽고 쓸 줄 안다고 독서가 가능하다고 볼 수는 없다. 물리적으로 독서가 가능하기 위해서는 뇌의 성숙이 따라야 한다. 독서를 위해서는 뇌의 각 영역들이 성숙해야 가능하다. 독서는 뇌의 다양한 기능인 시각과 청각, 언어와 개념 영역을 기억과 감정의 부분들과 연결하고 통합해야 하는 정교하고 복잡한 과정이다.

1980년대 위트록 박사는 독서에 대해 "우리는 하나의 텍스트를 이해하기 위해 단어의 사전적 의미로 읽는 데만 그치지 않고, 그 텍스트를 위해 새로운 의미를 창조해 낸다. 텍스트를 읽으면서 자신의 지식, 경험에 얽힌 기억, 글로 쓰인 문장, 절과 단락 사이의 관계를 구축해 나감으로써 의미를 만들어 낸다." 하였다. 각 영역들은 성숙도의 생물학적 시간표가 달라서, 독서를 위한 통합 작용을 하기 위해서는 '때'가 되기를 기다려야 한다.

물리적인 뇌의 성숙은 독서를 가능하게 하겠지만 앞서도 언급한 바와 같이 독서는 저절로 습득되지 않는다. 학습이 이루어져야 하고, 적절한 방법이 뒤따라야 한다. 그리고 독자는 책읽기를 위해 자기만의 방법을 찾아야 한다.

독서의 방법

독서법에 대해 우리의 선조들은 다양한 방안을 제시한다. 조선 시대에 영향력 있는 학자들은 인간에게 의미 있는 것, 아무리 지나쳐도 해가 되지 않는 것은 독서라고 강조한다. 『오직 독서뿐』(정민, 2013)에서는 허균, 이익, 양응수, 안정복, 홍대용, 박지원, 이덕무, 홍석주, 홍길주 등 아홉 선인들이 공통적으로 내세우는 독서에 대한 공통적 견해를 다음과 같이 정리하고 있다.

> 바른 자세로 바르게 낭독한다.
> 자세히 봐야한다.
> 의문을 가져야 한다.
> 자신의 것으로 만들어야한다. 스스로 생각해야 한다.
> 체험의 독서가 되어야 한다.
> 나이에 따라 읽는 방법이 달라야 한다고 한다.

선인들의 독서에 관한 견해를 보면 오늘날 책읽기에서 강조하는 바와 크게 다르지 않다. '낭독'에 대해 강조하고 있는데 당시 묵독보다는 낭독이 주로 책을 읽는 방식이었다고 볼 수 있다. 그러나 최근에도 낭독의 위력은 강조되고 있다. 뇌에서 가장 인간적인 활동에 관련된 부분이 전두엽에 자리한 전야이다. 전두전야는 사고력, 행동 억제력, 사람들과의 의사소통 능력 등 가장 '인간다운' 능력을 판단하는 곳이다. 전두전야는 읽기, 쓰기, 계산을 할 때 빨리 움직인다. 특히 책을 소리 내어 읽을 때 인간의 뇌는 전체의 70%나 활동을 한다. 하지만 비디오 게임을 하는 동안 뇌의 움직임을 살펴보면 전두전야는 거의 활동하지 않는다. 가와시마 류타에 따르면, 실제로 초등학생을 대상으로 실시한 실험에서도 책을 소리 내어 읽고 나서 시험을 치러본 결과, 대다수 아이들의 점수가 올랐다는 결과가 있다. 이는 대학생의 경우도 마찬가지라고 밝혔다(가와시마 류타, 이소영 역, 2008).

'자세히 봐야한다'의 의미는 책에 담긴 내용을 섣불리 평가하거나 오독하지 않고 이해하는 사실적 읽기의 관점이라 할 수 있다. '의문을 가져야 한다'는 비판적 읽기로 볼 수 있다. 저자의 말이 사실인지 추측인지, 왜곡된 것은 없는지, 다양한 관점을 두루 살피고 의견을 제시하는 것인지, 하나의 관점으로만 바라보는 것은 아닌지 등에 대한 물음을 끊임없이 하면서 읽어야 한다는 의미이다. '자신의 것으로 만들어야 한다. 스스로 생각해야 한다'는 책에 쓰인 내용과 독자의 관점이나 의견의 상호작용을 통해 의미의 재구성이 이루어야져야 한다는 의미로 이해할 수 있다. 선조들은 이미 텍스트를 분석하고 종합하여 창조적 의미를 새롭게 찾아내는 것이 책읽기라는 관점을 가지고 있었다.

'체험의 독서가 되어야 한다'는 것은 앎이 곧 삶이 되는 독서를 이르고 있는 것이다. 지식의 수용에 머무는 것이 아니라 독서를 통해 바람직한 삶에 대한 신념을 체화하여 실천해 나가야 한다고 강조하는 것이다.

조선시대 유학자 이익은 독서를 삶에 보탬이 되기 위함이라는 실천적 관점에서 바라보고 『성호사설』을 통해 독서에 대한 방향을 제시하고 있다.

독서는 '앎'과 '실천'을 겸해서 한 말이다. 공자가 『논어』에서 언급한 '학이시습지(學而時之習)', 곧 배우고 때로 익힌다는 말이 그것이다. 사람 중에 부모에게 효도하고 형제간에 우애하는 사람이 있다고 하자. 내가 그를 보고, 효도와 우애를 배우는 일은 과연 '앎'인가 아니면 '실천'인가? 또한 사람 중에 이치를 궁리하고 사색하며 글을 읽고 있는 사람이 있다고 하자. 내가 그를 보고, 궁리하고 사색하며 독서하는 일을 배우는 것은 '앎'인가 아니면 '실천'인가? 독서는 몸으로 배우는 것도 있고, 마음으로 배우는 것도 있다. 따라서 독서는 모두 '실천'이라고 할 수 있다.

효도와 우애는 몸이 '실천'하는 것이고, 궁리하고 사색하고 독서하는 것은 마음이 '실천'하는 일이다. 이것에서 밝게 헤아리고 살피면 바야흐로 '앎'이 되므로, '실천'이 '앎'보다 먼저 자리한다고 말할 수도 있다. 그러나 몸으로 효도와 우애를 실천하는 일을 놓고 말하면, 먼저 알고 나중에 실천함은 본래 의심할 여지가 없다. 궁리하고 사색하며 독서하는 마음을 두고 '실천'이라고 한다며, 우둔하고 무식한 사람이 어떻게 독서에 매달릴 수 있겠는가? 마땅히 독서와 궁리는 '앎'의 이치에 먼저 통한 것이다. 더러 나보다 먼저 알고 깨달은 사람이 지도하도록 하든지 혹은 자신이 마땅히 해야 할 일을 깨달아서 독서나 궁리를 할 수 있다면 '앎'이 '실천'보다 먼저라고 하지 않을 수 없다. 사람들은 『소학』을 먼저 읽고 나중에 『대학』을 읽는 것은 곧 '실천'이 '앎'보다 우선하는 것이 된다고 말한다. 내 생각으로는 『소학』도 먼저 알고 있는 사람에게 배운 다음에야 읽을 수 있으므로, 곧 '앎'이 '실천'보다 먼저라는 사실을 뒤집을 수는 없다. '앎'과 '실천'이 두 가지가 아니라 하나라고 한다며, '생각'과 '학문' 사이에 어떻게 위태롭고 어두운 잘못이 있을 수 있겠는가?

- 엄윤숙, 한정주 조선 지식인의 독서 노트 , 2007.

이익은 책을 읽고 그 내용을 익히는 것이 중요한 것이 아니라, 아는 것을 삶에 실천하는 것이 중요함을 강조하고 있다. 오늘날 독서의 중요한 의미로 재인식 되고 있는 바를 일찍이 피력하고 있는 것이다.

조선 후기 문인이자 실학자인 연암 박지원은 그의 산문 「소완정기」에서 책읽기에 대해 깨우침을 준다. 그는 책읽기에서 요약하기의 중요성을 강조한다. 여기에서 요약은 단순한 요점정리가 아니다. 객관적이고 비판적 입장에서 주어진 정보나 지식을 하나로 꿰뚫는 것이다. 그 다음은 깨달음으로 체계화된 지식을 자신의 것으로 체계화하는 것이다. 요약하여 깨달음에 이르는 독서가 가능하기 위해서는 마음을 비워야 한다. 욕심이나 사심을 비우고 공정한 마음을 갖는 것이다. 편견이나 선입견, 사사로운 목적을 가지고 책을 읽으면 글의 정수를 얻을 수가 없다. 연암은 제자인 낙서 이서구가 방안에 책을 가득 쌓아놓고 서재 이름을 소완정(素玩亭)이라 짓자, '소완(素玩)'의 참의미를 가르쳐 주었다. 소완은 '마음을 비우고 책을 마음으로 음미한다'는 뜻이다. 또 다른 산문 「답경지지삼」에서는 올바른 책 읽기의 방법으로 겉으로 드러난 줄거리, 문자 자체에 갇히지 말고 문자 너머에 작가가 말하고 싶었던 깊은 뜻을 읽으라고 이른다(박지원, 박수밀 옮김, 2011).

실학자이며 문인인 정약용은 유배 당시 아들에게 쓴 편지는 유명하다. 다산은 아들 유에게 책 읽기 방법에 대한 내용의 편지를 썼다. 다음은 편지의 일부분이다.

유아 보아라

(중략)

나는 몇 년 전부터 독서가 무엇인지 참으로 알 것 같구나. 책을 그냥 읽기만 하는 것은 하루에 천백 번을 읽어도 읽지 않은 것과 마찬가지다. 책을 읽다가 한 글자라도 이름이나 뜻에 분명하지 않은 것이 있으며 그때마다 널리 고찰하고 세밀히 연구하여 그 근원을 깨달아야 한다. 연구하고 깨달은 것은 차례를 만들어서 문장으로 지어 놓아라. 날마다 이렇게 하여라. 이렇게 하면 한 종류의 책을 읽을 때에 아울러 백 가지의 책을 같이 찾아보게 되고, 따라서 본서의 의리를 환하게 꿰뚫을 수 있게 되는 것이다. 이것을 몰라서는 안된다.

예를 들어 〈사기〉의 〈자객전(刺客傳)〉을 읽다가 "조제를 지니고 길에 나섰다"라는 한 구절을 만났다고 하자. "조(祖)란 무엇입니까"하고

스승에게 묻겠지. 스승은 "전별하는 제사다" 할 것이다. "그것을 꼭 '조'라고 하는 것은 어째서입니까?" 하고 물어보아 스승이 "자세히 모르겠다"고 하면, 집에 돌아와 사전을 꺼내서 '조'자의 본뜻을 살펴본다. 또 사전에 인용된 다른 책들까지 살펴보아 그 주와 해석을 고찰하고 그 뿌리를 캐고 그 지엽말단의 세세한 것까지 알아둔다. 또 〈통전(通典)〉, 〈통지(通志)〉, 〈통고(通考)〉등의 책에서도 조제(祖祭)의 예법을 고찰하여, 분류해서 책을 만들면, 훗날까지 없어지지 않을 책이 될 것이다. 이렇게 하면 너는 아무것도 모르던 사람에서 이 날부터는 엄연히 '조제'의 내력에 통달한 사람이 되는 것이다. 비록 큰선비라도 '조제' 한 가지 일에 대해서만은 너와 겨루어 이길 수 없을 것이니, 몹시 신나지 않겠느냐?

　주자의 격물(格物)공부도 이렇게 하는 것일 뿐이다. '오늘 한 물건을 연구하고 내일 한 물건을 연구한다'는 것도 또한 이처럼 착수하는 것이다. '격'이라는 것은 끝까지 연구하여 끝까지 도달한다는 뜻이니 끝까지 연구하여 끝까지 도달하지 않으면 아무런 도움도 되지 않는 것이다.

　『고려사』는 빨리 돌려보내지 않으면 안되겠다. 그 중에서 가려뽑은 지침은 네 형에게 자세히 일러두었다. 올 여름에는 형제가 오로지 마음을 여기에 기울이고 힘을 써서 이 일을 끝내도록 해라. 무릇 초서하는 방법은 반드시 먼저 자신의 뜻을 정해서 내 책의 규모와 항목을 만들고 난 뒤에 그것에 맞춰 뽑아내는 것이다. 그래야만 일관된 묘미가 있는 법이다. 만약 정해 놓은 규모의 항목에 해당하는 것 이외에 뽑지 않을 수 없는 것이 있거든 별도로 한 책을 준비해서 얻는 대로 기록해야 힘을 얻을 수 있을 것이다. 물고기 그물을 쳐놓았는데, 기러기가 걸렸다고 해서 버리겠느냐. (중략)

- 박무영, 『뜬 세상의 아름다움』, 2002.

다산이 아들에 전하는 책 읽기는 천천히 깊게 읽는 '슬로우 리딩'을 강조하는 책읽기이다. 한 권의 책을 읽어가면서 의문이 나거나 관련된 책을 더 찾아 읽으면서 천착해 나가는 방법을 전한다. '책을 읽다가 한 글자라도 이름이나 뜻에 분명하지 않은 것이 있으며 그때마다 널리 고찰하고 세밀히 연구하여 그 근원을 깨달아야' 하고, '한 종류의 책을 읽을 때에 아울러 백 가지의 책을 같이 찾아보게' 하는 방법이다. 다산의 책읽기는 '슬로우 리딩' 내지 '하이퍼링크식 읽기'라 할 수 있다.

　　'슬로우 리딩' 읽기 방식은 『천천히 깊게 읽는 즐거움』에 소개된 하시모토 다케시 선생의 책읽기 수업에서도 찾아볼 수 있다. 일본 고베의 사립학교인 '나다'에 근무하던 선생은 문고본 분량의 책 한 권을 3년에 걸쳐 읽는 독특한 수업 방식을 진행한다. 나카 간스케의 자전적 소설 『은수저』를 천천히 깊이 음미하고, 연관된 내용을 찾아보며 소설 한 권을 읽어낸다. 저자 이토 우지다카가는 직접 수업을 받았던 학생들의 발자취를 따라가며 수업을 소개한다. 속도가 아닌 천천히 깊게 읽는 '슬로우 리딩' 수업 방식은 1968년에 사립학교로서는 처음으로 일본에서 가장 많은 도쿄 대학 합격생을 배출하였고, 이후에도 도쿄 대학 합격자 수 1위의 자리를 거의 놓치지 않았다. 하시모토 선생의 '슬로우 리딩' 수업은 모교에 계승되어 후배들을 일본 최고의 리더로 성장시키고 있다.

　　그런가하면 오에 겐자브로는 독서에서 '재독(reread) 즉, 읽은 책을 다시 읽는 것은 전신운동이 된다'면서 '다시 읽기'의 중요성을 강조한다. 그가 소개하는 다시 읽기 방법은 의미 있게 읽은 책이 번역서일 경우 원문과 대조하며 일 년에 한 권 정도라도 읽으면 '전신운동'이 된다는 것이다. 그가 재독으로 얻는 '전신운동'은 '머리에서, 감정, 그리고 신체까지 해방된 듯한 기분이 든다'는 의미를 지닌다. 그는 문학 이론가 노드롭 프라이에게 '리리딩(rereading)'을 배웠는데 프라이는 '다시 읽기'를 탐구(quest)라 하였다. 우리가 책을 처음 읽을 때는 방향을 못 잡고 미로를 헤매듯 읽는 경우가 있지만 다시 읽을 때는 탐구의 행위가 된다. 무엇인가를 찾으려는, 문제 해결을 위한 실마리를 잡고 읽는다는 것이다. 이런 프라이의 '다시 읽기'는 문학 이론가 롤랑 바르트에게서 영향을 받았다고 한다.

퇴계 역시 독서에 대한 견해가 확고하다.『퇴계전서』속에 퇴계의 독서관이 집중적으로 서술되어 있는 곳은「언행록(言行錄)」의 '독서(讀書)' 장이다. 이는 퇴계의 제자 김성일(金誠一), 조목(趙穆), 김수(金晬) 등이 퇴계의 언행 가운데 독서에 대한 담론을 기록한 것이다. 다음 표는 이를 정리한 것이다(정해연, 2018).

퇴계는 독서 목적을 반복 독서를 통한 텍스트의 완전 이해를 통해 자신을 성찰하고, 생활에서 실천을 추구하는 인성 지향적 독서에 두었다. 퇴계는 독서를 인격 함양의 관점으로 이해하고 인격의 완성을 추구하는 독서를 권하였다.

그의 독서관은 인성적인 내용을 담고 있는 경전들을 반복적으로 읽고, 그 내용을 분석하고 의미를 사색한다. 만약 그 중 이해되지 않는 내용이 있다면 서로 질문하고 대답하며 토의하여 이해도를 높인다. 그리고 그렇게 이해한 글 속의 가르침을 실생활에 적용하여 실천하고자 노력한다. 이러한 독서 실천은 목적을 이루기 위해 어느 순간만 적용된 것이 아니라 지속적으로 실행이 된다.

퇴계의 독서는 인격수양의 목적을 위한 도덕성 함양을 위한 하나의 방법이었다. 그는 인성 함양을 위해서는 성실한 독서 태도가 필요하다고 본다. 퇴계는 독서에 대해 진지하고 집중적인 자세를 가지고 있었다. 그는 책을 읽으면서 궁금한 점을 논의하고 이해하려고 노력하였다. 정독하고 진지한 읽기를 지향하며, 의미를 알 때까지 읽는 능동적 독서를 지향하였다. 그는 이러한 독서

구분	내용	효과	증언
독서 목적	독서는 성현의 말과 행동을 본받기 위함. 예사로 외우면 글자나 글귀를 외우는 것에 불과함.	실천할 수 있고, 학문으로 나아갈 수 있음.	김성일
	책을 읽고 책 속의 교훈을 실천해야 함.	독서의 실천화 가능.	김성일
	성인(聖人)의 책을 읽고 깨닫고 실천할 것을 생각해야 함. 성인의 말은 내가 행할 수 있는 것임.	성인의 말을 더 믿고 마음을 비우고 간절히 찾으면 깨달음을 얻을 수 있음.	김부륜
독서 자료	『소학(小學)』, 『근사록(近思錄)』, 『심경(心經)』 중 독서할 책에 대한 김수의 질문에 소학(小學)은 체(體)와 용(用), 『근사록(近思錄)』은 뜻과 이치가 정밀하다고 말함. 초학자(初學者)는 『심경(心經)』 독서가 좋으나 경험상 『주서절요(朱書節要)』 독서가 더 좋다고 봄.	독서 단계에 따른 독서가 가능하고 자신의 자질과 수준에 따라 달리 독서할 수 있음. 음미하여 읽으면 수양에 도움이 됨.	김수
독서 태도 및 독서 실천	책 속의 성현 이름을 함부로 부르지 않음.	성현을 존경하는 태도 함양.	김성일
	성리학 관련 책 독서, 말년에 『주서(朱書)』 전념.	완전 이해, 정확한 강론, 행동의 지침서로 삼을 수 있음.	김성일
	성인(聖人)의 책을 읽고 깨닫고 실천할 것을 생각함. 성인의 말은 내가 행할 수 있는 것이라고 봄.	성인(聖人)의 말을 믿고 마음을 비우고 간절히 도를 찾으면 깨달음을 얻을 수 있음.	김부륜
	『논어』(論語) 암송(通誦)	다른 책의 내용이 이해됨	이덕홍
	『주자전서(朱子全書)』 몰입(沒入) 독서 『주자전서』 구본과 신간본 대조 분석(分析) 반복 독서, 행동의 기준이 되는 독서(실천 독서) 강조	학문 방법을 알게 됨. 행동의 기준서가 됨. 실천, 질문에 대한 해답을 얻게 됨.	김성일
	『주서절요(朱書節要)』 읽고 거듭 수정한 후 주해 씀.	내용 이해가 잘 됨.	조목
	책 암송하기(切頌), 정독하기(精讀), 교정하되 원문을 존중함. 제자의 자의적인 수정을 혼냄.	단정한 독서 태도를 가질 수 있고, 세밀한 독서를 할 수 있음.	김성일
	익숙하도록 읽어 뜻을 깊이 음미하는 독서(熟讀玩味) 강조	기억하고 마음에 간직할 수 있음.	김성일
	낮에 읽고 밤에 사색할 것을 강조	읽은 것을 내면화할 수 있음.	김성일
	독서할 때 색다른 뜻을 구하지 말고 원문에 충실해야 함.	원문에 대한 깊은 이해 가능.	김부륜
	책은 함부로 평가할 수 없음. 책을 반복해서 익숙하게 읽어야 함(反復玩味, 熟讀玩味).	책에 대한 깊은 이해 가능.	김성일 이덕홍
	세밀하게 주석까지 읽을 필요는 없음.	효율적인 독서 가능.	이덕홍
독서 단계	『소학(小學)』 독서 강조, 기초가 중요하다고 봄.	배운 것을 항상 생각할 수 있고, 기본을 기억할 수 있음.	『당후일기 (堂后日記)』

태도로 제자들이 독서하고 공부할 수 있도록 도와주는 역할을 하였다. 독서를 하면서 남의 의견을 수용하며, 자신의 학문의 발전을 도모하는 노력을 기울였다. 퇴계는 반복해서 책을 읽고, 분석하고, 깊이 사색하였다. 그의 독서는 삶으로 반영되는 실천적 독서를 지향하였다. 이러한 독서 방법과 태도는 여러 제자들에 의해 전해지고 있다.

선인들의 독서는 한 권을 읽어도 깊고 정확하게 읽기를 권한다. 지속적인 독서와 능동적인 독자의 자세를 강조하면서 앎을 삶으로 실천하는 독서가 되기를 희망한다. 이들의 독서 방식은 공동체 안에서 끊임없이 성장하는 삶을 영위해 나가기를 당부하는 것으로 이해할 수 있다.

독서의 수준

독서를 어떻게 할 것인가에 대한 고민은 동서고금을 막론하고 지속되어 왔다. 많은 이들이 독서 방식에 대해 깊은 관심을 가지고 그 방안을 제시하고 있다. 그만큼 독서가 중요하다는 의미이고, 독서는 단순히 책을 읽는다고 이루어지는 것이 아님을 알 수 있다. 여기서는 독서 방법에 대한 다양한 접근 중, 독서의 수준을 네 단계로 제시하고 있는 애들러의 『독서의 기술』과 독자의 유형을 분류한 헤르만 헤세의 『독서의 기술』에서 소개하고 있는 '독서의 기술'을 살펴보겠다.

애들러 독서의 방법
바람직한 독서 행위에 대한 안내서로 오랫동안 주목을 받고 있는 『독서의 기술』의 저자 애들러는 이상적인 독자를 위한 독서 방법에 대해 구체적으로 기술한다. 애들러는 독서의 수준을 초급독서, 점검독서, 분석독서, 신토피컬 독서 네 수준으로 구분하고 있다. 수준은 '종류'와는 구별된다. 종류는 서로 다른 것을 가리킨다면 수준은 위 단계 수준이 아래 단계 수준을 포함하여 쌓아 올라가는 독서 방식을 이른다.

독서의 제1수준은 초보독자를 위한 '초급독서'이다. 대체로 초등학교에서 학습하는 수준으로 읽기와 쓰기를 전혀 못하는 어린이가 초보의 읽기와 쓰기 기술을 습득하기 위한 것이다. 독자들은 읽기를 위한 어휘와 문장을 익히고 맥락적 이해와 책을 읽는 즐거움을 깨닫는다. 그리고 독서가 호기심을 만족시키고 자기의 세계를 넓혀주는 것을 안다. 독서 체험을 자기의 것으로 만들고 하나의 작품에서 얻은 개념을 소화하고, 다음 책을 읽는 일, 하나의 주제에 대하여 여러 저자가 말하고 있는 것을 비교할 수 있게 된다. 이 시기는 좋은 독자가 되기 위한 준비를 갖추는 독서준비기로 10대 초, 즉 중학교 이전까지는 이 단계에 도달해 둘 필요가 있다.

독서의 제2수준은 '점검독서'이다. 이 수준의 독자는 자신에게 필요한 책을 찾아서 읽을 수 있어야 한다. 점검 독서의 목적은 주어진 시간 안에 될 수 있는 대로 내용을 충분히 파악하는 데 있다. 그러기 위해서는 책의 제목, 목차, 색인 등을 살피고 훑어보며 점검할 수 있어야 한다. 난해한 책을 읽어야 할 때는 통독을 하고 통독 후 자세히 읽는 방법도 있다.

초급 독서의 독자가 '이 문장은 무엇을 말하고 있는가'에 대한 물음에 대하여 알아채야 한다면, 점검 독서의 독자는 어떤 종류의 책인가, 전체로서 무엇을 말하려고 하는가, 그러기 위해서 저자는 개념이나 지식을 어떠한 구성으로 전개하고 있는가에 대해 질문을 던지고 여기에 대한 답을 찾을 수 있어야 한다. 점검독서는 독자의 적극적인 자세가 요구된다.

숙련된 사람이란 규칙을 알고 있는 사람이 아니라, 습관을 익힌 사람이다. 애들러는 독서를 스키에 비유하면서 스키를 능숙하게 타기 위해 처음에는 동작을 따로따로 배우지만 숙련이 되면 자연스럽게 동작이 되듯이 독서 역시 각 부분이 서로 융합되어 능숙한 독서 행위가 되어야함을 강조한다. 독자는 적극적인 태도로 독서를 위한 규칙에 익숙해져야 한다. 독서를 위한 규칙을 아는 것도 중요하지만 복잡한 정신적 활동인 자신의 사고에 대해 생각하고 실천하여야 한다.

독서의 제3수준은 '분석 독서'이다. 이 수준은 철저하게 읽는 고도의 독서법으로 독자는 책의 내용에 관하여 계통을 세워서 다양한 질문을 해야 한다. 독자는 책을 체화될 때까지 철저하게 읽어내야 한다. '분석 독서'는 세 단계로 이루어지고, 각 단계 마다 차별화된 독서 방법이 있다.

제1단계에서는 무엇에 관한 책인지를 구별해야 한다. 종류와 주제에 따라 책을 분류한 다음에는 그 책 전체가 무엇을 다루고 있는지 간결하게 서술하고, 주요 부분은 범주화하거나 개요를 서술한다. 또한 저자가 해결하려는 문제가 무엇인지 파악해야 한다.

제2단계는 내용을 해석하는 단계이다. 먼저 키워드를 찾아내고, 중요한 문장을 발견하며, 저자가 나타내려는 주요한 명제를 파악한다. 문장의 흐름에 따라 저자의 논증을 발견하거나, 몇 개의 문장을 선별하여 논증을 인지한다. 일련의 과정을 통해 저자가 해결한 문제는 무엇이고 해결하지 못한 문제는 무엇인지 파악하고, 미해결 문제에 대해서 저자가 해결에 실패한 문제점을 자각하고 있는지, 그렇지 못한지에 대해 확인한다.

제3단계는 지식이 전달되었는가에 관한 것으로 크게 두 가지 점에 유의하여야 한다. 한 가지는 지적 에티켓에 관한 유의점이고, 다른 하나는 비판에 대해 특히 주의해야 할 점이다. 지적 에티켓은 '개략'과 '해석'을 끝내기 전에는 비판하지 않는 것이다. 명확하지 않다면 찬성이나 반대의 태도를 보류해야 한다. 시비조의 반론은 좋지 않으며 비평적인 판단을 내리려면 충분한 근거를 들고, 지식과 단순한 개인적인 의견을 확실히 구별해야 한다. 비판에 대한 주의할 점으로는 저자가 지식 부족인 점과 저자의 지식에 오류가 있는 점을 분명하게 하고, 저자가 논리성이 결여되어 있는 점을 분명하게 해야 한다. 이 세 가지를 입증하지 못한다면 저자의 주장에 어느 정도 찬성의 편에 서야 한다. 저자의 논점에 반론을 제기하기 위해서는 저자의 분석이나 설명이 불완전한 것임을 분명히 밝혀야 한다.

하지만 모든 책을 이와 같은 방식으로 읽을 수는 없을 것이다. 애들러는 제3수준에서 제시한 이상적인 독서에 가까워지기 위해서는 한 권이라도 규칙을 지켜 잘 읽는 것이 중요하다는 견해이다. 독자는 책에 적합한 독서법을 발견하고, 상황에 맞는 방법을 선택하여 활용할 수 있어야 한다.

애들러가 이르는 가장 상위 수준인 독서의 제4수준은 '신토피칼 독서'이다. 신토피칼 독서는 책과 독자의 관계는 제자와 스승의 관계로 본다. 책은 제자이고, 독자가 스승의 위치에 있는 최고의 적극적인 독서법이다. 비교 독서법이라고도 할 수 있는 이 독서법은 한 권이 아니라 하나의 주제에 대하여 몇 권의 책을 서로 관련지어서 읽는 것을 말한다. 여기서는 단순히 텍스트를 비교하는 것만이 아니다. 읽은 책을 실마리로 하여 주제를 스스로 발견하고 분석할 수 있어야 한다.

신토피칼 독서를 위해서는 준비 작업이 우선되어야 한다. 준비 작업은 연구 분야의 조사에서부터 시작된다. 도서 목록, 주변 사람들의 조언, 연구 분야의 책에 제시된 참고 문헌 등을 활용하여 주제와 관련된 문헌의 목록을 작성한다. 그런 다음 문헌 목록을 점검하면서 어떤 자료가 주제와 밀접하게 관련이 있는지 살피고 전체적인 주제의 범주 및 개념을 명확하게 파악하도록 한다. 준비 작업이 마무리 되면 선별된 문헌을 중심으로 신토피칼 독서가 이루어진다.

신토피칼 독서의 제1단계에서는 준비 작업을 통해 선정한 책을 점검하고, 가장 관련이 깊은 부분을 선택한다. 제2단계에서는 주제와 관련하여 특정 저자에 치우치지 않는 용어 사용 방식을 정한다. 제3단계에서는 일련의 질문을 하여, 어떤 저자에게도 치우치지 않는 명제를 세운다. 이 질문에는 대부분의 저자로부터 대답을 기대할 수 있을 만한 것이어야 한다. 제4단계에서는 여러 가지의 질문에 대한 저자의 대답을 정리하여 논점을 명확하게 한다. 서로 대립하는 저자의 논점들이 반드시 확실하게 드러나지 않을 수 있다. 이런 경우 저자의 다른 견해에서 대답을 추측할 수도 있다. 제5단계에서는 주제를 될 수 있는 대로 다각적으로 이해할 수 있도록 질문과 논점을 정리하고 논고를 분석한다. 이때는 일반적인 논점을 먼저 다루고 나서, 특수한 논점으로 옮겨가도록 하고 각 논점이 어떻게 관련되어 있는지 명확하게 나타낼 수 있어야 한다. 논점에 대한 저자의 견해를 해석할 경우는 변증법적인 관점에서 객관성을 유지해야 한다(애들러, 1999).

신토피칼 독서는 일반적으로 이루어지는 독서의 방식이라기보다는 대학 이상에서 전문분야의 연구를 위한 독서라고 이해할 수 있다. 애들러는 고등학교에서는 최저한도의 '분석 독서'를, 대학에서는 '신토피칼 독서'를 습득할 것을 목표로 해야 한다고 제안한다. 그는 연구에 필요한 신토피칼 독서의 습득은 대학 졸업 후 3~4년 동안 대학원에서의 공부 이후에 이루어진다고 보았다. 애들러는 독서의 수준을 네 단계로 구분하여 초보적인 독자에서부터 고급 독자의 모습을 구체적으로 제시하고 있다.

그가 독자의 태도로 중요하게 언급하고 있는 점은 저자와의 대화이다. 대화를 위해 그가 제안한 방법은 질문하기와 행간쓰기이다. 적극적인 독자는 읽고 있는 동안 질문하고 그 질문에는 다시 독서를 하는 동안에 자기 스스로 회답할 수 있도록 노력해야 한다. 제2수준인 점검 독서에서는 '전체로서 무엇에 관한 책인가', 무엇이 '어떻게 상세히 서술되어 있는가', 제3수준인 분석 독서에서는 '그 책은 전체로서 진실한가. 혹은 어떤 부분이 진실한가', 고등수준인 신토피칼 독서(비교 독서법)에서는 '그것에는 어떠한 의의가 있는가'와 관련된 질문을 던지고 그 답을 얻도록 노력해야 한다. 행간 쓰기는 저자와 독자의 대화로 책을 독자의 것으로 만드는 적극적 독서방법이다. 책에 써넣기를 하는 것은 저자의 의견에 대한 독자의 의견 표현이다.

프랜시스 베이컨은 '책은 맛보아야 할 책과 삼켜야 할 책이 있다. 또 약간이긴 하지만 잘 씹어서 소화해야 할 책도 있다' 하였다. 그의 말처럼 모든 책을 네 수준에 걸쳐 읽는 것은 아니다. 정보나 오락을 위한 독서에는 분석 독서가 필요하지 않다. 독서 행위는 상황에 따라, 독자의 요구에 따라 책에 따라 다르게 일어난다.

헤르만 헤세의 독자 유형

헤르만 헤세는 '정신의 법칙은 자연의 법칙과 마찬가지로 쉽게 바뀌지도 않고 일거에 철폐시킬 수도 없'으며 '실제로 정신의 세계는 루터가 성경을 번역한 이후로, 구텐베르크가 인쇄술을 발명한 이후로 하나도 달라진 게 없다'고 하였다. 그가 관망하는 인간의 정신세계는 예나 지금이나 별반 다르지 않다. 그렇다면 독서의 위력 역시 과거와 현재가 크게 다르지 않을 것이다. 헤세는 풍요로운 정신세계

[헤르만 헤세 (Herman Hesse)]

를 위한 독서의 수준을 그의 저서『독서의 기술』에서 제시하고 있다.

독서의 수준을 논의하는데 있어서 애들러가 독서의 방식에 대한 견해를 밝히고 있다면 헤세는 독자의 세 유형을 제시하고 있다. 그가 제시하고 있는 독자의 세 유형은 독자층을 세 등급으로 나눈다거나 독자를 각각의 단계에 속하는 것으로 보는 관점은 아니다. 그는 독자가 상황에 따라 유형을 넘나들 수 있다고 본다.

첫 번째 유형은 순진한 독자이다. 이러한 독자가 책과 맺는 관계는 동등한 개체 대 개체가 아닌, 말과 마부의 관계이다. 책은 이끌고, 독자는 따라간다. 책은 있는 그대로 수용되고 객관적 실체로 받아들여진다. 작가의 관점이나 책에 나타난 관점을 있는 그대로 받아들이면서 작가의 세계관에 온전히 동화되며, 작가가 자기 인물들에 부여한 의미를 가감 없이 수용한다. 순진한 독자는 책과의 관계에 있어서 독자적인 개인, 온전한 자기 자신은 존재하지 않는다. 이들에게 책이란 충실하고 주의 깊게 읽으면서 그 내용 혹은 형식을 음미하는 것이지 다른 목적이 있는 것이 아니다.

두 번째 유형의 독자는 마부를 따르는 말이 아니라 마치 사냥꾼이 짐승의 자취를 더듬듯 작가를 추적한다. 이들은 책이 지닌 가장 중요하고 독특한 가치를 찾을 때 책의 소재나 형식 따위는 전혀 문제 삼지 않는다. 무엇이든 열 가지 백 가지 의미를 가질 수 있음을 알고 있다. 여러 가지 해석과 평가를 설득력 있게 제시하고자 하는 의도를 파악할 줄 안다. 겉으로 보기에는 작가의 재량이나 자유로 보이는 것들이 실은 불가피한 필연이고 수동적으로 선택된 것일 수 있다. 독자는 이를 알아보고 주제, 형식, 소재 등이 작가가 자유롭게 선택한 것이 아니라는 것을 안다.

작가의 자유처럼 보이는 것의 이면에는 작가의 강박관념과 수동성을 들여다보게 되는 그 순간, 탁월한 기교와 세련된 언어예술이 보여주는 그 어떤 매력들보다도 훨씬 더 강하게 독서에 매료된다.

세 번째 유형의 독자는 어쩌면 훌륭한 독자와 정반대 모습으로 비춰질 수 있다. 이 유형의 독자는 개성적이고 자신에게 충실해서, 무엇을 읽든 완전히 자유로운 태도로 일관한다. 작가의 눈을 빌려 세상을 해석하지 않는다. 해석은 독자의 몫이다. 이런 독자는 모든 것과 더불어 유희하는데, 어떤 관점에서 보면 이것이야말로 더없이 생산적이고 창조적이다. 이러한 독자는 책에 나온 멋진 구절이나 지혜와 진실이 담긴 말일지라도 한번쯤 뒤집어 본다. 모든 진리는 역도 참임을 이미 터득한 사람이다.

상상력과 연상능력이 최고조에 이를 때 우리는 종이 위에 인쇄된 것을 읽는 것이 아니라, 읽은 것을 타고 떠오르는 충동과 영감의 물결 속을 헤엄쳐 다니게 된다. 텍스트에서 나오는, 어쩌면 오로지 활자화된 모습을 통해서만 나올 수 있는 그런 충동과 영감이다. 헤세에 따르면, 이런 독자는 신문에 실린 광고 하나가 천계(天啓)가 될 수도 있다. 대수롭지 않은 단어 하나를 뒤집어보고, 퍼즐을 맞추듯 그 철자들을 갖고 유희하던 중 너무나도 행복하고 그럴듯한 생각이 떠오를 수 있는 것이다. 어떤 순간에는 동화 『빨간 모자』가 하나의 우주론이나 철학 혹은 눈부신 관능문학으로 읽힐 수도 있다. 시거 상자에 인쇄된 '콜로라도 마두로'라는 글자를 읽으면서 그 단어와 철자들과 진동과 더불어 유희하며, 마음속으로 온갖 지식과 기억과 사념의 나라를 한없이 떠돌아다닐 수도 있다 하였다.

세 번째 단계의 독자는 더 이상 독자가 아니다. 이 마지막 단계의 독자는 더 이상 독서하는 사람이 아니다. 온 세계가 자기 내면에 들어와 있는 상태이다. 이 단계를 전혀 모르는 사람은 불충분하고 미숙한 독자이다. 자신의 내면에 세상 모든 문학과 철학이 들어 있음을, 위대한 시인 못지않게 각자에게 창조의 원천이 내재되어 있음을 모르는 사람이다. 일생에 단 한번만이라도 이런 단계를 경험해 본다면 훨씬 더 훌륭한 독자가 될 것이며, 좀 더 훌륭하게 해석하게 될 것이다. 하지만 지속적으로 이 단계에 머물러 있는 사람은 없다. 계속 이 단계에 머물러 있는 사람이라면 아마 아무것도 읽지 않을 것이다.

헤세는 세 번째 단계에 대한 설명에서 길가의 돌멩이 하나가 괴테나 톨스토이 못지않게 중요한 의미로 다가오는 단계로 비유한다. 마지막 단계에 단 한 번만이라도 머물 수 있다면 이전과는 비교할 수 없이 무궁무진한 가치를 자신과 인생에 더 큰 긍정으로 이끌어내게 될 것이라 강조한다. 그가 설명하고 있는 성숙한 독자는 끊임없이 성장하는 독자이다. 지속적인 독서를 통해 지식을 쌓고 사고를 확장하며, 깊이 있는 내면세계를 이루어가는 독자이다. 독서를 통해 각 단계를 순환하며 성장해 나가는 독자의 모습을 제시한다. 그리고 마침내 최고의 독자는 자신의 의지와 해석을 지닌 창조적 독자이다.

현대 사회와 독서

    오늘날 교육이나 오락, 지식과 정보의 전달 등 많은 부분을 전자 매체가 담당하고 있지만, 글과 책은 여전히 인간의 정신을 유지하기 위한 매체로서 권위를 지닌다. 디지털 사진이나 컴퓨터 그래픽, 영화 등 전자 매체의 범람 속에서도 회화나 조각, 문학은 고유의 예술적 가치를 지니고 있다. 표현을 문자로 전승하는 일은 인간이 정체성을 지속적으로 유지하기 위한 중요한 수단이다.

    독서는 현대 사회를 살아나가는데 중요하게 작용한다. 독서는 과거에서 현재에 이르기까지 그 개념이 변화되어 왔으며 21세기 디지털 시대에 들어서면서는 또 다시 새로운 개념으로 변화하고 있다. 독서 개념과 독서 환경의 변화를 살피는 일은 현대 사회에서 독서의 의미를 재개념화하고 독서를 통한 성장이 과연 무엇인지 살피는 초석이 될 것이다.

1. 독서 개념과 환경의 변화

독서 개념의 변화

독서(讀書)는 한자어 '읽을 독(讀)'과 '글 서(書)'가 합하여 이루어진 말로 표준국어대사전에는 '책을 읽음', '책 읽기'로 명시되어 있다. 어휘의 해석으로 보면 독서는 글을 읽는 행위이다. 글을 읽는 행위는 '읽기'라는 말로도 쓰인다. '읽기'는 표준국어대사전에 '국어 학습에서, 글을 바르게 읽고 이해하는 일'로 풀이되어 있다. 그렇다면 '읽기'는 글자를 바르게 소리내어 읽거나 분명하게 읽기와 어조에 맞추어 읽기와 함께 언어 교육 초기 단계인 글깨치기, 의미 이해가 해당된다. 글을 읽는 행위가 '읽기'와 '독서'로 사용된다고 할 때 일반적으로 읽기는 글 읽기의 초보적 단계로, 독서는 글 읽기의 어느 정도 수준에 이른 단계로 이해된다. 하지만 읽기와 독서를 양극단적인 개념으로 이해하는 관점은 적절하지 않다.

읽기는 독해와 독서로 구분되기도 한다. 독해란 글의 '의미' 내지는 '정보의 정확한 수용'에 초점을 둔다. 읽기에서는 정확성과 객관성이 중요하게 작용한다. 글을 읽은 후 문단 나누기, 어구 풀이, 어휘 의미 인식 등을 통해 글을 이해하는 활동으로 '국어과 내에서의 읽기 지도'를 의미한다. 반면에 독서는 주로 교양 획득을 위한 읽기나 문학 작품 읽기와 같은 정서적인 목적의 읽기를 지칭한다. 독서는 흥미, 관심, 필요에 따라 선택된다. 독서는 독해보다 거시적이라 할 수 있다. 독서는 독해 기능 외에도 태도나 습관에도 관심을 가진다(박영민 외, 2016).

사실 독해와 독서는 교육 현장에서 지도의 편리성 때문에 인위적으로 구분한 것이다. 독해는 독서에 포함되는 개념이다. 글 읽기는 글을 이해하는 과정을 필요로 하고 그것이 핵심적인 과정이다. 단지 독서는 글을 이해하는 과정 외에 읽을 글의 선택, 글을 읽는 것에 대한 태도, 독해의 결과로 나타나게 되는 인간 형성의 문제가 함께 고려될 수 있다(한철우, 1998).

독서는 '해독'에서 '암송'으로 그리고 '이해'로 변화되어 왔다. 고대 독서는 문자의 뜻을 이해하는 해독의 의미를 지닌다. 초기의 문자는 주로 종교나 국가와 관련된 중요한 사안을 기록하기 위해 사용되었다. 그 후 중세에 와서 독서는 종교적이거나 사회적 행위로 암송이나 낭독을 통해 독자에게 전달되는 행위로 이해된다. 16세기 이후 독서는 구텐베르크의 금속활자인쇄술(1455년)로 인한 책의 대량 보급으로 대중성을 가지게 되었다. 독자는 성직자에 의한 낭독의 듣기에서 벗어나 직접 책을 읽는 행위가 가능해졌다. 독자는 글의 의미를 주체적으로 사고하고 다른 사람과 자신의 생각을 공유하였다. 이 시기 독서는 책의 내용을 이해하는 행위이다.

20세기 이후 독서는 필자와 독자의 의사소통이라는 의식으로 변화한다. 독서는 필자와 독자가 문자 언어를 매개로 하여 소통하는 행위이며 독자는 책의 내용을 자신의 배경 지식이나 관점에 따라 이해하고 재구성하여 회상한다는 상황을 인식하고 받아들이게 되었다. 20세기 후반에 이르러 독서를 사회문화적 관점에서 이해하려는 시도가 활발히 일어났다. 독서는 사회적 행위로 독자가 글의 내용을 이해하는 방식이나 반응은 독자를 둘러싼 사회적 관계와 문화의 영향으로 간주하였다. 독서는 문자를 해독하고 이해하는 것에서 의미를 구성하는 것으로 변화되고 이후 독서는 사회적 행위로 인식되었다.

독서 환경의 변화

독서의 의미가 확대되면서 독서의 개념이 지금까지 사용하여 왔던 독서라는 개념을 그대로 견지할 것인지, 아니면 새로이 제기되는 문식성이라는 개념을 사용하는 것이 좋을지에 대한 고민이 지속되어 왔다. 이는 독서 환경의 변화로 독서의 개념이 변화되긴 하였지만 기존 '독서'는 현대에서 요구하는 개념에는 한계가 있기 때문일 것이다. 이러한 한계를 인식하고 극복하고자 국제 사회에서도 변화를 꾀하였다.

독서와 문식성

미국의 독서교육 연구와 실행은 60년이 넘은 국제문식성학회(International Literacy Association, 前 국제독서학회)를 중심으로 체계적으로 발전하였다. 국제독서학회(IRA)는 2012년 2월, IRA가 미래 교육의 방향을 안내하는 데 있어 강점, 약점, 어떤 기회를 지니고 있는지, IRA의 진화 방향은 무엇인지에 대해 논의하는 전략적 준비위원회를 만들게 된다. 그 위원회는 9개월 이상 동안 학자 간 내부 토론과 온라인 조사를 거치는데, 그 결과 IRA의 이름은 현재의 임무의 범위와 가치를 드러내는 데 적절하지 않다고 보고 학회명을 'ILA'로 바꿀 것과 2015년에 '문식성을 통한 삶의 변혁(transforming Lives through literacy)'을 학술 주제로 정할 것을 제안하였다. 이는 학회원들로부터 긍정적인 반응을 얻게 되었고, 2015년 1월부터 IRA는 ILA로 그 이름이 바뀌게 된다. 결국 국제독서학회는 국제문식성학회로 명명하게 되었다(김혜경, 2016).

문식성이라는 개념이 갑자기 생겨난 것은 아니다. 문식성이란 일반적으로는 문자언어를 다루는 능력으로 읽고 쓸 줄 아는 능력을 말한다. 19세기 후반 인쇄술의 발달로 인쇄 문화가 확산되었다. 인쇄술은 인간이 지식을 습득하고 전승하는 동력이 되었다. 책의 보급과 함께 공교육의 중요성을 인식하게 되면서 문식성 교육이 확산되었다. 문식성 교육은 주체적으로 사고하는 민주 시민을 육성하고 개인 간 의사소통 확장으로 이어진다. 20세기에 들어서면서 대중들은 읽고 쓰는 능력을 갖추게 되고 과거 인류가 축척해온 지식에 수월하게 접근할 수 있게 되었다. 그 결과 지식의 생산으로 이어졌다.

20세기 후반 독서(reading)라는 용어 대신에 문식성(文識性literacy)이라는 용어 사용이 확산되었다. 기존의 독서나 작문이라는 용어는 과학 기술의 발전에 따라 급속도로 변화하고 있는 새로운 의사소통 환경에서의 문식활동을 설명하기에 한계가 있기 때문이다. 문식성은 읽기와 쓰기가 각각의 능력이 아니라 하나의 복합적 행위로 인식하는 것이다. 일련의 글쓰기 과정을 살펴 보면 필자는 작문을 위해 독서가 전제 되어야 하는 경우가 일반적이다. 그보다 먼저 필자는 자신이 쓴 글의 일차적 독자다.

문식성은 21세기에 들어와 인간이 갖추어야 할 중요한 능력으로 인식된다. 기존의 문식성인 글을 읽고 쓸 줄 아는 의미를 뛰어 넘어 미디어 문식성, 매체 문식성, 영화 문식성, 등 다양하게 사용되고 있다. 과학 기술의 발전은 생활양식의 변화를 가져왔다. 디지털 기술은 개인의 의사소통 양식의 변화는 물론 지식의 수용과 생산 양식에 영향을 끼쳤다.

[복합양식 텍스트 Create]

21세기 문식성은 다양한 양식이 혼합된 복합 양식적 속성을 지닌다. 현대인들은 디지털 문화와 세분화된 형식들에 익숙해져 있으며 많은 디지털 도구들을 활용하고 있다. 컴퓨터로 작업을 하며 스마트폰으로 언제 어디서든 소통하고 인터넷을 하는 모습들은 일상이 되었다.

이와 더불어 우리는 일상생활에서 원하든 원하지 않든 많은 정보를 접하고 있으며 그 정보에 대한 판단을 통해 의사결정을 해야 하는 일이 빈번하다. 합리적인 판단과 최선의 의사결정을 행하기 위해서는 문제를 인식하고 분석하며 해결하는 능력이 필요하다. 현대 사회의 급변하는 과학기술의 발전과 환경의 변화 속에서 올바른 판단력과 가치관은 인간의 삶에 유익하게 작용할 것이고, 그 반대 상황이라면 부정적인 면으로 작용할 것이기 때문이다.

문식성에 대한 개념은 생태적 문식성에 대한 논의가 전개되면서 그 외연의 폭을 넓혀 나갔다. 오르는 생태적 문식성을 제안하고 있다. 오르가 주장하는 생태적 문식성은 독서를 생태계의 순환 원리로 이해하고 이를 다시 문식성으로 확대하여 바라보는 것으로 독서에 대한 외연의 폭을 확장시키고 있다. 다음은 오르의 생태적 문식성을 소개한 내용이다.

오르(1992:92)가 제시한 생태적 문식성의 세 가지 요소로부터 찾아볼 수 있다. 세 가지 요소는 '지식(knowing)', '배려(caring)', '실천적 능력(practical competence)'이다.

첫 번째 요소인 '지식'이란 일반적으로 말하는 학식이나 견문이 아니라 모든 것의 상호 연관성을 이해하고 돌봄이나 책임 있는 태도를 필요로 하는 지식을 말한다(정영희, 2006:186). 독자로서의 학습자는 자신이 만나

게 된 텍스트와 '주 사용 매체', '또래집단', '학교(교실)', '가정'과 어떤 연관성이 있는지 이해할 수 있어야 한다. 자신이 그 텍스트를 매체를 통하여 읽고 있는 것인지, 또래집단과의 소통을 통하여 알게 된 것인지, 학교(교실)의 수업과는 어떤 관련성이 있는지 등을 알고 있어야 한다. 어떤 경로로 알게 된 것인지, 무엇을 통해 읽고 있는지를 점검할 수 있어야 한다는 것이다. 그리고 이것이 내가 텍스트를 만나는 데 있어서 어떤 영향을 미치고 있는지 파악할 수 있어야 한다. 작가로서의 학습자가 텍스트를 생산할 때에도 마찬가지이다. 자신이 어떤 매체를 사용하여 글을 쓰고 있으며 그것이 또래집단과 어떻게 소통되는지를 이해하고 있어야 한다. 이러한 생산 행위가 학교(교실) 수업과 연관성이 있는지 없는지, 가족 구성원과의 연관성은 어떠한지 등을 파악하는 것도 필요하다. 독자로서의 학습자, 작가로서의 학습자가 이해해야 할 지식들과 함께 텍스트를 중심에 둔 예상 작가와 예상 독자와의 관계성의 지식도 필요하다.

생태적 문식성의 두 번째 요소는 '배려'이다. 김수동(2002:35-38)에서는 배려의 요소를 전념(몰입, 몰두), 공감(감정이입), 수용, 확신(확인)이라는 네 가지로 제시하고 있다. 전념은 대상에 대하여 몰입하는 것으로 나의 모든 관심을 대상에게 향하게 하는 것이다. 그리고 나와 대상의 감정을 일치시켜 공감을 하고 대상을 온전히 있는 그대로 수용하며 이러한 배려에 대하여 스스로 확신을 가지는 것이 배려의 요소이자 단계라고 설명하고 있다. 독서 생태계에서 배려의 대상은 다양하고 층위가 복잡할 수 있다. 우선적으로 독자로서의 학습자는 텍스트를 생산한 작가를, 작가로서의 학습자는 텍스트를 수용할 독자를 배려의 대상으로 할 수 있다.

생태적 문식성의 세 번째 요소가 실천적 능력이다. 여기서의 실천은 적극적 태도를 넘어서서 진정한 능력을 기반으로 한다(정영희, 2006: 186). 매체 텍스트를 읽을 수 있는 능력이 단지 텍스트의 내용을 이해하거나 그 맥락을 고려하여 수용하는 것만을 의미하지 않는다. 독서 생태계의 모든 대상의 관계를 이해하고 그들을 배려하는 행위를 실천하는 능력을 말한다. 이때 실천은 구체적 행위를 통해 드러나게 된다. 사실 공감은 타자의 내면세계를 이해할 뿐만 아니라 그 이해한 바를 정확하고 민감하게 전달할 때 완성된다고 볼 수 있다(정상섭, 2006:355).

매체 환경에서는 소통성이 강화되어 독자로서의 학습자가 자신의 의견을 많은 사람들과 공유할 수 있다. 매체 환경에서의 독서 행위의 마지막은 지식과 배려의 표현에 있다고 할 것이다. 자신의 비평을 쓰는 것도 포함될 수 있지만 최근의 소셜 미디어 환경에서는 공감 누르기, 리트윗, 추천하기 등의 다양한 방법들이 제공되고 있으므로 이러한 소극적 표현도 하나의 실천 방법이 될 수 있다.

생태적 매체 문식성은 독자와 작가가 매체 텍스트의 생산과 수용을 사회 및 자연과의 관계 속에서 인식하고 이들과 교섭적인 관계를 실천할 수 있는 능력이라고 할 수 있다. 이는 독서 행위를 하는 학습자가 단지 수동적으로 주변의 영향을 받기만 하는 존재가 아니라 영향을 미치기도 하는 존재가 된다는 것을 의미하며 독서 생태계는 결국 서로 영향을 주고받는 순환성을 갖는다는 의미이기도 하다.

- 김성희, 김혜숙, 『매체 생태학의 관점으로 본 독서교육의 방향』, 2013.

생태적 문식성은 독서의 선순환을 이해하는데 실마리를 제공하고 있으며, 독서가 문식성으로 변화되는 환경을 설명하고 있다.

2. 독서에서 문식성으로

최근에는 리터러시(literacy)를 강조하는 것이 세계적인 추세이다. 앞에서도 언급한 바와 같이 미국의 독서 학회는 이미 리터러시 학회로 이름을 바꾸었으며, OECD에서 실시하는 국제성인역량조사인 PIAAC에서도 수리력, 문제해결력과 함께 언어능력을 중요한 평가 대상으로

Table 1.1 **Summary of assessment domains in the Survey of Adult Skills (PIAAC)**

	Literacy	Numeracy	Problem solving in technology-rich environments
Definition	Literacy is defined as the ability to understand, evaluate, use and engage with *written texts* to participate in society, to achieve one's goals, and to develop one's knowledge and potential. Literacy encompasses a range of skills from the decoding of written words and sentences to the comprehension, interpretation, and evaluation of complex texts. It does not, however, involve the production of text (writing[1]). Information on the skills of adults with low levels of proficiency is provided by an assessment of reading components that covers text vocabulary, sentence comprehension and passage fluency.	Numeracy is defined as the ability to access, use, interpret and communicate mathematical information and ideas in order to engage in and manage the mathematical demands of a range of situations in adult life. To this end, numeracy involves managing a situation or solving a problem in a real context, by responding to mathematical content/information/ideas represented in multiple ways.	Problem solving in technology-rich environments is defined as the ability to use digital technology, communication tools and networks to acquire and evaluate information, communicate with others and perform practical tasks. The assessment focuses on the abilities to solve problems for personal, work and civic purposes by setting up appropriate goals and plans, and accessing and making use of information through computers and computer networks.

[PIAAC의 평가 영역]

선정하고 있는데, 이 언어 능력을 Literacy로 표현하고 있다.

리터러시는 본래 문자를 읽을 수 있는 능력을 의미했다. 문자가 지금과 같이 보편적이지 못했던 시절, 문자를 알고 있다는 것은 그 이전 세대가 구축한 고급한 지식과 정보들을 독점할 수 있는 일종의 권력이었으며 그것은 사회적 계층과 밀접하게 관련이 되었다. 이러한 리터러시는 인쇄술의 발달과 사회의 변화에 발맞추어 그 의미를 점차로 확장해 나가고 있다.

리터러시는 현재 교육계에서 '문식성'이라는 용어로 일반적으로 사용되고 있다. 문해력이라는 말로도 번역되기도 하지만 어떤 용어를 사용하는지보다 더 중요한 것은 그 용어가 어떤 의미를 포함하고 있는지이다. 문식성의 의미가 1차적으로 확장되는 지점은 읽기에서 쓰기를 포함하는 의미로 넓어진 것이다. 문자를 알고 읽을 수 있다면 당연히 문자를 이용하여 자신의 의사를 표현하고 이를 바탕으로 의사소통을 할 수 있을 것이기 때문이다. 따라서 문식성은 문자언어를 활용하여 읽고 쓸 수 있는 능력이라는 의미로 그간 널리 사용되었다.

국어교육에서는 항상 읽기와 쓰기를 나누어왔기 때문에 이렇게 읽기와 쓰기를 하나로 묶는 것이 어쩌면 어색하게 느껴질 수도 있다. 그런데 실제로 우리가 하

는 언어활동을 들여다보면 읽기와 쓰기 활동은 매우 긴밀하게 상호 연결되어 있음을 알 수 있다. 읽기가 단순하게 문자를 읽는 수준이 아니라 글을 읽고 그 내용을 이해하는 것이라면, 글을 잘 읽었는지를 우리는 어떻게 알 수 있을까? 읽은 내용에 대해서 말을 하거나 글을 써서 표현을 해야 비로소 어느 정도의 이해에 도달했는지를 다른 사람이 판단할 수 있게 된다. 더 나아가서, 이해의 본질이 글이나 책에 담겨 있는 의미를 파악해 내는 것이 아니라 독자가 각자 자기 스스로의 해석 텍스트를 만들어 내는 행위임을 수용한다면, 독서 행위는 내적으로 새로운 텍스트를 만들어내는 창작의 행위를 반드시 수반하게 된다. 쓰기는 더욱이나 읽기와 밀접한 관련이 있다. 쓰기의 바탕이 되는 생각과 배경지식은 대부분 읽기를 바탕으로 형성이 되며, 구체적인 쓰기 활동을 할 때에도 내용 생성 단계에서 대부분은 읽기 행위를 통해 자료를 모으고 선택하고 재구성하게 되기 때문이다. 이처럼 문식성은 '읽고 쓸 수 있는 능력'을 의미하는 것으로 자연스럽게 받아들여지게 되었다. 이러한 문식성의 의미는 '국어교육사전(서울대학교 국어교육연구소, 1999)'에서 제시하고 있는 '문해력'의 의미로 보다 명확하게 확인할 수 있다.

> 의사소통을 목적으로 하는 문자 언어의 사용 능력, 즉 모어를 읽고 쓸 수 있는 능력을 가리킨다. 여기서 읽고 쓸 수 있는 능력이란 자소를 음소로, 음소를 자소로 바꾸는 최소한의 능력을 의미하는 것이 아니라 읽기와 쓰기의 활용에 대한 심적 경향이나 사고방식까지를 포함하는 것이며, 문자 언어로 된 메시지를 단순히 받아들이고 해석하는 것이 아니라 능동적이고 자율적으로 메시지를 생성해 내는 것까지를 포함하는 개념이다.

그런데 문식성은 정보통신 기술과 미디어의 발달로 인해 또 한 번 의미를 확장하게 된다. 흔히 문식성의 재개념화라고 이야기되는 문식성의 의미 변화를 여기에서는 '문'과 '식', 그리고 '성'의 의미로 각각 나누어 살펴보고자 한다.

'문(文)'의 확장

먼저 '문'을 살펴보자. '문(文)'은 문식 활동의 대상이다. 기존의 '문'은 문자로 작성된 텍스트로, 글이나 책이 이에 해당했다. 그런데 정보를 전달하는 수단을 문자에 국한하지 않는다면 텍스트의 범위는 매우 넓고 다양하게 확대될 수 있다. 가령 원시인들이 라스코 동굴에 그린 벽화는 주술성과 정보성을 갖는다는 점에서 훌륭한 하나의 텍스트라고 할 수 있다. 근래에는 순수하게 문자로만 이루어진 텍스트를 찾기가 오히려 어려워지고 있다. 텍스트는 그림이나 사진 등의 요소와 결합하여 새로운 의미 구성의 양상을 드러내고 있으며, 동영상 텍스트는 화면과 움직임, 음성과 소리가 언어와 결합하면서 복합양식 텍스트의 특징을 드러낸다. 학생들이 즐겨 읽는 웹툰은 그림과 언어가 긴밀하게 결합되어 있는 대표적인 형태인데, 최근에는 기술적 발달에 힘입어 스마트 툰이나 컷 툰으로 다양화되고 있으며, 최근에는 독자가 능동적으로 참여하는 실험적인 인터렉티브 툰으로 진화하는 모습까지 보이고 있다. 또한 인터넷 상에 존재하는 수많은 텍스트들은 하이퍼링크를 통해 상호텍스트적으로 긴밀하게 연결되며, 그 과정

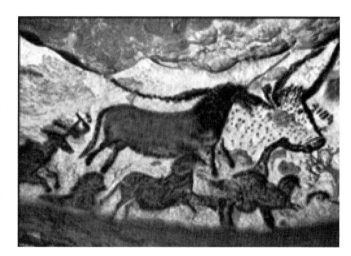

[라스코 동굴 벽화]

에서 텍스트가 유통되는 미디어의 성격을 텍스트에 투영한다. 즉, 읽어야 할 대상이 문자 언어 텍스트에서 다양한 복합양식 텍스트로 확대되고 있다.

읽어야 할 대상은 정보를 담는 매체만 변화하는 것은 아니다. 정보가 유통되는 양상 역시 변하고 있다. 최근 의사소통 도구로 각광을 받고 있는 카카오톡의 대화는 구어 텍스트인가, 아니면 문어 텍스트인가? 분명히 문자로 기록이 되지만 구어의 특징을 가지고 있으며, 그 구어성을 보다 확실하게 확보하기 위해 각종 이모티콘이 사용되고 있다. 그런데 이 이모티콘 역시 단순히 부호의 조합으로 이루어진 1세대 텍스티콘에서, 그림으로 감정을 표현하는 2세대 그래픽콘, 그리고 움직임과 소리가 결합하는 3세대 애니콘으로 변화하고 있다. 이러한 변화는 단순히 재미를 주는 데에 그치는 것이 아니라 문자 언어로 전달하기 어려운 미묘한 감정과 분위기를 표현할 수 있다는 점에서 역시 '문'의 확장으로 받아들일 필요가 있다. 따라서 우리가 읽어야 할 대상은 단순히 정보만이 아니라 정보에 담긴 의도나 정서, 더 나아가서는 사회적인 맥락이나 미디어의 거시적인 역할, 그리고 문화 등으로 확장하여 생각할 필요가 있다.

[이모티콘의 변화]

'식(識)'의 확장

　다음으로 '식'의 의미를 생각해 보자. '식(識)'은 우리가 '문'을 대상으로 하는 활동을 의미한다. 한자 그대로의 뜻을 보자면 문자를 인식하는 것이지만, 기초문식성이라고 불리는 문자 인식은 문식성의 전제이자 매우 기초적인 단계에 해당한다. 물론 문자가 복합 양식으로 다양해지면서 인식 자체도 예전처럼 단순하지 않고 복잡하게 변화하고 있다. 문자를 인식할 수 있는 능력을 바탕으로 우리는 글의 내용을 이해한다. 인식에서 이해로 확장되는 '식'의 의미 변화는 매우 자연스럽다고 할 수 있다. 그런데 앞에서도 언급한 것처럼, 이해 활동은 표현 활동과 엄밀하게 구분되지 않는다. 즉, '식'은 글의 정보가 독자에게 일방적으로 흘러가는 이해 활동으로 그치는 것이 아니라 독자가 능동적으로 의미를 만들어 내고 새로운 내용을 창출하는 표현까지 아우른다고 할 수 있다.

　문식성에서 '식'의 의미가 이해와 표현을 아우른다는 것은 문식성의 매우 중요한 특징 가운데 하나이다. 그런데 이것은 단순하게 읽고 쓰는 행위를 통합하는 것에 머무르지 않는다. 읽는 행위에는 독자가 자기 나름대로의 해석 텍스트를 새롭게 생성하는 과정이 필수적이고, 읽기를 전제하지 않는 쓰기는 유의미한 결과물을 만들어 내는 것이 불가능하다. 여기서 우리는 글쓰기에 관한 오랜 문구인 '다독(多讀), 다작(多作), 다상량(多商量)'을 떠올릴 수 있다. 읽기와 쓰기는 사고를 통해 연결되며, 잘 읽고 잘 쓰기 위한 기본 능력도 결국 사고의 문제로 귀결되기 때문이다. 즉, '식'은 읽은 내용을 파악하고, 그것의 신뢰성, 타당성 등을 종합적으로 분석하여 유용성과 가치를 판단하고 표현 활동에 활용할 수 있는 내용과 방향을 결정하고 가공하며 부족한 부분은 더 찾아 보충하는 등 총체적이고 종합적인 활용 능력을 의미한다고 할 수 있다.

이렇게 확장된 '식'의 의미는 '문'의 변화에 발맞추어 또 한 번 확장될 수 있다. 우리가 읽어내야 할 대상이 텍스트에서 문화와 사회로 다양해지면서 언어를 활용한 표현과 이해의 양상 또한 달라지고 있다. 책을 통한 출간, 또는 신문을 통한 기사 전달 등 기존의 문자 텍스트를 통한 의사 전달은 발신자와 수신자가 구분되고 일방향적으로 이루어졌다. 독서교육에서 독자가 작가와 대화를 한다는 말을 자주 사용하지만, 그것은 상징적인 의미일 뿐 직접적인 소통을 의미하는 것은 아니었다. 그러나 매체의 발달로 인해 지금은 이러한 소통이 거의 실시간으로 이루어진다. SNS에 올라오는 글과 사진은 실시간으로 팔로워들에게 전달되고, 이들이 눌러주는 좋아요나 댓글, 맞팔 등은 그 자체로 하나의 텍스트가 되면서 끊임없이 변화한다. 전문가들이 작성하는 기사 역시 인터넷 언론사를 통해 정해진 발간 시간이 없이 실시간으로 업데이트되며, 이미 기자의 성향과 언론사의 특징을 파악하여 그에 맞는 댓글을 다는 독자들이 등장하였다. [그림 11]은 어느 웹툰에서 독자들의 댓글과 그것에 대한 작가의 답변, 그리고 그 답변에 대한 독자들의 재반응, 그리고 독자들 사이의 반응까지 연결되는 양상을 잘 보여준다. 즉, 현대사회에서 '문'에 대하여 '식'하는 활동은 읽고 쓰는 것에서 나아가 사람과 사람을 연결해 주는 소통 역할을 하고 있음을 알 수 있다.

작가의 말 (HD3)   작가의 다른 작품 | 작가 블로그 | 팬카페

제 능력 부족으로 챙겨봐 주시는 많은 독자님들께 만족감을 드리지 못한 것 같아 마음이 무겁습니다ㅠ

최근에 세이브를 엎어서 다시 작업을 했습니다. 이로도 감히 나아졌다곤 할 수 없지만

부디 괜찮게 다가갈 수 있길 간절히 바라는 마음입니다. 정말 죄송하고 또 감사합니다.

의견쓰기 3,464 ⟳   ⓘ

> 주제와 무관한 댓글이나 스포일러, 악플은 경고조치 없이 삭제되며 징계 대상이 될 수 있습니다.

0/500

등록

∨ BEST댓글   전체댓글

신포(dm st**)**

[BEST] 아니 미쳤나봐 독자들이 전개 답답하고 느리다서, 그래 그냥 마음에 안 들어서 세이브 원고 있던 거 다 엎고 다시 그리셨다잖아; 몇 주 동안 째빠지게 그린 걸 다 갈아 엎고 새로 다시 그리셨다잖아 그러면 몇 주 안으로 다시 좋아지겠지... 요즘 인터넷이나 TV같은 각종 매체에서 웹툰 한 회분 작업하는데 얼마나 많은 시간과 정성이 들어가는지 자주 소개돼서 그래도 웹툰 작가들의 노고를 잘 아는 줄 알았는데 아닌가? 작업 과정은 자세히 몰라도 몇 주동안을 붙잡고 작업했던 걸 다 갈아엎었다는 것만 생각해봐도 저런 말은 안 나올 텐데 도대체 무슨 생각으로 저런 소리 하는지 모르겠다. 그래 지금 진행 답답하고 느린 건 사실인데, 그래도 작가님이 저렇게까지 노력을 하시면서 독자분들께 맞췄다는데 독자가 이렇게 나오면 안 되지... 서로 배려해가면서 독자나 작가나 두쪽 다 성장해가는 거지... 깔 작가를 까라 제발, 베댓 시스템 생기면서 물타기 심해졌다는데 정말 마음에 안 든다. 이게 뭐냐 도대체

2018-01-12 23:28 | 신고   👍 35603   👎 1031

치킨먹고싶다(jeeh**)**

[BEST] 오늘 작가의 말로 확실해졌다 이작가는 개쩐다.이렇게 탄탄한 스토리.전혀 지루하지않은 전개력.그럼에도 불구하고 남들의 의견을 받아들이는 실력겸손함.개쩐다 그냥솔직히 생각이란걸 한다면 전개가느리네 반복이네 뭐네 개소리 못한다고 어떤 웹툰이 2년 뒤 3년 뒤 하면서 팍팍 전개해주냐?그 어떤 웹툰이 지각도 없이 이렇게 분량맞냐?지금 댓글 반응 보면 독자 수준 최악인것 같다.이 웹툰보면서 작가한테 놀랄때가 많다. 스토리탄탄하고 질질 끄는거 없고 심지어 그림도 잘그려서.이걸 보고 지겨운 반복이라는 사람들은 웹툰왜보나?감정변화 자체가 주된 내용이고 재미인데, 그런 재미요소 다 내팽개처버리고 그냥 다시 바뀌고 완결 됐으면 좋겠는건가? 진짜 이해가 전혀 안된다.내가 보긴 지금 전개속도와 내용은 거의 완벽하다.그러니까 헛소리 작작해라

2018-01-12 23:40 | 신고   👍 19706   👎 634

[웹툰에서 작가와 독자의 소통 양상]

'성(性)'의 확장

이제 마지막으로 '성(性)'의 개념을 살펴보자. '성'은 어떠한 성질이나 특성을 의미한다. 즉 문식성을 '문식'을 하는 성질 또는 특성이라고 할 수 있다. 그런데 지금까지 살펴본 '문식' 행위는 특성이라기보다는 능력의 의미에 가까운 것으로 보인다. 읽고 쓰고 소통하고 향유할 수 있는 '능력'이 자연스럽기 때문이다. literacy의 번역어로 문식성과 함께 '문해력'이라는 용어도 널리 사용되는데, '식' 대신에 이해와 해석을 의미하는 '해(解)'를 사용하고, '성' 자리에 능력과 역량을 의미하는 '력(力)'을 사용한 것에 주목할 필요가 있다. 문식성의 개념을 보다 충실하게 드러내기 위한 고민이 담겨 있기 때문이다. 다만 문해력은 단순하게 문자를 이해할 수 있는 기초 문식성의 의미로 보다 널리 사용되었기 때문에 오해를 피하고자 문식성이라는 용어를 더 널리 사용하게 된 것이다.

그런데 여기서 능력의 의미를 생각해 볼 필요가 있다. 능력은 할 수 있음을 의미하는 able의 명사형 ability이지만, 우리가 실제 삶의 현장에서 발휘하고 사용하는 능력은 competence, 즉 역량이다. OECD를 중심으로 이미 세계의 교육은 세상을 살아가는 핵심역량을 중심으로 빠르게 재편되고 있고, 우리 역시 2015 개정 교육과정에서 역량 중심 교육과정을 표방하고 있다. 자기 관리 역량, 지식 정보 처리 역량, 창의적 사고 역량, 심미적 감성 역량, 의사소통 역량, 공동체 역량 등 우리 교육과정에서는 6개의 핵심역량을 선정하여 강조하고 있는데 이것들을 관통하는 핵심역량은 역시 종합적 사고 역량으로서의 리터러시(literacy)라고 할 수 있다.

이렇게 논의를 전개하다 보면 '성'은 매우 인지적인 능력을 의미하는 것으로 느껴질 수도 있다. 하지만, '태도'를 구성하는 요소에는 정의적인 요소(Affective competence: How feel?) 뿐만 아니라 인지적인 요소(Cognitive competence:

What believe?)와 행동적 요소(Behavioral competence: How act?) 등이 있다는 점에 주목할 필요가 있다. 인지와 정의, 행동 모두가 합쳐져서 태도를 형성하는 것이다. 이는 '성'이 '능력'만이 아니라 어떤 태도와 '성향'을 뜻할 수도 있음을 의미한다. 어려움이나 거부감 없이 기꺼이 문식 활동을 하려는 성향과 태도를 유지하는 것 역시 문식성의 '성'에 해당한다고 할 수 있다. 그리고 이러한 태도는 평생 스스로 책을 찾아 읽으면서 자기 자신을 향상시켜 나가는 평생 독자의 형성과도 깊은 관련을 갖는다.

우리 문식 활동을 통해서 궁극적으로 확보하게 되는 것이 반드시 인지적인 역량에 국한되지 않는다는 점을 앞에서 설명하였다. 이는 실제로 우리가 왜 무엇인가를 읽는지, 그 이유를 살펴보면 보다 분명하게 알 수 있다. 다음 그래프는 '2017년 독서 실태 조사'에서 책을 읽는 이유에 대한 조사 결과이다. 책을 읽는 이유에 대해 지식과 정보를 얻는 것이 가장 큰 목적이지만, 교양이나 여가, 즐거움, 위로와 평안 등도 책을 읽는 매우 중요한 이유임을 알 수 있다. 최근 들어 각광받고 있는 웹툰이나 웹소설 등은 이러한 여가 및 유희 독서의 모습을 잘 보여준다. 즉, '식'에는 텍스트를 즐기고 놀고 누리는 '향유'의 의미를 포함한다고 할 것이다. 다양한 매체를 즐기고 여러 가지 방식으로 소통하며 그 과정에서 수많은 2차 텍스트를 생성하고 그것을 통해 다시 소통을 하는 과정 모두가 문식 활동을 통해 건강하게 자아를 발달시키며 문식 활동을 즐기는 양상이 될 것이다.

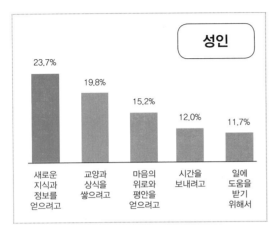

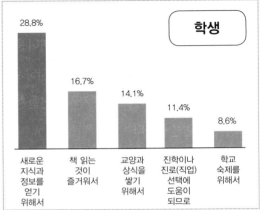

(단위 : %)

[독서 목적 (성인 · 학생)]

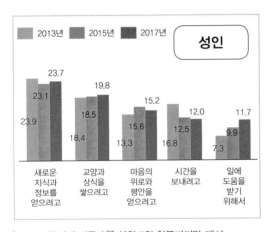

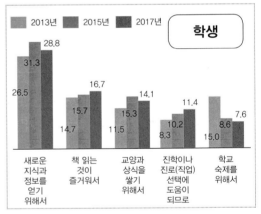

(단위 : %)

[독서 목적의 변화 추이 (성인 · 학생)]

문식성을 통한 삶의 확장

'문식성'의 개념이 '문'과 '식', '성'의 측면에서 각각 개념의 영역을 확장하고 있음을 앞에서 살펴보았다. 이러한 문식성은 '소양'의 의미가 더해지면서 다양한 분야에서 사용되고 있다. 예를 들어, 정보화 사회와 관련해서는 기초 리터러시, 과학 리터러시, 경제 리터러시, 기술 리터러시, 시각 리터러시, 정보 리터러시, 다문화 리터러시 등의 다양한 용어가 등장하였다. 이 외에도 엘리트 리터러시, 외국어 리터러시, 학문적 리터러시, 문화적 리터러시, 기능적 리터러시, 개인적 리터러시 등 우리가 일상에서 만나는 거의 모든 영역에서 리터러시라는 용어가 사용되고 있는 것이다.

결국 문식성은 읽고, 쓰고, 사고하고, 향유하는, 우리 사유와 문화 경험의 총체라고 할 수 있다. 우리가 교육을 통해 성장한다고 하는 것은 결국 모든 리터러시의 핵심이 되는 기본적인 리터러시와 각각의 세부 영역에 대한 리터러시를 성장시켜 나간다고 보는 것이 타당하다. 그런데 뒤에서 다시 상술하겠지만, 이러한 문식성의 성장은 궁극적으로 학습자들의 삶의 성장을 도달점으로 해야 한다. 교육은 현실과 유리된 기능적인 성장이 아니라 삶을 총체적으로 성장하도록 이끌어야 할 책무가 있다. 그것도 학습자 스스로, 그리고 전 생애를 통하여 지속적으로 그러한 성장을 주도할 수 있어야 한다. 그리고 그러한 성장의 중심 동력은 독서를 중심으로 하는 능동적 문식 활동이 필수적이다. 인간이 세상의 모든 일을 경험할 수 없을 진대, 경험을 통해 삶을 확장하는 유일한 방법은 독서이기 때문이다. 결국 문식성의 향상은 독서 경험의 성장으로 이어지고 그러한 독서 경험의 성장은 앎이 삶으로 전이되어 총체적인 성장을 이끌어간다. 그리고 그렇게 성장된 삶은 다시 여러 측면의 문식성을 향상시키는 선순환을 일으킨다. 이처럼 눈덩이 굴러가듯 점차로 성장해가는 독서 교육이야말로 우리 성장독서 교육이 추구하는 본질이다.

GROWTH Reading HOW

GROWTH Reading		공통 프로세스	탐구형 (주제 탐구형 독서)	성찰형 (인성 독서)	소통형 (진로 독서)
G	Grasp (Grasp problem of life)	파악하기 (삶 속에서 문제 인식하기)	• 삶 속에서 문제 인식하기	• 삶 속에서 문제 인식하기	• 독서의 목적 인식하기
R	Relate (Relate reading experience)	관련짓기 (독서 경험과 연결하기)	• 문제 상황 명료화하기 • 가설 설정하기	• 독서 경험으로 문제 인식 명료화하기	• 독서 경험을 통해 문제 인식하기
O	Organize context	맥락화하기 (독서 맥락 구성하기)	• 텍스트 맥락화 • 독자의 맥락화	• 텍스트 맥락화 • 독자의 맥락화	• 주 텍스트와 소통하기 • 독자의 맥락화
W	Widen (Widen reading experience)	넓히기 (문제 해결하고 독서 경험 확장하기)	• 삶의 의미로 확장하기	• 덕목 찾기	• 가치화하기
T	Try (Try in life)	실천하기 (삶 속에서 실천하기)	• 다음 독서 계획하기	• 삶으로 나아가기	• 삶으로 나아가기
H	Head (Head for growth reader)	나아가기 (성장 독자로 나아가기)			

제 2 장

독서 교육의 실천

독서 교육이 걸어온 길

1. 독서에 대한 인식의 변화

앞에서 독서의 개념과 독서 환경의 변화에 대해서 살펴보았다. 이 장에서는 독서의 과정이 어떻게 이루어지는지를 보다 구체적으로 살펴보고자 한다.

암송이 중심이 되는 공동 독서

전통적으로 책은 전대로부터 내려온 지식을 전수하는 수단이었다. 종교에서는 그것이 신의 말씀을 적은 고귀한 문서였으며, 지식과 권력층에서도 책은 고급 정보를 독점적으로 점유함으로써 권위를 유지할 수 있는 바탕이 되었다. 인쇄술이 발달하기 전까지의 책은 사람이 직접 그 내용을 작성하고 직접 사람의 손으로 베껴 쓰는 필사의 방법으로 복제되었기 때문에 매우 드물고 귀한 것이었다. 서양에서는 주로 성서가, 동야에서는 유·불·선과 관련된 서적이 필사된 것도 그러한 까닭이다. 성서 주석 한 구절을 필사하기 위해서는 10년의 작업이 필요했다고

할 정도(이순영 외, 2015)로 책을 만드는 엄청난 노력과 자본, 정보가 필요하기 때문에 책은 당연히 소수의 전유물이 될 수밖에 없었다. 따라서 책을 가지고 있는 것은 권력을 가지고 있는 것이며, 문자를 읽고 쓰는 능력 역시 자연스럽게 그러한 권력층의 전유물이 되었다.

이러한 시기의 독서는 스스로 문자를 읽는 것이 아니라 책의 내용을 암송하는 형태로 이루어졌다. 성서를 낭독해 주는 성직자의 구절을 듣고 따라하고 외움으로써 그 내용을 깊이 수용하는 형태로 독서가 이루어지는 것이다. 즉, 이 시기의 독서는 독자가 책을 직접 읽고 그 의미를 이해하는 오늘날의 독서와는 달리, 문자를 읽을 줄 아는 권력층의 독서를 그대로 수용하고 암송하는 형태의 간접적인 형태로 수행되었다. 따라서 이 시기의 독서 행위는 개인적인 행위가 아니라 집단적으로 이루어지는 공동 행위의 성격을 가지고 있었다.

인쇄술의 발달과 개인 독서

인쇄술의 발달은 이러한 책의 독점을 해제한다는 점에서 인류사적으로 큰 의미가 있다. 목판 인쇄 및 금속 활자 인쇄술이 발달함에 따라 책은 대량 생산이 가능해졌고 더이상 소수만이 독점하는 한정적인 재화가 아니라 지식을 전파하고 이를 바탕으로 교육을 할 수 있는 수단으로 변모하게 되었다. 그러나 책의 보급과 문자를 읽고 쓸 수 있는 문식성의 보급이 같은 호흡으로 이루어졌던 것은 아니다. 성서가 기록되어 있는 라틴어는 여전히 소수의 성직자만이 알고 있는 언어였다. 우리나라에서도 양반들만 익히고 사용할 수 있었던 한자는 일반 백성들과의 확실한 차별점이 되었으며, 여전히 고급 정보를 독점적으로 향유할 수 있는 지위를 부여하는 데 결정적으로 기여하였다. 한글을 창제했을 당시에 기득권들이 반발했던 지점을 생각해 보면 문자 언어를 읽고 쓰는 능력이 어떠한 의미를 갖는지를 어렵지 않게 상상할 수 있다. 그러나 이러한 반발이 거대한 역사의 흐름을 막을 수는 없었다.

인쇄술이 발달하고 문자 언어를 읽고 쓰는 문식성이 널리 전파되는 시기에도 읽기의 본질은 크게 변하지 않았다. 이러한 변화는 책의 소비를 확장하는 결과를 가져왔지만, 책의 생산은 아직도 그 생산 수단을 소유하고 있는 소수의 몫이었기 때문이다. 따라서 책을 읽는 행위는 책에 적힌 내용을 이해하고 수용하는 활동이 그 본질을 이루고 있었다. 물론 경전이나 성현의 책에 주석을 달거나 하는 방식으로 재창조가 이루어지기도 하였지만 이 역시 소수의 전유물일 따름이었다. 책은 여전히 읽고 익혀야 할 대상이었으며, 책을 쓴 사람의 의도를 깊이 있게 이해하고 수용하는 것이 책읽기의 궁극적인 목적이었다.

이 시기의 독서는 낭독에서 묵독으로 변화하였다. 이로 인해 책을 읽는다는 것이 집단적인 공적 행위가 아니라 개인적이고 사적인 행위로 변모했다는 점이 매우 중요하다. 남이 읽어주는 것이 아니라 자기가 읽는 독서가 독서 행위의 본질이 된 것이다. 이로 인해 독서문화가 만들어지고 다양한 독서 활동이 가능하게 되었다. 독서 행위의 본질이 책 자체에 있었던 이전 시기와는 달리, 이제 독서는 독자가 행하는 행위로 그 본질이 이동하게 되었다는 점이 중요하다. 이러한 관점은 최근까지도 지속적으로 강조되고 있는 독자의 부상이 시작된 시점이라는 측면에서 의의와 가치가 있다.

독자의 부상과 의미 구성 과정으로서의 독서

전통적으로 독서는 텍스트에 의미의 핵심이 있다고 보고 독자가 텍스트의 의미를 수용한다고 보았다. 그러나 점차 의미의 핵심은 텍스트에 있기보다 독자에게 있으며 텍스트가 의미 형성에 미치는 영향은 제한적이라는 생각을 갖게 되었다. 특히 1960년대 후반 심리학에서는 인간의 인지과정에 관심을 기울이게 되면서 독서 분야는 독자의 머릿속에서 일어나는 의미구성 과정에 관한 연구가 진행되었다. 이들의 연구 결과 독자는 글의 내용을 자신의 지식과 경험을 활용하여 이해하고, 글에 명시되지 않는 정보나 필자의 의도를 추론하며, 독서의 목적에 따라 독해과정을 조절하는 능동적 존재로 보았다(이순영 외, 2015).

독서를 독자의 의미구성 과정으로 바라보는 관점은 이미 보편적으로 자리 잡고 있다. 인지심리학의 영향으로 독서 행위의 중심이 텍스트에서 독자로 이동하게 되었고, 이는 독서의 주체로 독자를 주목했다는 점에서 큰 의미가 있다. 독서는 특정한 사회·문화적 맥락 속에서 독자가 텍스트의 의미를 재구성하는 과정이라고 할 수 있으며, '독자가 글을 통해 필자가 전하고자 하는 의미를 이해하고 해석하고 더 나아가 자신의 지식이나 경험까지 부여하는 넓은 의미의 의미 구성 행위'라고 할 수 있다(이경화, 2008). 독서는 단순히 글이나 책을 읽는 행위가 아니라 독자가 능동적으로 의미를 구성해 가는 과정이다. 독서는 독자가 텍스트의 의미를 재구성 할 뿐만 아니라, 텍스트를 통해 독자의 기존 배경지식은 물론, 가치관, 의지, 판단, 삶을 대하는 태도 등의 전면적 부분에서 재구성이 일어나는 과정이다. 그러므로 우리는 의미 구성의 주체인 독자에 집중해야 할 필요가 있다.

앞 장에서 리터러시 개념의 변화를 언급한 바와 같이, 21세기에 들어 독서의 개념은 비약적으로 확장되고 있다. 이도영(2008)에 따르면, 독서는 특정한 사회·문화적 맥락 속에서 독자가 텍스트의 의미를 재구성하는 과정이라고 할 수 있으며, 이경화(2008)에 따르면 '독자가 글을 통해 필자가 전하고자 하는 의미를 이해하고 해석하고 더 나아가 자신의 지식이나 경험까지 부여하는 넓은 의미의 의미 구성 행위'라고 할 수 있다. 미국 전국교육성취도평가(NEAP)에서는 독서를 '기능, 전략, 선행지식, 그리고 독자의 읽기 목적이 상호작용하는 역동적이고 목표

지향적인 과정'으로 묘사하고 있으며, 국제학업성취도평가(PISA)에서는 독서 문식성을 '광범위하고 다양한 유형의 텍스트를 이해하고 해석하는 능력과 텍스트가 등장하는 맥락과 관련지어 의미를 이해하는 것에 좌우된다'라고 설명하고 있다(Peter Afferbach, 2010). 이러한 정의들을 종합해보면 독서는 독자가 글을 통해 능동적으로 그 의미를 구성하는 과정으로 정의할 수 있다.

이러한 정의는 독서를 단순히 글이나 책을 읽는 행위가 아니라 독자가 능동적으로 의미를 구성해 가는 과정으로 본다는 점에서 의미가 있다. 그런데 독서의 정의에서 독자의 능동적인 역할을 강조하고 있기는 하지만 독서 행위를 하는 독자 자체에 대한 논의는 여전히 미흡하다. 대체 독자는 왜 독서를 하는가? 어떠한 이유나 목적으로 글이나 책을 읽는 것인가, 그래서 독서를 통해 독자는 근본적으로 무엇을 얻고 어떻게 변화하는가에 대해서는 논의가 부족한 것이다. 사회적 구성주의를 통해 독서 행위의 중심이 텍스트에서 독자로 이동하게 되었고 이는 독서에서 의미 구성의 주체로 독자를 주목했다는 점에서 큰 의미가 있지만, 아직도 그 의미의 구성의 실체는 텍스트의 내용을 중심으로 한 의미에 한정되고 있다. 그러나 독서는 텍스트의 의미를 재구성하기만 하는 것이 아니라, 텍스트를 통해 독자의 기존 배경지식은 물론, 가치관, 의지, 판단, 삶을 대하는 태도 등의 전면적 부분에서 재구성이 일어나는 과정이다.

독서의 핵심이 텍스트에서 독자로 변화해 온 발전 과정은 혁명적인 것이었지만, 이 역시 독서의 범위를 책과 그 책을 읽는 독자 개인에 한정했다는 한계가 있다. 독서를 하는 독자는 물론 독서 행위를 하는 주체가 분명하지만, 그 독자는 개인으로서의 독자인 동시에 사회 일원으로서의 독자이다. 따라서 독자는 독서 행위를 통해 자율적이고 주체적으로 의미를 구성하지만 그 독자가 구성하는 의미는 사회·문화적인 맥락에 기반을 둔 것이라 할 수 있다. 뿐만 아니라 개별적인 독자가 생성한 의미는 다른 독자와 나누어지고 공유됨으로써 서로서로 영향을 미치게 된다. 즉 독서는 사회·문화적인 의미 구성 행위인 것이다. 또한 이렇게 소통되는 의미는 여론을 형성하거나 베스트셀러를 만들어 내는 등 일종의 문화를 형성해 가기도 한다. 즉 독서는 수동적이거나 개별적인 행위가 아니라 사회문화적인 실천 행위가 된다. 독서를 통해 독자는 개인적인 성장을 이루는 것은 물론 사회의 구성원으로 성장하며 동시에 사회의 성장을 주도하는 주체가 되기도 한다.

2. 독서 교육의 변화

독서에 대한 인식은 독서 교육과 본질적으로 밀접하게 관련되어 있다. 인류의 문화와 유산을 적어놓은 책이나 글을 읽지 않고서는 교육이 이루어질 수가 없기 때문이다. 여기서는 독서와 관련된 교육이 어떻게 변화해 왔는지 그 대략적인 흐름을 정리해 보고자 한다.

이를 위해 먼저 교육이 무엇일까를 생각해 보자. 이홍우(1991)는 교육의 개념을 세 가지로 정의하였다. 인간 행동의 의도적인 변화라는 조작적 정의 외에 나머지 두 개는 성인식과 사회화라는 말로 압축된다. '변화'가 교육의 전제라고 한다면, '성인식'과 '사회화'는 그 방향에 해당한다고 할 수 있다.

먼저 '사회화'를 살펴보자. 교육을 통해서 우리는 우리 사회가 쌓아올린 지식이나 문화를 학습자가 배우고 익혀서 사회의 건강한 일원으로 성장하도록 이끈다. 이러한 목적은 유구한 역사를 통해서 인류가 끊임없이 시행해 온 교육의 본질적 목적에 해당한다. 따라서 사회화를 목적으로 한 교육에서는 책의 내용을 수용하는 것을 중심으로 독서 교육이 이루어진다. 텍스트의 의미를 이해하고 고전을 읽으며, 문학 작품의 의미를 해석하는 기존의 독서 교육은 바로 이러한 바탕 위에서 이루어진 것이라고 할 수 있다.

그러나 사회화를 중심에 둔 교육은 교육의 대상인 개별 주체들을 간과하는 한계가 있다. 각각의 학습자들이 독립적이고 완성된 주체, 즉 성인으로 성장할 수 있도록 도와주는 '성인식'이 교육의 또 다른 본질을 구성한다. 이 관점에서는 학습자들이 일정 수준 이상의 능력을 갖출 수 있도록, 종국에는 스스로 판단하고 결정하고 수행하며 책임을 질 수 있는 역량을 갖출 수 있도록 이끌어 주어야 한다. 이를 위해서는 목표하는 능력이 발휘되는 구체적인 도달점이 계획되고 그 도달점에 이르기 위한 과정 역시 체계적으로 구성되어야 한다. 이러한 관점이 적용된 독서교육 또한 학습자가 책을 읽고 스스로 그 의미를 파악하고 주체적으로 해석할 수 있는 독서 능력을 함양하는 것을 목적으로 한다. 책이나 텍스트는 고정 불변의 신성한 의미를 갖는 존재가 아니라 독자에 의해서 재해석되고 재구성되는 독서 행위의 대상이며, 독서 행위를 수행하는 독자가 교육의 중심에 서게 된다. 이러한 변화는 독서의 과정에 대한 관점 변화와 맥을 같이 한다.

사회화와 성인식을 관통하는 공통점은 교육의 본질인 변화에 있다. 그것도 단순한 변화가 아니라 학습자가 더 나은 방향으로 변화하는 학습자의 '성장'이 바로 교육의 핵심적인 가치라고 할 수 있다. 모든 교육은 궁극적으로 개인의 성장을 겨냥한다. 따라서 성장과 관계되지 않은 교과목은 있을 수 없다. 국어교육의 목적 역시 성장과 관련된다. 학습자가 세계와 교섭하면서 자신의 삶을 유의미하게 살아갈 수 있도록 성장의 잠재력을 키워주고 학습자가 지속적으로 성장할 수 있도록 균형과 조화 속에서 학습자의 언어능력을 성장시켜 주어야 한다. 이는 언어능력의 발전이 곧 개인의 성장을 의미하는 것이며, 따라서 언어능력의 발전을 목표로 하는 국어교육의 목적도 개인의 바람직한 성장에 두어야 한다. 그리고 이러한 맥락은 독서 교육에 있어서도 다를 바 없다.

독서 교육은 독서에 대한 관점과 교육에 대한 관점이 만나는 지점에서 존재한다. 따라서 독서 과정에 대한 인식의 변화와 교육의 본질에 대한 관점 변화가 모두 독서 교육의 변화를 이끌어 오는 역할을 하였다. 독서 교육의 변화를 의미 구성의 중심에 따라 분류하면 다음과 같이 정리할 수 있다.

텍스트 중심 독서 교육

초기의 독서는 텍스트의 내용을 충실하게 이해하는 행위였고 따라서 이 시기의 독서 교육은 자연스럽게 텍스트를 중심으로 발달하였다. 텍스트 중심 독서 교육이란 의미가 테스트에 담겨 있기 때문에 독서 행위를 통해 텍스트에 담겨 있는 그 의미를 충실하게 발견하고 파악할 수 있도록 가르쳐야 한다는 관점이다. 즉 의미는 텍스트 내에 있으며 읽기 행위의 중심 역시 텍스트에 있다고 보는 것이다. 따라서 이 관점에서는 독자의 역할이 그다지 중요하지 않으며, 독서의 상황이나 맥락 또한 주요 고려 대상이 아니다. 또한 텍스트를 독자가 자기 나름대로 이해하고 해석하기보다는 텍스트에 담겨 있는 의미를 정확하게 받아들일 것을 강조한다.

사실 예로부터 이루어진 교육은 대부분 독서 교육의 형태를 하고 있었다. 경전이나 성현의 글을 읽고 그 뜻을 헤아려 이해하고 중요한 내용을 암송하는 것은 독서 행위인 동시에 그 자체가 교육이었던 것이다. 독서를 통한 교육은 학교 교육의 형태로 교육이 체계화된 이후에도 크게 변화하지 않았다. 행동주의 심리학에 바탕을 둔 독서 과정 이론은 독서 행위의 주체인 독자의 인지 과정을 배제하고 독서 행위의 결과를 중요한 분석의 대상으로 삼았다. 이러한 관점에서 보면 독서 행위는 문자를 읽고, 단어를 인지하고, 문장의 의미를 파악하고 이를 통해 문단의 내용을 이해하며 문단들의 내용을 종합하여 글의 의미를 알게 되는 일련의 과정으로 이루어진다. 이처럼 텍스트의 작은 단위에서 큰 단위로 읽어 나가는 상향식 모형은 결국 글의 의미는 이미 고정되어 있고 독자는 그 의미를 파악해 나간다는 측면에서 텍스트 중심 독서교육이라고 할 수 있다.

상향식 모형에 따르면 독서를 잘 하기 위해서는 어휘의 뜻을 알고 있어야 하고, 문장을 이해하기 위한 문법적 지식을 갖추고 있어야 하며 텍스트를 구성하고 있는 여러 가지 구성 요소들(예를 들어, 서사 텍스트의 경우 주제, 구성, 문체 등의 개념이나 구성을 위한 인물, 사건, 배경 등의 개념 등)을 지식으로 알고 있는 것이 중요하다. 즉, 텍스트의 구성 요소를 알고 이를 활용하여 글이나 책에 담긴 의미를 정확하고 효과적으로 이해할 수 있는 능력을 기르는 것이 독서 교육의 핵심 활동이 된다.

독자 중심 독서 교육

텍스트 중심 독서교육의 관점에 따르면 독자는 텍스트에 담겨 있는 의미를 발견해 가는 역할을 수행한다. 그런데 이러한 관점을 인정한다면 똑같은 책을 읽은 독자들은 책의 의미를 대부분 동일하게 파악하거나 이해해야 할 것이다. 그러나 실제로 우리 주변에서 책을 읽는 장면들을 살펴보면 같은 책을 읽었다 하더라도 읽는 사람에 따라 그 내용을 이해하고 있는 정도가 판이하게 다르다는 것을 알 수 있다. 독자의 흥미나 관심사 또는 독자의 이해 능력, 그리고 독서를 하는 이유나 목적에 따라 읽기의 결과는 천차만별로 나타난다. 이는 독서라는 행위가 이루어질 때 독자가 얼마나 큰 역할을 하는지를 분명하게 보여준다. 의미란 텍스트 담겨 고정되어 있는 것이 아니라 독자가 끊임없이 재구성하여 만들어 가는 것이기 때문이다.

인간의 행동을 설명하는 심리학의 흐름이 행동주의에서 인지심리학으로 넘어가면서 독서를 하는 독자의 인지 과정이 독서에서 중요하게 다루어지게 되었다. 사실 텍스트에 모든 정보를 다 담아내는 것은 불가능하다. 기호를 통해 성글게 엮여 있는 텍스트의 정보들을 조합하여 종합적으로 의미를 이해하는 과정은 독자의 배경지식이 없이는 불가능하다. 따라서 독서를 통해 텍스트의 의미를 구성하는 주체는 텍스트가 아니라 독자라고 할 수 있다.

독서를 하는 과정은 텍스트에서 독자에게로 일방적으로 정보가 전달되는 과정, 독자가 텍스트의 의미를 파악하고 이해하고 수용하는 과정이 아니라 각각의 개별 독자가 자기 나름대로 읽는 대상에 대한 해석 텍스트를 만들어 가는 과정이라고 할 수 있다. 사실 행동주의 심리학이 각광을 받았던 이유는 인간의 두뇌에서 벌어지는 이해, 판단, 표현 등의 고차원적인 사고 과정을 명시적으로 규명하는 것이 불가능하기 때문에 오히려 그 요소들을 배제하여 객관성을 확보하려 했기 때문이다. 프로토콜 분석이나 기타 여러 분석 방법의 발달로 인해 이제는 인지 과정의 일면을 엿볼 수 있게 되었지만 그럼에도 불구하고 인지 과정의 전모를 밝히는 것은 아직 요원한 일이다. 이는 곧 텍스트를 읽고 난 후에 독자가 그것을 이해한 결과를 정확하게 파악하는 것이 불가능하다는 것을 의미한다. 그럼에도 불구하고 한 가지 분명한 것은 똑같은 책을 읽었다 하더라도 그 의미를 완전히 똑같이 이해하는 독자는 단 한 명도 없을 것이며 따라서 텍스트의 의미는 독자에 의해 구성된다는 점이다.

이처럼 독자의 의미 구성을 강조하는 독서 모형은 하향식 모형이다. 하향식 모형에서는 독서에 돌입하기 전, 또는 독서가 이루어지는 과정에서 끊임없이 독자의 예상과 질문이 생성되며 독서는 그러한 예측을 확인해 가는 심리학적 추측 게임이라고 설명한다. 그런데 이러한 예측이 성공적으로 이루어지기 위해서는 독자가 예측을 하기 위한 배경지식, 즉 스키마를 갖추고 있어야 한다. 스키마는 구조화된 지식의 총체로, 내용에 대한 지식은 물론 텍스트의 장르와 형식에 대한 지식, 그리고 텍스트에 사용되는 언어에 대한 지식을 모두 포함한다. 따라서 성공적인 독서로 독자를 이끌기 위해서는 독서를 위해 필요한 배경지식을 충분히 갖추고, 독서의 과정에서 그 배경지식을 충분히 그리고 적절하게 사용할 수 있도록 가르쳐 줄 필요가 있다.

텍스트 중심에서 독자 중심으로 독서 행위의 중심이 이동하면서 생기는 또 하나의 큰 변화는 독서의 결과만이 아니라 독서의 과정을 중요시하게 되었다는 점이다. 텍스트 중심의 독서교육에서는 텍스트의 의미를 고정된 것으로 보았기 때문에 그 의미를 파악하는 것에 집중하였다. 즉, 독서 행위의 결과는 이미 고정되어 있으며 그 결과를 정확하고 효과적으로 수행하는 것이 중요했다. 그러나 독서를 독자의 해석 텍스트 구성으로 본다면 독자마다 다른 결과를 만들어 내기 때문에 고정된 결과를 기대할 수 없다. 독자가 능동적으로 의미를 구성해 나가는 과정이 중요한 것이다.

따라서 이러한 관점을 바탕으로 한 독서교육은 독서의 과정을 하위 과정으로 나누고 각 과정에서 활용할 수 있는 기능과 전략을 교육 내용으로 선정하여 학습자가 독서 과정에서 다양한 독서 방법들을 적용할 수 있도록 안내한다. 문단의 내용을 요약하고 글의 구조를 파악하고 주제문을 생성하며 다양한 기준으로 비판적으로 사고하는 등의 독서 기능을 제시하고 책임 이양을 강조하는 직접 교수법 등의 교수·학습 방법으로 이러한 기능들을 학습자들이 습득할 수 있도록 돕는 기존의 독서 교육이 이러한 관점에 의한 것이다. 또한 독자가 초인지를 발휘하여 자신의 독서 과정을 스스로 점검하고 조정함으로써 성공적인 독서 행위를 영위할 수 있도록 하는 것도 강조된다. 읽기의 모든 순간에 예측이 개입하는 것은 아니어서 텍스트와 독자의 상호작용으로 의미가 구성된다는 상호작용 모형이 보편적으로 수용되고 있으나, 독서의 중심이 독자에게 있고 독서의 인지적 과정을 분절적 기능으로 교육해야 한다는 전제는 현재의 독서교육까지 보편적으로 이어지고 있다.

독서 행위를 인지 과정을 바탕으로 이해하는 것은 확실히 이전의 텍스트 중심 독서교육의 관점보다는 확실히 진일보한 것이지만, 독서 행위의 주체를 독자 개인으로만 한정했다는 한계가 있다. 독서 행위의 주체는 독자가 분명하지만 그 독자는 홀로 존재하는 개인으로서의 독자가 아니라 사회적 공동체를 구성하는 일원으로서의 독자이다. 독자의 해석은 독자가 속한 공동체의 사고와 문화에 영향을 받을 수밖에 없다. 심청이의 행동을 부모에 대한 효심으로 자연스럽게 받아들이는 우리나라와는 달리 외국에서는 그러한 행동을 쉽게 납득하지 못한다는 것을 보면, 이해와 해석에 공동체의 사고방식이 얼마나 강력하게 작용하고 있는지 알 수 있다.

이러한 관점에 따르면 텍스트의 의미는 그 텍스트가 소비되는 맥락 안에서 텍스트와 독자의 소통을 통해 형성된다. 따라서 독서교육 역시 읽기의 행위를 각각의 독자가 개별적으로 수행하는 것에 그치지 않고 협동 읽기나 읽기 나누기 등을 통해 의미를 공유하고 확장하도록 지도한다. 그 과정에서 문화에 따라 독서의 내용과 방법이 달라짐을 알고 자신이 독서를 하는 행위의 기반과 전제도 메타적으로 인식할 수 있도록 한다.

사회 문화 실천으로의 독서 교육

최근의 독서에 대한 경향은 이러한 사회적 구성주의에 덧붙여 사회와 문화 차원으로 확장한다. 독서는 이해와 표현 중 이해 행위에 해당하며, 이를 수용과 생산으로 구분한다면 수용 행위라고 할 수 있다. 즉 텍스트라는 외부의 정보가 독자의 내부로 유입된다는 측면에서 독서는 기본적으로 수용적인 행위이다. 물론 앞에서도 강조한 바와 같이 의미는 독자가 적극적으로 구성하는 것이며, 그 독자는 사회적 공동체의 일원이기 때문에 그러한 의미 구성은 사회적 공동체와의 의미 협상 과정이 수반되기 마련이다. 그러나 그럼에도 불구하고 읽기 행위가 근본적으로 수용적 성격을 갖는다는 것을 부인하기는 어렵다.

그런데 독서 행위를 하나의 문화 현상 또는 문화 행위로 이해한다면 이러한 사고의 한계에서 벗어날 수 있다. 텍스트를 읽으면서 그 텍스트의 의미나 표현이 사회문화적인 맥락 속에서 어떤 의도와 가치를 구현하고 있는지를 판단하는 것, 그것을 바탕으로 다른 독자들과 의견을 교환하고, 자신의 SNS에 그것에 대한 의견이나 감상을 표현하고, 이를 통해 여론을 만들어가는 행위는 독서가 더 이상 수용적 행위에 머무르지 않는다는 것을 보여준다. 특히 인터넷을 통한 텍스트의 생산과 소통이 활발해진 지금의 매체 환경에서는 읽는 행위, 추천과 '좋아요'를 누르는 행위 자체가 하나의 표현 행위이자 실천 행위가 된다. 사회적으로 화제가 되는 글의 시작은 조회 수라는 점에서 읽기 행위가 단순히 읽기로 끝나는 것이 아니라 그 자체로 현상이자 실천이라는 점을 알 수 있다.

사회적 실천 행위로서의 독서는 2015 개정 교육과정에서도 강조하고 있다. 우리 교육과정에서는 독서를 '글을 읽으며 의미를 이해하고 구성하는 능동적 사고 행위이자 사회·문화적 맥락을 바탕으로 하여 의미를 창조하고 소통하는 문화

행위'로 정의하고 있다. 다음은 2015 개정 교육과정의 일반 선택과목인 '독서' 과목에서 밝히고 있는 독서의 의의이다.

학습자는 독서를 통해 다양한 분야의 지식을 습득하는 한편, 서로 다른 사회·문화적 맥락을 지닌 사람들과 소통하는 가운데 더 깊이 있는 의미를 창조할 수 있다. 또한 자신이 직접 경험하지 못한 다양한 시대와 사회의 삶과 문화를 이해할 수 있다. 독서는 인간이 삶을 살아가는 데 필요한 가치 있는 지식과 경험을 학습하고 건전한 세계관과 바람직한 자아 개념을 형성하는 주요 통로이므로 학습자에게 매우 중요한 활동이다.

'독서'에서 학습자는 자신의 배경지식을 바탕으로 하여 글의 내용을 정확하면서도 비판적으로 이해할 수 있는 능력과 새롭게 의미를 발견하고 발전시킬 수 있는 능력을 기른다. 또한 지식과 삶의 체험을 확장하는 다양한 독서 활동을 바탕으로 하여 자아와 타인에 대한 이해를 넓히고 자아를 성찰하며 세계와 소통하는 능력을 기른다. 나아가, 글을 읽는 목적에 따라 스스로 책을 찾아 읽는 능동적인 독서 태도를 기반으로 평생 독자로서의 소양을 갖추고, 글을 통해 접하는 다양한 문화를 능동적으로 수용하는 가운데 새로운 문화 창조에 이바지하려는 태도를 함양한다.

'독서'에서 추구하는 역량은 비판적·창의적 사고 역량, 자료·정보 활용 역량, 의사소통 역량, 공동체·대인 관계 역량, 문화 향유 역량, 자기 성찰·계발 역량이다. 비판적·창의적 사고 역량은 다양한 상황이나 자료, 담화, 글을 주체적인 관점에서 해석하고 평가하여 새롭고 독창적인 의미를 부여하거나 만드는 능력이고, 자료·정보 활용 역량은 필요한 자료나 정보를 수집·분석·평가하고 이를 효과적으로 활용하여 의사를 결정하거나 문제를 해결하는 능력이다. 의사소통 역량은 음성 언어, 문자 언어, 기호와 매체 등을 활용하여 생각과 느낌, 경험을 표현하거나 이해하면서 의미를 구성하고 자아와 타인, 세계의 관계를 점검·조정하는 능력이며, 공동체·대인 관계 역량은 공동체의 가치와 공동체 구성원의 다양성을 존중하고 상호 협력하며 관계를 맺고 갈등을 조정하는 능력이다. 그리고 문화 향유 역량은 국어로 형성·계승되는 다양한 문화를 이해하고 그 아름다움과 가치를 내면화하여 수준 높은 문화를 향유·생산하는 능력이며, 자기 성찰·계발 역량은 삶의 가치와 의미를 끊임없이 반성하고 탐색하며 변화하는 사회에서 필요한 재능과 자질을 계발하고 관리하는 능력이다. 학습자는 독서 자료를 목적에 따라 선택하고 깊이 있게 읽고 활용함으로써 비판적·창의적 사고 역량, 자료·정보 활용 역량, 문화 향유 역량을 기르고, 독서 자료에 나타나 있는 타인의 삶에 비추어 자신의 삶을 성찰함으로써 자기 성찰·계발 역량과 공동체·대인 관계 역량을 기른다. 또한 깊이 있는 독서 활동을 통해 글쓴이와의 대화를 경험함으로써 의사소통 역량을 함양한다.

특히 우리 교육과정에서는 독서의 본질을 의미 구성 과정이자 문제 해결 과정일 뿐만 아니라 사회적 상호 작용이라고 규정하고 있다. 독자는 읽기를 통해서 자신이 속한 사회의 맥락을 이해함으로써 그 사회에 참여하고, 그 사회에 속한 다른 사람과 영향을 주고받는다는 것이다. 즉, 독서는 개인적인 성장을 이끄는 기제일 뿐만 아니라 사회구성원들을 통합하고 문명과 문화를 유지 · 발전시키는 원동력임을 학생들이 이해할 수 있도록 교육하는 것이 중요하다.

독서교육이 걸어온 길을 한 마디로 정리하자면, 텍스트에서 독자로 그리고 개별 독자에서 사회 문화적 실천 행위로 독서의 의미가 확장되어가는 과정이었다고 할 수 있다. 독서는 단순하게 글이나 책을 이해하는 행위가 아니라 독자가 능동적으로 의미를 구성해 나가는 과정이며, 그것을 통해 독자 자신의 배경지식, 가치관, 의지, 태도 등 독자를 성장하게 하는 과정이다. 뿐만 아니라 독서는 이러한 독서 행위를 통해 사회 · 문화적인 가치가 전파되고 형성되고 재구조화되는 사회적 성장에도 중요한 역할을 담당한다. 이에 이 장에서는 독서 교육이 나아갈 방향을 조망해 보고자 한다.

II

독서 교육이 나아갈 길

1. 역량과 독서 교육

　　최근 세계 각국은 국가 경쟁력의 원천이자 미래 사회를 대비하기 위한 교육 정책의 핵심이 '핵심역량'이라는 인식 아래 이를 학교교육을 통해 실현하기 위한 정책들을 추진하고 있다. 우리나라에서도 '미래 한국인의 핵심역량 증진을 위한 초 · 중등학교교육과정 비전 연구(윤현진 외, 2007)'을 필두로 '역량 중심 교육을 위한 교육평가 개선방안(류성창, 2012)', 'OECD 교육 2030 참여 연구(최수진 외, 2017)' 등의 다양한 연구가 진행되었으며, 2015 개정 교육과정은 역량 중심 교육과정임을 전면에 내세우고 있다. 이에 핵심역량의 개념과 중요성을 독서 교육과 관련지어 논하고 기존 독서 교육의 문제점을 진단한 후 독서 교육이 나아가야 할 방향을 제시하고자 한다.

21세기 사회에서 요구되는 역량

'역량(competence)'이라는 개념은 현대사회의 변화에 발맞추어 그 변화에 적응하는 개인의 능력을 표현하는 개념으로 주목받고 있다. 애초에 역량이라는 용어는 기존의 지능검사나 적성검사가 실제 삶 속에서 이루어지는 개인의 성취를 타당하게 예언할 수 없으며, 실제 삶 속에서 성공적인 성취를 위해서는 수행에서 드러나는 역량을 측정해야 한다는 문제의식 아래 학문 분야에서 논의의 대상이 되기 시작하였다(McClleland, 1973을 윤정일 외, 2007:234에서 재인용).

DeSeCo 연구에서는 현대 사회에 필요한 역량을 660여 개로 나열하고 이를 총 3개 영역 9개 항목으로 간추려 제시하였다. 다음의 그림은 이러한 역량의 관계를 그림으로 표시한 것인데, 핵심역량의 내적 기반이 반성적 사고임을 분명하게 보여준다(이종재 외, 2007:139-143). 'reflectivity'라고 제시되어 있는 반성적 사고는 사회적 및 개인적 차원의 요구와 그 요구를 충족하기 위한 핵심역량을 연결한다. 즉, 핵심역량만으로는 충분하지 않으며, 자율적인 판단에 의해 행동을 하고 상황에 알맞은 적절한 도구를 제때에 잘 사용하기 위해서는 반성적 사고를 할 수 있는 능력을 갖추어야 한다.

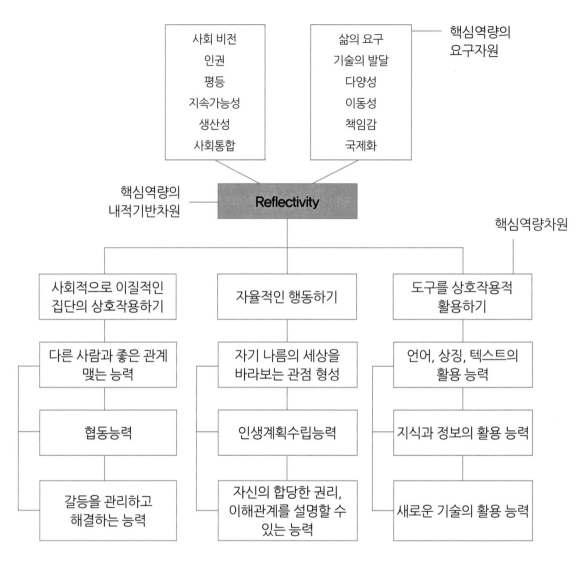

[OECD 핵심역량의 개념적 구조(이종재 외, 2007:142)]

현대 사회에 필요한 핵심역량은 크게 세 가지로 나누기도 한다. 이근호(2013:67-81)에서는 다음 표와 같이 핵심역량을 3대 대범주로 나눌 것을 제안하였는데, 세세한 역량의 분류는 다시 검토가 필요하다 하더라도, 인성, 지성, 사회성의 3가지 범주는 시사하는 바가 크다.

[핵심역량의 3가지 대범주(이근호, 2013:69)]

대범주	핵심역량 구성요소
(1) 인성 역량	도덕적 역량(德), 자아정체성, 자기인식, 자존감, 개방성, 이해심, 배려윤리 등
(2) 지적 역량	창의적 사고 능력 학습역량
(3) 사회적 역량	사회생활 능력: 공동체에서 개인의 삶과 관련된 역량 직무수행능력: 인적자본으로서 직업생활에 필요한 역량

이와 관련하여 생애를 통하여 육성시켜야 할 핵심능력을 '생애능력'이라고 부르면서 기초문해력, 핵심능력, 시민의식, 직업 특수 능력의 4가지로 유형화하여 제시한 연구도 있다(유현숙 외, 2002:25-48). 이 중 핵심능력과 시민의식을 보다 세분화 하면 다음과 같다(유현숙 외, 2003:53).

[생애능력의 범주 및 구성요소(유현숙 외, 2003:53)]

생애능력	하위범주	구성요소
의사소통 능력	해석능력 역할 수행능력 자기제시능력 목표설정능력 메시지 전환능력	정보수집 및 종합, 경청 고정관념적 사고극복 창의적 의사소통 자기 드러내기 주도적 의사소통 정서표현, 타인관점 이해

문제해결 능력	문제명료화 원인분석 최적안 선정 계획수립과 실행 수행평가	목표인식, 호기심 정보수집, 분석능력 확산적 사고, 의사결정 기획력, 모험감수 평가전략, 피드백
자기주도적 학습능력	학습계획 학습실행 학습평가	욕구형성, 목표설정, 자원파악 학습전략선정 능력, 과제집착력 평가와 후속의 피드백
시민의식	국가 정체성 신뢰 및 가치공유 권리·책임의식 참여의식	국가의식, 역사의식 신뢰, 기회균등, 민주적 가치 및 다양성 준법의식, 도덕성 및 양심 보수적·사회변혁적 참여, 지역사회참여

여기에서 문제해결능력은 정보수집 및 분석 능력이 전제가 된다. 이 표에서 특징적인 점은 자기주도적 학습 능력이 생애 능력으로 제시되었다는 점이다. 자기주도적 학습 능력은 일종의 상위 역량이라고 할 수 있는데, 이는 앞에서 살펴본 반성적 사고 능력과 매우 유사하다. 즉, 삶을 점검하고 조정하면서 문제를 적극적으로 해결해 나가면서 다른 사람과의 원활한 의사소통을 하여 건강한 시민으로 성장하는 것이 우리 교육의 목표라고 할 수 있는데, 이를 위해서는 리터러시 역량과 반성적 사고 역량이 필요함을 다시 한 번 확인할 수 있다.

한편, DeSeCo 프로젝트의 핵심인 ATC21S(Assessment and Teaching of Twenty-First Century Skills Project)에서 제시한 핵심역량을 다시 한 번 점검할 필요가 있다.

사고의 방식 (Ways of Thinking)	창의력과 혁신능력 비판적 사고력, 문제해결력, 의사결정능력 학습하는 방법의 학습, 상위인지력
일의 방식 (Ways of Working)	의사소통능력 협동능력
일의 도구 (Tools for Working)	정보문해력 정보통신기술능력
세계속의 삶 (Living in the world)	지역 및 세계 시민의식 생애발달능력 개인과 사회적 책무성

ATC21S에서 제시한 핵심역량에서 일의 도구로 '정보문해력'을 제시하고 있다는 것은 문해력이 성인 이후의 실질적인 업무 수행을 위해서도 필요한 능력임을 보여주고 있다(길호현, 2016).

교육이 학습자의 생애 역량을 길러주어야 한다는 관점은 현재에도 꾸준히 이어지면서 발전하고 있다. OECD에서는 The OECD Education 2030 프로젝트를 추진하면서 미래 사회에 대비한 학습 개념틀을 새롭게 제시하고자 하고 있다. 6차에 걸쳐서 학습 프레임 워크가 개발되었는데 그 구조는 다음 그림과 같다.

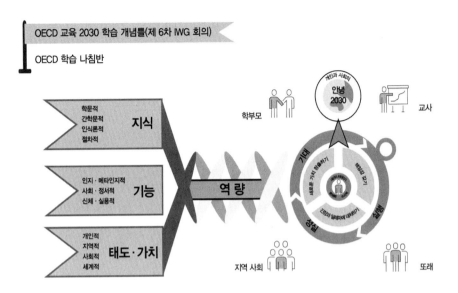

[The OECD Education 2030 FrameWork]

OECD 교육 2030 학습 개념틀은 특정 지식 또는 기능을 구체적으로 명시하면서 처방적인 접근을 취하기보다 학생들로 하여금 그들의 미래를 설계할 수 있도록 돕는 것을 강조하면서 '학습 나침반'이라는 표현을 사용하고 있다. 교육은 학생들이 회복력이 있고, 변혁적이며, 지속 가능한 사회를 만들어갈 수 있는 능력을 갖추고 그런 사회를 만들어 가고자 하는 마음을 불러일으킬 수 있어야 하며, 그런 교육이 될 수 있도록 체계적인 변화가 요구된다고 주장한다. 특히, 미래 사회의 불확실성이 증가됨에 따라 학생들이 다양하고 (디지털 공간을 포함한) 익숙하지 않은 공간과 시간을 탐색하면서 자신의 삶을 의미 있고 책임감 있게 꾸려갈 수 있는 힘을 가지는 것을 강조하며, '학생 에이전시' 개념에 대한 강조가 두드러진다(최수진 외, 2017). 결국 학생 에이전시에 대한 강조는 교육이 학습자의 주체적이고 능동적인 문제 해결 능력을 기를 수 있도록 조력자의 역할을 해야 한다는 것을 보여준다고 할 수 있다. 그리고 이러한 학습자의 능력은 근본적으로 생애 전반에 걸친 성장 역량을 길러나가는 것으로 연결되어야 한다. 다음의 '학습 나침반(Learning Compass)' 그림은 OECD에서 교육 2030을 위한 나침반의 개념으로 교육 요소들의 관계를 제안한 것이다. 이 그림은 학습자가 나침반을 들고 스스로 성장해가며 주변의 동료, 교사, 부모 등은 조력자의 역할을 해야 함을 상징적으로 드러내고 있다.

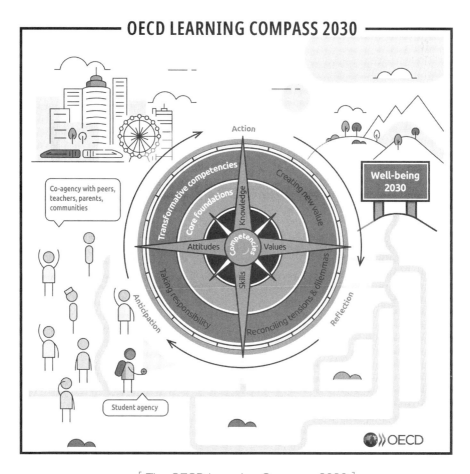

[The OECD Learning Compass 2030]
출처: https://www.oecd.org/education/2030-project/teaching-and-learning/learning/

역량 중심의 교육 변화는 우리나라 교육에도 충실하게 반영되어 왔다. 2009 개정 교육과정에서는 이해중심 교육과정을 반영하였으며, 현재 시행 중인 2015 개정 교육과정에서는 역량 중심 교육과정을 표방하고 있다. 2015 개정 교육과정에서는 총론 차원에서 6개의 핵심역량을 제시하였으며, 국어과는 이러한 총론 수준의 6개 역량을 국어교육과 관련한 역량을 구체화하여 제시하고 있다. 그 내용은 다음과 같다.

[핵심역량과 국어과 교과 역량의 관계(최미숙 외, 2016:40)]

총론 핵심역량	국어과 교과역량	개념
창의적 사고역량	비판적·창의적 사고 역량	다양한 상황이 자료, 담화, 글을 주제적인 관점에서 해석하고 평가하여 새롭고 독창적인 의미를 부여하거나 만드는 능력
지식정보 처리역량	자료·정보 활용 역량	필요한 자료나 정보를 수집, 분석, 평가하고 이를 효과적으로 활용하여 의사를 결정하거나 문제를 해결하는 능력
의사소통 역량	의사소통 역량	음성언어, 문자언어, 기호와 매체 등을 활용하여 생각과 느낌, 경험을 표현하거나 이해하면서 의미를 구성하고 자아와 타인, 세계의 관계를 점검·조정하는 능력
공동체 역량	공동체·대인 관계 역량	공동체의 가치와 공동체 구성원의 다양성을 존중하고 상호 협력하며 관계를 맺고 갈등을 조정하는 능력
심미적 감성 역량	문화 향유 역량	국어로 형성·계승되는 다양한 문화를 이해하고 그 아름다움과 가치를 내면화하여 수준 높은 문화를 향유·생산하는 능력
자기관리 역량	자기 성찰·계발 역량	삶의 가치와 의미를 끊임없이 반성하고 탐색하며 변화하는 사회에서 필요한 재능과 자질을 계발하고 관리하는 능력

심미적 감성 역량이 추가되었다는 점은 새롭다고 볼 수 있지만, 기본적인 역량의 분류는 OECD의 역량 분류와 크게 다르지 않다. 특히 기본적인 의사소통역량과 비판적·창의적 사고 역량이 필요하며, 이를 위해 기초적인 문해력이 전제된다는 점, 그리고 자기관리 역량을 통해 평생의 성장 역량을 갖추어야 한다는 점은 공통적으로 강조되는 부분이라고 할 수 있다.

독서 교육의 역할

교육에 역량의 개념이 도입되는 것은 이제 세계적인 추세라고 할 수 있다. 물론 이에 대한 우려의 시각도 존재한다. 조직의 특성과 개인의 역할에 따라 요구되는 특성이 다르기 때문에 일반화되기 어렵다는 견해(오현석, 2010:47-49), 행동주의적 접근에 의존한 것이며 실제적 지식을 강조함으로써 이론적 지식의 중요성을 과소평가하고 있으며 학교교육을 직업교육화하는 위험한 담론이라는 지적(최승현 외: 2013:5) 등이 그것이다. 그러나 이러한 비판은 역량의 개념이 구체적인 직업적 직무 수행 능력만을 의미하지는 않는다는 방향으로 어느 정도 사회적 합의를 이루어 가고 있는 것으로 보인다.

여기서 우리는 핵심역량의 학습 가능성에 주목할 필요가 있다. 윤정일 외 (2007:14)에서도 학습 가능성이 핵심역량의 정의를 통해 명시적으로 강조되지는 않지만 역량 연구들이 구체적인 역량을 도출하여 교육이나 훈련프로그램에서 적용하려는 노력을 기울이고 있다는 점에서 역량이 학습 가능한 능력이라는 점을 인식하고 있음을 지적하며, 역량의 특성들을 총체성, 수행성, 맥락성, 학습 가능성이라는 네 측면으로 명명하였다. 이근호 외(2012:70)에서는 핵심역량이 인간 특성의 총체적인 능력이며 학습이 가능한 능력임을 강조하고 있다. 이종재 외 (2010:73-79)에서는 아래와 같이 OECD 연구의 특징을 기술하고 있는데, 역시 학습 가능성이 중요한 개념을 제시되고 있음을 알 수 있다.

OECD의 DeSeCo 연구에서는 역량의 두 가지 중요한 속성을 제시한다. 첫째, 인간의 역량은 선천적으로 타고나는 것이 아니라 학습에 의해서 길러질 수 있다(Rychen & Slganik, 2001). 따라서 역량은 본래 인간이 타고날 때부터 지니고 있었던 인지능력들과는 차이가 있다. 둘째, 역량은 구체적인 상황에서만 발휘될 수 있는 능력이 아니라 보편타당하게 적용될 수 있는 능력이다. 역량은 전이(transfer)라는 속성을 지니고 있기 때문에 새로운 상황에서의 요구도 성공적으로 수행할 수 있다.

그런데 기존에 획득된 역량 그 자체가 새로운 상황에서의 요구를 수행하는데 발휘되는 것은 아니다. 새로운 상황에서 요구를 맞이하게 되었을 때, 이전에 획득된 역량의 요소들(기술, 인지능력 등)은 새로운 상황에 맞게 전환되어 발휘된다. 따라서 일단 역량을 갖추게 되면 여러 분야에 걸쳐 통용될 수 있는 능력을 갖게 된다. 요약하자면, OECD에서 제시한 역량이란 삶의 장면에서 필요한 인지적이고 정의적인 능력을 의미하며, 이러한 능력을 통해 삶이 요구하는 복잡한 과제를 성공적으로 수행할 수 있게 된다.

- 이종재 외, 『핵심역량 개발과 마음의 계발』, 2010.

또 하나 핵심역량을 논의할 때 꼭 필요한 개념은 지속가능성이다. 향후에도 지속가능하며, 해당 역량으로 인해 다른 역량의 지속적인 성장을 가능하게 하는 역량이 구체적인 수행 역량보다 더 중요한 교육적 가치가 있기 때문이다. 가장 먼저 주목해야 할 개념이 앞의 그림에서 이종재 외(2007:142)가 강조한 reflectivity임을 다시 한 번 강조하고자 한다. 독서 상황에서 반성적 사고는 추론, 분석, 이해, 해석 등의 인지적 측면을 포함하는 사고 과정이자 학습독자와 텍스트 혹은 맥락이 상호작용하는 과정이며 문제 해결 과정, 메타인지 과정 등과 관련된다. 또한 앎과 삶의 관계를 통해 독자의 성장에 기여하는 정신적 사고 과정이라 할 수 있다(이희용, 2015:125-226). 반성적 사고는 지적 조작을 넘어서는 심리적·정신적 사고 과정으로 유목적성을 지니는 문제 해결 과정이라 할 수 있는데, 사회적인 요구를 이해하고 자신의 역량을 파악하여 지속적으로 자신의 역량을 성장시켜 나갈 수 있는 능력은 반성적 사고 능력에 기반한다고 할 수 있다.

학습 가능성과 반성적 사고는 삶을 이끌어가는 원동력이 된다. 특히 반성적 사고는 시대적 요구와 구체적인 맥락, 그리고 자신의 능력 범주를 종합적으로 판단하여 스스로 자신의 역량을 길러나갈 수 있는 역량을 의미하는 것으로, 지속적인 성장을 학습자가 스스로 이끌어갈 수 있는 '메타적 성장 역량'의 핵심이 된다. 그리고 역량의 성장은 학습을 통해 이루어지며, 그러한 성장의 전제는 리터러시 능력이라고 할 수 있다.

다음 그림은 유현숙 외(2003:56)에서 제시한 생애능력의 개념적 틀이다. 이 틀에서 메타적 성장 역량에 해당하는 능력 범주는 핵심능력 가운데 자기주도적 학습능력이 해당한다고 할 수 있다. 그리고 이를 위한 기반이 되는 능력이 문제해결능력이며 그것을 이루기 위한 전제가 의사소통능력과 기초문해력이라고 할 수 있다.

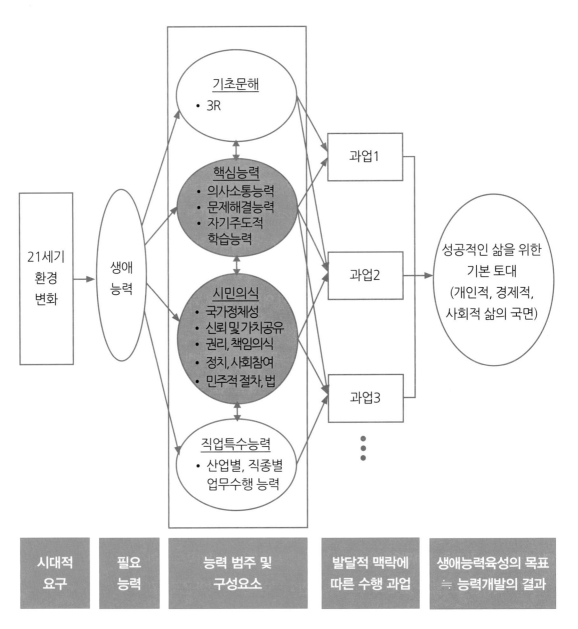

시대적 요구	필요 능력	능력 범주 및 구성요소	발달적 맥락에 따른 수행 과업	생애능력육성의 목표 ≒ 능력개발의 결과

21세기 환경 변화 → **생애 능력**

기초문해
- 3R

핵심능력
- 의사소통능력
- 문제해결능력
- 자기주도적 학습능력

시민의식
- 국가정체성
- 신뢰 및 가치공유
- 권리, 책임의식
- 정치, 사회참여
- 민주적 절차, 법

직업특수능력
- 산업별, 직종별 업무수행 능력

과업1
과업2
과업3

성공적인 삶을 위한 기본 토대
(개인적, 경제적, 사회적 삶의 국면)

[생애능력의 개념적 틀(유현숙 외, 2003:56)]

정리하자면, 21세기를 이끌어가는 핵심역량이 강조되고 있는데 그 핵심역량은 학습이 가능하며 궁극적으로는 스스로 성장을 이끌어 갈 수 있는 메타적 성장 역량을 길러주는 것이 중요하다. 그런데 이러한 메타적 성장 역량을 구현하기 위해 본질적으로 중요한 힘은 의사소통 능력과 문해력이다. 스스로 읽고 소통할 수 있는 힘이 성장의 본질이기 때문이다.

학교 교육이 20세, 대학을 진학하는 경우 20대 중후반에 종료된다는 점을 고려하면 메타적 성장 역량의 중요성을 다시금 확인할 수 있다. 성인이 된 학습자는 제도권 교육이 종료된 이후에도 평생 특정 분야에서 전문성을 심화해 나가게 되는데, 어떤 분야에 종사하고 있든 관계 없이 전문성을 심화할 수 있는 가장 보편적인 수단은 책을 읽는 것이기 때문이다. 물론 전문가에게 직접 교육을 받는 것이 가장 효율적이기는 하지만 모든 분야의 모든 업무를 배워서 익힌다는 것은 현실적으로 불가능하다. 따라서 넓은 의미의 배경지식을 확보하는 것에서부터 구체적인 정보를 찾고 문제를 해결하는 단계까지 우리가 스스로를 성장시키기 위해 활용할 수 있는 거의 유일하면서도 가장 효율적인 방법은 책이나 글을 읽어 배우는 것이라 할 수 있다.

메타적 성장 역량의 핵심은 독서 능력, 즉 문식성에 있다. 당면한 과제와 맥락을 파악하고 성장의 방향을 설정하며 성장을 위해 필요한 역량과 정보를 파악하고 독서를 통해 이러한 필요를 충족해 가면서 능동적으로 자신을 성장시켜 나갈 수 있는 '성장독자'를 길러내는 것이 독서 교육이 추구하는 목표이다.

2. 성장을 위한 독서 교육

기능주의에 대한 반성

독서 교육은 교육의 궁극적인 목표를 이루고 핵심역량을 배양하는 데 중요한 역할을 할 수 있다. 그렇다면 현재의 독서 교육이 이러한 막중한 역할을 잘 수행하고 있는지 점검해 볼 필요가 있다. 교육이 추구하는 인간상은 각 교과를 통해 구체적으로 실현되는데 독서는 모든 교육 활동의 기반이 되며 따라서 본질적으로 교과에 종속되지 않는다. 즉 독서는 특정 교과를 가리지 않고 전 교과 전 영역에서 생애 전 시기에 걸쳐서 실현되어야 한다.

그러나 그것이 독서 교육이 평생 이루어져야 한다는 의미는 아니다. 독서는 그 자체로 평생의 과업이라 할 수 있지만 독서 교육은 그와 달라서 평생 독서 교육을 받는 것은 불가능하며 또 불필요하기도 하다. 학교에서 길러주는 역량이 어떤 잠재력을 가리킨다고 할 때(고영준, 2009:15). 독서 교육은 평생 동안 능동적이고 자발적으로 독서를 수행할 수 있는 능력을 길러주는 것을 목표로 한다고 할 수 있다. '학교생활을 통하여 익힌 독서 능력과 습관을 바탕으로 학교를 마친 후에도 항상 책을 읽고 그 독서가 삶에 직접적으로 혹은 간접적으로 큰 도움을 줄 것을 기대하는 것이 독서 교육의 목적과 목표' 라는 주장(한철우, 1998:156)은 독서 교육의 일반적인 이상을 잘 보여준다. 독서 교육은 독서를 즐겨하는 태도를 길러주는 일과 독서를 제대로 할 수 있는 능력을 길러주는 일의 두 가지 책무가 있다(이삼형, 2011:31).

기능주의 독서 교육의 문제점

독서 교육은 어디에 중점을 두느냐에 따라 크게 두 가지의 관점으로 대별된다. 한 가지는 독서에 필요한 방법을 직접 가르치고 연습시켜야 한다는 것이고, 다른 하나는 좋은 책을 많이 읽게 하여 자연스럽게 독서의 방법을 익힐 수 있도록 해야 한다는 것이다. 전자는 독서 활동을 독서 과정에 따라 나누어 분석하고 각 과정에서 필요한 기능을 개별적으로 교육하게 되므로 '분석적 지도'라 할 수 있고, 후자는 독서의 활동을 자체를 전체적으로 지도하는 방법이라는 측면에서 '총체적 지도'라고 할 수 있다(최미숙 외, 2012:204).

학교를 중심으로 하는 독서 교육은 분석적 지도를 중심축으로 삼고 있다. 분석적 지도는 언어 단위의 체계(단어, 문장, 단문, 장문 등)나 사고 깊이의 체계(내용 확인, 추론, 평가, 감상 등) 등으로 독서 행위를 분석한다(김혜정, 2004:149). 그리고 단어 인식에서부터 글 전체의 이해까지, 내용 확인에서 평가와 감상까지의 과정이 반복되고 누적되어 글의 이해가 이루어진다고 본다. 이러한 관점에서 보면 독서 능력은 단계별 기능들의 총합으로 이루어지며, 각 단계에서의 기능을 숙달하면 자연스럽게 독서 능력이 발달할 것으로 간주한다.

분석적 지도의 기저에는 독서를 독자의 순수한 인지적 행위로 보는 관점이 자리 잡고 있다. 독서의 과정을 단어의 인지에서 텍스트의 이해까지 순수하게 독자의 머릿속에서 텍스트의 의미를 형성해 나가는 과정으로 볼 때, 각 과정의 단계를 나누고 이를 기능으로 항목화할 수 있는 것이다. 그런데 그간 여러 차례 논의되어 온 바와 같이, 이러한 기능주의적인 관점은 독서를 맥락에서 분리한다는 한계를 갖는다. 독서의 대상이 되는 책의 내용뿐만 아니라 작가, 독자, 사회적 맥락, 독서가 일어나는 맥락 등 독서를 둘러싼 여러 요소들을 무시하고 탈맥락적인 독서 활동을 가정하는 것이다.

또한 이러한 독서 교육은 하위 기능의 목록을 특정할 수 없다는 한계도 갖게 된다. 어윈(Judith W. Irwin)은 일련의 하위 기능 목록이나 우선적으로 가르칠 하위 기능을 특정하기 어렵고, 인위적으로 가공된 읽기 과제를 바탕으로 서로 다른 읽기 기능들을 분절적으로 지도하는 것은 바람직하지 않다고 주장한다(이삼형, 2013:13). 분석적 지도를 위해서는 기능에 따라 독서의 과정을 인위적으로 나누고 해당 기능을 익힐 수 있는 작위적인 상황을 설정해야 하는데, 이는 실제의 독서 행위와 괴리가 발생할 수밖에 없다.

기능 중심의 독서 교육의 한계를 극복하기 위해 독서 전략에 대한 교육이 강조되기도 한다. 능숙한 독자는 독서의 과정을 전략적으로 처리하여 텍스트의 의미를 구성한다. 전략은 무엇을 수행하는 과정이나 절차, 방법으로, 기본적으로는 기능과 크게 다르지 않지만 기능과는 달리 각각의 요소에 대해 저마다 더 구체적이고 효율적인 수행 과정이나 절차, 방법을 제공한다(최미숙 외, 2012:216-218). 그러나 독서 전략이 중심이 된 교육이라 하더라도 독서의 목표나 과정에 따라 분절적으로 접근하는 경우가 많다는 한계가 있다. 다음의 표에서 볼 수 있듯이 기능의 요소와 전략의 요소가 크게 다르지 않은 것도 이러한 본질적인 공통점에 기인한다.

[바렛(Barrett, 1976)의 읽기 기능 목록]

축어적 재인 및 회상 (literal recognition or recall)	세부 내용, 중심 생각, 줄거리, 비교, 원인과 결과 관계, 인물의 특성 등
재조직 (reorganization)	유목화, 개요, 요약, 종합 등

추론 (inference)	뒷받침이 되는 세부 내용, 중심 생각, 줄거리, 비교, 원인 결과 관계, 인물의 특성, 결과 예측 비유적 언어 해석 등
평가 (evaluate)	현실과 환상, 사실과 의견, 정확성과 타당성, 적절성, 수용 가능성 등
감상 (appreciation)	주제나 구성에 대한 정의적 반응, 인물이나 사건에 대한 공감, 자기가 사용한 언어에 대한 반응, 심상 등

[전략의 분류]

전신 작용의 과정을 구체화한 것	세부 내용, 중심 생각, 줄거리, 비교, 원인과 결과 관계, 인물의 특성추리하기, 다리 놓기, 정교화하기, 분석하기, 종합하기, 비교하기, 예측하기, 초인지 점검하기 등
글의 특징 등의 지식을 활용하도록 한 것	유목화글 구조에 대한 지식을 활용하기, 표지나 신호어 활용하기, 반복어 찾기, 배경 지식 활용하기, 맥락 확인하기 등
목표 성취를 돕게자극을 주는 활동을 하게하는 것	읽기 목표 설정하기, 질문 만들기, 미리보기, 메모/노트하기, 건너뛰기, 훑어보기, 토론하기, 바꿔 말하기, 다시 읽기 등

(이상 최미숙 외, 2012:216-218)

기능주의에 대한 대안으로 구성주의가 대두되어 독서 지도에도 많은 변화가 생겼다. 구성주의는 ① 지식은 발견되는 것이 아니라 구성되는 것이다, ② 지식은 삶의 실제적인 맥락에서 구성된다는 두 명제를 공통적으로 강조한다(이성영, 2001:59). 이는 독서의 중심을 책에서 독자로 바꾸고, 독서 과정의 핵심을 독자의 의미 구성으로 보았다는 점에서 기존의 기능주의 독서관과는 다른 입장을 취한다. 독서 교육에서는 일찍이 스키마 이론을 통해 구성주의를 구현하였으나, 현실적으로는 여전히 텍스트의 정확한 의미를 구하는데 주력하고 있다는 점에서 능동적이고 비판적인 독자를 양성하는 데에는 여전히 한계를 갖는다.

그런데 여기서 기존의 독서 교육에서 다루어온 텍스트 이해의 수준을 점검해 볼 필요가 있다. 이삼형(1998)에서는 텍스트 이해의 수준을 텍스트 중심 이해, 독자 중심 이해, 창의적 이해의 세 가지 수준으로 제시하였으며, 이성영(2001)에서는 이를 다시 텍스트 층위, 메타-텍스트 층위, 독자 지향 층위로 대별하였다. 다소간의 층위 차이는 있지만 두 연구에서 공통적으로 제시하는 것은 독서 교육이 텍스트 이해의 수준에만 머물러서는 안 된다는 것이다.

그러나 텍스트를 벗어난 독서 교육은 아직도 제자리 걸음의 단계에 머물고 있다. 2007 개정 교육과정에서 텍스트 외적인 맥락을 고려할 것을 제시하고 있지만 구체성은 아직도 부족하며 교과서의 활동도 단편적인 활동에 국한되어 비판적 읽기에 대한 기회를 주지 않고 있다(김유미, 2014:39-44).

이러한 독서 교육의 현황을 가장 극명하게 드러내는 것은 독서 평가라 할 것이다. 우리의 교육 현실 상 학교의 교육 현장은 평가가 지배할 수밖에 없는데, 그 중 대표적인 것은 대학수학능력시험이다. 대학수학능력시험 국어영역에는 문학이나 화법, 작문, 문법 등과는 별개로 독서 능력을 평가하는 지문과 문항이 단독으로 출제된다. 그런데 독서 문항 출제를 위해 제시되는 독서 지문은 오로지 문항 출제라는 목적을 달성하기 위해 특별히 제작된 것이다. 즉, 평가용 지문은 텍스트의 필자나 소통 국면이 모두 제거된 채 순전히 텍스트 자체의 국면만 남은 탈맥락적인 글인 것이다. 독서 능력을 평가하는 문항은 이렇게 맥락에서 유리된 비현실적인 글을 대상으로 사실 확인, 추론, 비판 등의 기능을 각기 분절적으로 측정할 수 있도록 개발된다. 즉 철저하게 기능주의적인 관점에 기반을 둔 평가가 독서 교육을 지배하고 있으며 이는 현재의 독서 교육이 텍스트 이해의 수준에서 벗어나지 못하고 있는 이유가 된다.

학교 교육에 한정된 독서 교육의 문제점

독서 교육이 학교를 중심으로 한 읽기 교육과 학교 밖의 독서 교육으로 분리되어 이루어지고 있는 것도 문제이다. 학교를 중심으로 한 독서 교육이 개별 텍스트의 '읽기' 과정에 중점을 두고 이루어졌다면, '독서' 교육은 보다 일반적이고 교양적인 의미를 함의한 채, 학교 밖을 중심으로 이루어졌다. 우리가 일반적으로 '독서 교육'에 기대하는 내용은 교육적으로 유의미한 독서물의 목록과 그 독서물을 읽으면서 수행할 수 있는 구체적인 활동 목록이다. 이러한 관점은 독서 교육을 학습자에게 읽혀야 할 독서물의 선정과 그 독서물을 다루는 방법에 대한 이론으로 생각하고, 학습자의 발달적 단계를 고려해 실제 독서 자료를 주제별로 유형화한 연구 결과들을 기대한다. 즉, '독서'를 한 편의 완결된 텍스트, 즉 '책' 혹은 하나의 작품을 읽는 행위로 인식하여 그 작품에 대한 감상 정도로 생각한다(김혜정, 2004:149). 이에 대해서는 이성영(2001)과 김혜정(2004)에서도 '읽기' 교육과 '독서' 교육의 상동성 회복을 일찍이 주장한 바, 독서의 총체적 측면을 복원하기 위해서는 학교 독서 교육이 반드시 보완의 방법을 찾아야 할 것이다.

독서의 맥락을 제거한 채 기능적인 발달만을 추구하는 기존의 읽기 교육, 그리고 학교 밖에서 이루어진 산발적인 독서 교육은 여러 문제점을 수반할 수밖에 없다. I장에서도 설명한 바와 같이, 성인 가운데 거의 40%가 1년에 책을 한 권도 읽지 않는다. 평균 독서량은 지속적인 감소 추세를 보이고 있으며, 특히 학생의 경우 학교급이 올라갈수록 자신의 독서량이 부족하다는 평가가 크게 높아지고 있다. 성인들의 독서 장애 요인으로는 '시간이 없어서'(성인 32.2%, 학생 29.1%)

가 가장 주된 이유이지만, '책 읽기가 싫고 습관이 들지 않아서'(성인 12.0%, 학생 21.1%)도 주요한 원인인 것으로 나타났다. 이는 학교의 독서 교육이 평생 독서로 이어지지 않고 있다는 결과를 보여준다.

초등학교부터 고등학교까지 12년간의 독서 교육의 결과가 책을 즐겨 읽는 독자를 양성하지 못한다면 이는 본질적으로 독서 교육에 문제가 있음을 방증한다. 기존의 독서 교육이 인지적인 측면만을 강조한 나머지 독서의 정의적인 측면을 외면해 왔으며, 그 결과 기능적으로는 뛰어날지 몰라도 생애 주기에 맞춘 독서 역량을 갖춘 평생 독자를 양성하는 데에는 우리 사회가 실패하고 있는 것이다.

성장독서의 필요성

평생학습으로서 독서교육이 추구하는 바는 두 가지로 목표를 나누어 볼 수 있다. 인지적인 측면에서는 독립적이고 완숙한 독자를 기르는 것이고 정의적 측면에서는 평생 독자, 열정적 독자를 기르는 것이다. 학령기 교육을 끝으로 체계적인 독서 교육은 종료되지만 평생 자신을 성장시키는 근본적인 성장 동력이 독서라는 점에서 생애 독자를 길러내는 것의 중요성은 다시 강조할 필요가 없다. 완숙기 독자는 비판적 독서와 창의적 독서 수준에 이른 독자이다. 평생교육으로서의 독서교육에서는 정의적 측면에서 평생 독자, 열정적 독자를 길러내야 한다.

무엇보다 중요한 것은 재미있는 독서경험으로서의 독서교육을 지향해야 한다는 점이다. 유의미한 학습 과정을 거쳐야 진정한 학습이 이루어지듯이 독서교육도 유의미한 독서 경험과 함께 해야 진정한 독서교육이 이루어질 수 있다. Brozo & Simpson(1995)은 언어 학습은 총체적이고, 기능적이고, 의미가 있을 때 가장 효과적이라고 한다. 여기서 의미 있음은 학습자 개인과 관련되며 그들의 생활과 연결되어 있을 때를 말한다. 즉, 독서경험이 학생들의 관심사나 생활과 관련이 되면 흥미가 생길 뿐만 아니라 유의미한 학습이 일어날 수 있는 조건이 된다.

그러나 독서 경험이 여기서 그칠 수는 없다. 독서가 끝이 없는 과정이라는 사실, 즉 같은 글을 읽어도 읽는 때와 읽는 사람에 따라 그 깊이가 달라진다는 것, 책 읽기가 새로운 경험과 세계로 인도하는 것이면서 씹으면 씹을수록 새로운 맛이 난다는 것과 같은 독서만이 가지는 고유한 특징을 경험할 수 있는 조건이 첨가되어야 한다. 그리하여 독서가 궁극적으로 독자의 삶을 고양하고 성장시키는 데 기여해야 할 것이다. 그리고 이러한 개인적 성장을 통해 새로운 문화 창조라는 사회의 성장으로 확장되어야 할 것이다. 독자의 삶을 총체적으로 성장하도록 도와주는 독서, 그러한 독서를 우리는 '성장독서'라 부르고자 한다.

인간은 끊임없이 변화한다. 시간이 멈출 수 없는 것과 마찬가지로 인간의 삶 역시 단 한순간도 정지한 상태로 존재하지 않는다. 변화의 방향은 다양하지만 그것을 긍정적인 방향을 향하고 있을 때 우리는 성장했다고 한다. 인간이 성장하는 가장 좋은 방법은 누가 뭐라고 해도 '경험'이라고 할 수 있다. 인간은 경험을 통해 배우고 성장한다. 그러나 그 경험의 폭은 너무도 제한적이다. 인류가 쌓아온 이 유구한 문화와 지식을 개인이 충분히 경험하는 것은 절대로 불가능하다. 여기에서 독서의 중요성이 강조된다. 독서를 통해 독자는 경험하지 못할 것들을 경험할 수 있고 자신을 발전시켜 나갈 수 있다. 독서는 단순히 지식을 습득하는 것만이 아니라, 경험을 확장하게 해 주고 그것을 자신의 경험과 연결하게 해 주어서 독자의 성장을 이루어내는 근본적인 원동력이 된다. 또한 독서를 통한 성장의 경험은 독서 경험 자체를 변화시킨다. 성공적인 독서 경험은 그다음의 성공적인 독서로 이루어지면서 성장의 바탕이 되기 때문이다. 그리고 독자의 성장은 독서 문화의 성장을 이끈다. 책의 의미는 책에 고정되어 있는 것이 아니라 독자에 의해 재해석되고 재구성되면서 새로운 문화로 창조되며 그것이 다시 독자의 성장을 촉진한다. 이처럼 독서는 독자의 성장, 그리고 이를 통한 문화의 성장과 본질적으로 맞닿아 있다. 따라서 우리의 독서교육이 기계적으로 글이나 책을 읽고 맥락도 없이 비판만 하게 하는 교육에 머무를 수는 없다. 독서의 본질을 살리는 '성장독서'가 필요하다.

GROWTH Reading HOW

GROWTH Reading		공통 프로세스	탐구형 (주제 탐구형 독서)	성찰형 (인성 독서)	소통형 (진로 독서)
G	Grasp (Grasp problem of life)	파악하기 (삶 속에서 문제 인식하기)	• 삶 속에서 문제 인식하기	• 삶 속에서 문제 인식하기	• 독서의 목적 인식하기
R	Relate (Relate reading experience)	관련짓기 (독서 경험과 연결하기)	• 문제 상황 명료화하기 • 가설 설정하기	• 독서 경험으로 문제 인식 명료화하기	• 독서 경험을 통해 문제 인식하기
O	Organize context	맥락화하기 (독서 맥락 구성하기)	• 텍스트 맥락화 • 독자의 맥락화	• 텍스트 맥락화 • 독자의 맥락화	• 주 텍스트와 소통하기 • 독자의 맥락화
W	Widen (Widen reading experience)	넓히기 (문제 해결하고 독서 경험 확장하기)	• 삶의 의미로 확장하기	• 덕목 찾기	• 가치화하기
T	Try (Try in life)	실천하기 (삶 속에서 실천하기)	• 다음 독서 계획하기	• 삶으로 나아가기	• 삶으로 나아가기
H	Head (Head for growth reader)	나아가기 (성장 독자로 나아가기)			

제 3 장

성장과 독서

이번 장에서는 성장독서에서 핵심 개념으로 제시하고 있는 '성장'과 '성장독서'의 개념을 살펴보고자 한다. 특히 우리가 성장이라는 말을 사용할 때 무엇이 성장하고 그 성장이 어떻게 이루어지는지, 그리고 성장독서가 어떻게 그러한 총체적인 성장에 기여할 수 있는지 탐색하고자 한다.

발달 영역과 성장의 개념

1. 교육 발달 영역

교육과 성장이 공유하고 있는 변화는 단순히 달라짐을 의미하지는 않는다. 교육의 조작적인 정의가 '바람직한 방향으로의 변화'라는 점에서도 알 수 있듯이, 변화에는 특정한 방향이 전제되어 있다. 즉, 여기서의 변화란 학습자의 '무엇'이 '어떤 상태에서 어떤 상태로' 발달하거나 성장해야 한다는 의미이다.

무엇이 어느 방향으로 성장하는가와 관련해서는 교육목표분류학을 참조하는 것이 유용하다. 교육목표분류학이란 교육을 통해서 무엇이 어떤 단계로 성장하는지를 규정하는 분류법으로 1956년 블룸(Bloom)에 의해 시작된 이래 아직까지도 수많은 후속 연구와 논의가 이어지고 있다. 교육목표 분류학에 따르면 인간의 발달 영역은 '인지적 영역'과 '정의적 영역', 그리고 '심동적 영역'으로 나누어 살펴볼 수 있다. 인지적인 영역은 이해하고 추론하고 판단하는 등 인간의 이성적인 능력을 활용하는 영역이다. 정의적 영역은 동기나 태도 등 정서적인 부분과 관련된다. 심동적 영역은 동작이나 기계화 등 실제 수행 능력과 관련이 있다. 여기서 심동적 영역은 신체적인 움직임과 연습에 의한 숙달과 밀접하게 관련되기 때문에 독서 교육을 통해 길러주어야 할 교육 내용으로는 적절하지 않다. 따라서 이 책에서는 인지적인 영역과 정의적인 영역에 초점을 맞추어 논의를 진행하고자 한다.

교육적 성장과 관련하여 우리가 가장 쉽게 참조할 수 있는 자료는 국가에서 공식적으로 제작하여 배포하는 교육과정이 있다. 국어과 교육과정에서는 교육의 내용을 지식, 기능, 태도의 측면으로 나누어 진술해 왔다. 즉, 교육을 통해서 성장할 수 있는 요소들이 무엇을 아는 것, 무엇을 할 수 있는 것, 그리고 무엇을 하고 싶어 하는 것과 관련된다는 것이다. 이러한 일반적 교육의 내용을 전제로 한다면, 우리는 성장을, '모르는 상태에서 아는 상태로', '할 수 없는 상태에서 할 수 있는 능력을 가진 상태'로, 그리고 '관심이 없거나 하기 싫은 상태에서 즐겨 하고 싶은 상태'로 변화하는 것이라고 생각할 수 있다.

흔히들 사람은 머리와 마음으로 움직인다고 한다. 논리와 이성에 바탕을 둔 인지적인 영역과 마음을 움직이는 감정에 기반하고 있는 정의적 영역이 인간을 움직이는 두 가지 측면으로 그간 성장을 설명해 왔다. 그런데 잘 알고 있고 하고 싶은 마음도 있지만 실제로 수행을 적절하게 하지 못하는 경우도 많다. 또한 독서의 가치를 강조할 때 우리가 흔히 간접 경험이라는 말을 사용하는데 이는 매우 소중한 독서의 가치지만 기존의 교육목표분류학으로는 이러한 부분을 충분하게 설명하기가 어렵다. 무엇보다도 중요한 것은 독서를 통학 학습자의 총체적인 성장이다. 여기에서는 인지와 정의, 그리고 교육을 통해 성장할 수 있는 행동과 경험의 개념과 단계를 각각 알아보고, 그것들이 어떻게 서로 조화롭게 상호작용하여 하나의 인간을 총체적으로 성장하게 하는지 설명하고자 한다.

인지적 발달

먼저 인지적 영역의 개념과 성장 단계를 살펴보자. 호이엔슈타인(Hauenstein, 1998)은 블룸을 비롯하여 다양한 학자들이 제시해 온 교육목표의 분류를 면밀하게 재점검하여 5개로 다시 분류하고 그 개념과 평가 시에 적용 가능한 동사를 다음과 같이 제시하였다.

[교육목표 분류학: 인지적 영역의 재정의(Hauenstein, 1998:87-89)]

지적 능력과 기능

1.0 개념화. 주어진 특수한 맥락에서 어떤 아이디어를 확인하고, 정의 내리고, 일반화할 수 있는 능력

1.1 확인. 주어진 상황에서 아이디어나 사물, 현상과 관련된 특정 신호나 상징을 연상하고 기억하고 상기할 수 있는 능력 (예를 들어, 프로리다 주에 명칭대기, 팔의 뼈를 판별해보라, 원색을 말해보라, 어떤 과정의 단계를 목록해보라, 어떤 항목에 이름을 붙여 보라, 두문자어 판별해 보라, 몸짓을 인식해 보라.)

테스트시 적용 가능한 동사: 판별하다, 명명하다, 진술하다, 분류하다, 목록화 하다, 연관짓다, 인식하다.

1.2 정의. 어떤 개념의 본질적인 성질, 제한점, 그리고 의미를 구분할 수 있는 능력 (예를 들어, 용어 - 윤곽을 정의하는 것, 어떤 현상의 특징 - 전류를 진술하는 것.)

테스트시 적용 가능한 동사: 정의하다, 연관짓다, 언급하다, 연결짓다.

1.3 일반화. 개념의 전반적인 구성과 그 본질을 전달할 수 있도록 어떤 아이디어나, 사물, 또는 현상의 구체적 사상들을 통합할 수 있는 능력 (예를 들어, 어떤 대상 - 거울을 기술하는 것, 어떤 용어 - 스윗치를 설명하는 것, 과정을 개관하는 것.)

테스트시 적용 가능한 동사: 기술하다, 재생하다, 약술하다, 쓰다, 설명하다, 일반화하다.

2.0 이해력. 아이디어를 번역하고 해석하며, 내용정보를 추론하는 능력

2.1 번역. 다른 형태로 의미를 전달할 수 있는 능력 (예를 들어, 문제를 자신의 말로 기술하라, 음악 점수를 읽어라, 외국어로 단어나 구를 번역하라, 표나 그림을 묘사하라, 만화의 의미를 연관지어라)

테스트시 적용 가능한 동사: 전환하다, 번역하다, 그리다, 도표화하다, 연관짓다, 묘사하다

2.2 해석. 아이디어나 그 상호연관성을 설명하는 능력 (예를 들어, 어떤 사건에 대해 자신의 말로 해석하기, 일련의 자료를 설명하는 보고서 작성하기, 청사진 설명하기, 예술을 통해 표현하기)

테스트시 적용 가능한 동사: 예를 들다, 바꾸어 쓰다, 설명하다, 해석하다, 표현하다, 말하다.

2.3 추론. 주어진 정보로부터 추론을 이끌어내는 능력 (예를 들어, 일련의 자료를 통해 예측하는 것, 목표를 충족시키는 데 필요한 것이 무엇인지를 고안해 내는 것, 어떤 추세를 확인하는 것, 하나의 원리를 도출하는 것.)

테스트시 적용 가능한 동사: 추론하다, 고안하다, 예상하다, 예측하다, 도출하다, 연역하다.

3.0 적용력. 어떤 문제나 상황을 명료화하고, 주어진 문제나 상황을 해결하기 위한 적절한 원리나 절차를 사용할 수 있는 능력.

3.1 명료화. 주변 상황으로부터 한 문제나 상황의 요소들을 가려낼 수 있는 능력. (예를 들어, 상관이 있는 것과 그렇지 않은 요소를 구분하기, 문제의 세부 사항을 판별하기, 문제를 정의하기)

3.2 해결. 특정 문제나 상황의 해결에 적절한 원리나 절차를 사용할 수 있는 능력. (예를 들어, 수표장을 결산하기 위하여 수학과 회계 원리를 사용하기, 볼트나 암페어 또는 저항을 계산하기 위하여 옴의 법칙을 사용하기, 문장이나 단락을 쓰기 위하여 문법 규칙을 이용하기, 그림을 구성하기 위해 철자법의 원리와 절차를 활용하는 것, 실험을 행하

기 위하여 과학적 절차를 이용하기.)

테스트시 적용 가능한 동사: 결정하다, 정하다, 해결하다, 문제를 풀다, 보여주다, 생성하다, 사용하다, 실험하다.

4.0 평가력. 판단을 내리기 위하여 정보나 자료 또는 상황을 분석하고, 적격 판정을 내릴 수 있는 능력.

4.1 분석. 대상이나 아이디어를 간단한 부분들로 나누고, 그 부분들이 어떻게 연관을 맺으며 조직되어 있는지를 아는 능력. (예를 들어, 아이디어나 구성요소들의 판별, 대소의 결정, 규준, 편차, 퍼센트, 구성요소의 내적 영향력 결정, 인과 관계 결정, 형태나 과정의 판별)

테스트시 적용 가능한 동사: 분석하다, 양화하다, 나누다, 분리하다, 결정하다, 인과관계를 판별하다, 구별하다, 선택하다, 진단하다.

4.2 적격판정. 반드시 순응해야 할 준거나 기준에 반대되는 정보를 측정할 때 변량을 구별하는 능력 (예를 들어, 가치, 준거, 또는 기준의 확인, 기준에 반대되는 증거의 비교, 모순점의 확인)

테스트시 적용 가능한 동사: 구별하다, 비교하다, 식별하다, 구분하다, 조정하다, 병렬하다, 교환하다, 합리화하다, 적격판정하다, 예언하다, 결론짓다, 비평하다, 정당화하다, 연역하다.)

5.0 종합력. 새로 배열하거나 해답을 해야 할 복잡한 문제들을 가설을 설정하여 결정할 수 있는 능력

5.1 가설. 논리적 또는 경험적 결과를 도출하거나 검정하기 위하여 잠정적 가정을 구성할 수 있는 능력 (예를 들어, 가정이나 에측을 하다, 새로운 가설을 정립하다, 새로운 해결책을 생각해 본다, 어떤 아이디어를 심사해 본다.)

테스트시 적용 가능한 동사: 짐작하다, 가정하다, 고안하다, 가설을 설정하다, 형성하다, 예상하다, 합리화 하다, 조정하다, 숙고하다, 예언하다, 이론화하다, 실험하다, 심사하다.

5.2 결정. 복잡한 문제에 답할 수 있는 능력 (예를 들어, 새로운 전체속에 다양한 개념을 재배열해 넣기, 비판적 연구나 숙고 후에 결론에 도달하기, 원리로부터 특정 결과에로 연역적으로 추리하기, 새로운 계획

과 의사전달 내용을 개발하기.)

테스트시 적용 가능한 동사: 계획하다, 해결하다, 혁신하다, 창조하다, 발명하다, 처방하다, 고안하다, 재구성하다, 개정하다, 다시 쓰다, 재정의하다.

Marzano & Kendal(2007:35)은 정신적 처리과정의 난이도는 적어도 두 가지 요인이 관여한다고 하는데, 과제의 인지적인 복잡성과 해당 과제의 친숙성의 정도가 바로 그것이다. 복잡성은 과제 자체의 고유 속성이라서 변하지 않지만 친숙성은 갈수록 익숙해진다는 것이다. 복잡한 운전 과정이 금방 숙달되는 것도 이러한 친숙성에 의해 설명될 수 있다. Marzano & Kendal(2007:70-71)신 분류학의 수준을 다음과 같이 여섯 가지로 제시한 후, 각 항목의 세부 내용을 제시하였다.

[정신 작용으로서의 신 분류학의 위치]

수준 6 자기체제 사고	
중요성 검사	• 학생들은 지식이 그들에게 얼마나 중요한지 확인하고 이러한 인식의 기저가 되는 추론을 규명한다.
효능감 검사	• 학생들은 지식과 관련된 능력이나 이해를 증진시킬 수 있는 능력에 대한 신념과 이러한 인식의 기저가 되는 추론을 규명할 수 있다.
정서적 반응 검사	• 학생들은 지식에 대한 정서적 반응과 이러한 반응에 대한 이유를 규명한다.
동기 검사	• 학생들은 지식과 관련하여 능력이나 이해를 증진시키기 위한 동기의 수준을 규명하고 이러한 수준별 동기의 원인을 규명한다.

수준 5 메타인지

목표 명세화	• 학생들은 지식과 관련하여 목표와 목표를 성취하기 위한 계획을 수립한다.
과정 점검	• 학생들은 지식과 관련한 구체적인 목표의 실행을 점검한다.
명료성 점검	• 학생들은 그들이 지식에 관해 가진 명료성의 정도를 결정한다.
정확성 점검	• 학생들은 그들이 지식에 관해 가진 정확성의 정도를 결정한다.

수준 4 지식 활용

의사결정	• 학생들은 의사결정을 위한 지식을 활용하거나 지식 활용에 대한 의사결정을 한다.
문제 해결	• 학생들은 문제를 해결하기 위하여 지식을 활용할 수 있거나 또는 지식에 대한 문제를 해결한다.
실험탐구	• 학생들은 가설을 생성하고 검증하기 위하여 지식을 활용하거나 지식에 대한 가설을 생성하고 시험한다.
조사보고	• 학생들은 조사를 하기 위하여 지식을 활용하거나 지식에 대한 조사를 한다.

수준 3 지식 활용

조화	• 학생들은 지식 구성요소 간의 의미 있는 유사성과 차이성을 규명한다.
분류하기	• 학생들은 지식과 관련된 상위 및 하위 유목을 규명한다.
오류 분석	• 학생들은 지식의 표상이나 활용에서의 오류를 규명한다.
일반화하기	• 학생들은 새로운 일반화를 구조화하거나 지식에 근거한 원칙을 구성한다.
명세화하기	• 학생들은 지식의 구체적인 적용 또는 논리적 결과를 규명한다.

수준 2 이해	
통합 표상	• 학생들은 지식의 기본적 구조를 규정하고 중요하지 않은 특성과 반대되는 중요한 특성을 규명할 수 있다. • 학생들은 지식에 대한 정확한 표상 형식(representation)을 구성하고 중요하지 않은 구성요소와 중요한 구성 요소를 구별한다.

수준 1 인출	
재인 재생 실행	• 학생들은 정보의 특징을 인식하지만, 지식의 구조를 필수적으로 이해하지는 않으며 중요하지 않은 요소로부터 중요한 것을 구별한다. • 학생들은 정보의 특징을 제시하지만, 지식의 구조를 필수적으로 이해하지는 않으며 중요하지 않은 요소로부터 중요한 것을 구별한다. • 학생들은 중요한 오류를 범하지 않고 절차를 이행하나, 이러한 절차가 어떻게 왜 이루어지는지 필수적으로 이해할 필요는 없다.

그 외에도 Gronlund(1988), Roach et, al(2005), 이삼형 외(2007) 등 많은 학자들이 인지발달의 단계를 규명하기 위해 노력하였다. 이삼형 외(2007)에서는 이를 '주의집중, 정보수집, 기억, 분석, 조직, 종합, 추론, 평가'의 단계로 정리한 바 있다. 이삼형 · 김시정(2014)은 블룸 이후에 Anderson 외(2001)와 Hauenstein(1998/2004), Marzano(2001)의 교육목표분류학을 새롭게 제시하였는데, 그 세부 내용은 [인지 기능 요소 분류]에 함께 정리하여 제시하였다.

이에 대해 이삼형 외(2007)에서는 인지적 조작력을 구성하는 기본적인 사고의 요소를 '주의집중, 정보수집, 기억, 분석, 조직, 종합, 추론, 평가'로 제시하고 있다. Clarke(1990)에서는 사고의 패턴을 크게 귀납적 사고와 연역적 사고로 나누고, 귀납적 사고로 훑어보기(scanning)과 초점화(focusing), 범주 및 개념화하기(developing categories and concept), 명제 구성하기(organizing proposition)를, 연역적 사고로 개념망 그리기(mapping concept network), 관계 짓기(modeling casual relations), 문제 해결을 위한 계획하기(planning to solve problems) 등을 제시하고 있다.

아래 표는 이상의 논의를 정리한 것이다. 여기에서도 확인할 수 있듯이, '분류하기'는 이해 영역과 조직 영역에 동시에 속하고 있다. '연관짓다'는 여러 층위에서 반복적으로 제시되고 있으며, '재배열하라' 또한 적용과 평가에 모두 포함되어 있다.

이처럼 학자별로 각기 다르게 발달 단계를 규명하고 있으나 큰 틀에서는 단순한 이해에서 추론, 평가, 종합의 순서로 발달한다는 점에서 공통점을 갖고 있다.

[인지 기능 요소 분류]

Anderson et al. (2001)		Hauenstein (2004)		Marzano (2001)		Gronlund (성태제, 2010)		Roach et al. (천경록, 2009)	
1. 기억	1.1 재인하기	1. 개념화	1.1 확인 (기억, 상기) 판별하다, 명명하다 진술하다, 분류하다 목록화하다, 연관짓다, 인식하다	1. 인출	1.1 재생	지식	확인하라 명명하라 규정하라 설명하라 열거하라 연결하라 선택하라 약술하라	1. 회상	사실 정의 용어 단순 절차 (읽기에서의 내용 확인)
	1.2 회상하기				1.2 실행				
			1.2 정의(의미 구분) 정의하다, 연관짓다 언급하다, 연결짓다		정보의 특징을 인식, 제시하고, 절차를 이행함				
			1.3 일반화(통합) 기술하다, 재생하다 약술하다, 쓰다 설명하다, 일반화하 다						

Anderson et al. (2001)	Hauenstein (2004)	Marzano (2001)	Gronlund (성태제, 2010)	Roach et al. (천경록, 2009)
2. 이 해 2.1 해석하기 2.2 예증하기 2.3 분류하기 2.4 요약하기 2.5 추론하기 2.6 비교하기 2.7 설명하기	**2. 이 해** **2.1 번역**(다른 형태) 전환하다, 번역하다 그리다, 도표화하다 연관짓다, 묘사하다 **2.2 해석**(연관성) 예를 들다, 바꾸어 쓰다 설명하다, 해석하다 표현하다, 말하다 **2.3 추론** 추론하다, 고안하다 예상하다, 예측하다 도출하다, 연역하다	**2. 이 해** **2.1 종합** **2.2 표상** 지식의 기본적 구조 규명, 중요 하지 않은/중요 한 구성요소 구 별	이 해 분류하라 설명하라 변환하라 예측하라 구별하라	**2. 기 능 / 개 념** 분류하라 조직하라 추정하라 정보를 수집하고 분류하라 정보를 비교하라 (습관화된 반응을 넘어서 정신적 작용 사용)
3. 적 용 3.1 집행하기 3.2 실행하기	**3. 적 용** **3.1 명료화**(가려내기) 상관 있는 것 /없는 것 구별하기 세부 사항 판별하기 **3.2 해결** (원리와 절차) 결정하다, 정하다 해결하다, 문제를 풀다, 보여주다, 생성하다 사용하다, 실험하다	**3. 분 석** **3.1 조화** **3.2 분류하기** **3.3 오류분석** **3.4 일반화하기** **3.5 명세화하기** 유사성/차이성 규명, 상위/하위 유목 규명, 활용 의 오류 규명, 구체적인 적용 또는 논리적 결 과 규명	적 용 증명하라 계산하라 풀어라 수정하라 재배열하라 조직하라 관계지어라	**3. 전 략 적 사 고** 추론 계획하기 증거 사용하기 (추측과 연결, 복잡한 추론 등)

Anderson et al. (2001)		Hauenstein (2004)		Marzano (2001)		Gronlund (성태제, 2010)		Roach et al. (천경록, 2009)
4. 분석	4.1 구별하기 4.2 조직하기 4.3 귀속하기	4. 평가	4.1 분석 (나누기/연관) 분석하다, 양화하다 나누다, 분리하다 결정하다, 인과관계를 판별하다, 구별하다 선택하다, 진단하다	4. 활용	4.1 의사결정 4.2 문제해결 4.3 실험탐구 4.4 조사연구 의사 결정, 문제 해결, 가설 생성 및 검증, 조사	분석	차별하라 도식화하라 추정하라 분리하라 추론하라 구성하라 세분하라	
5. 평가	5.1 점검하기 5.2 비판하기		4.2 적격판정(기준) 구별하다, 비교하다 식별하다, 구분하다 조정하다, 병렬하다 교화하다, 합리화하다 적격판정하다, 예언하다 결론짓다, 비평하다 정당화하다, 연역하다	5. 메타인지	5.1 목표 명세화 5.2 과정 점검 5.3 명료성 점검 5.4 정확성 점검 계획 수립 및 점검	종합	종합하라 창안하라 고안하라 설계하라 합성하라 구조화하라 재배열하라 개정하라	복잡한 추론 계획 개발 사고
6. 창안	6.1 생성하기 6.2 계획하기 6.3 구성하기	5. 종합	5.1 가설 짐작하다, 가정하다 고안하다, 가설을 설정하다, 형성하다 예상하다, 합리화하다 조정하다, 숙고하다 예언하다, 이론화하다 실험하다, 심사하다 5.2 결정 계획하다, 해결하다 혁신하다, 창조하다 발명하다, 처방하다 고안하다, 재구성하다 개정하다, 다시 쓰다 재정의하다	6. 자기체제	6.1 중요성 검사 6.2 효능감 검사 6.3 정서적 반응의 검사 6.4 동기의 검사 중요성과 동기	평가	판단하라 비판하라 비교하라 정당화하라 결론지어라 판별하라 지시하라	4. 확장된 사고 (여러 개념들을 교과의 내용과 연결, 결과와 관련되는 개념이나 현상을 연결하기, 아이디어를 새로운 개념과 연결하고 종합하기, 문학 작품이나 실험 설계를 비판하기)

인지 기능의 계층화 인지, 이해, 지식 등에서 출발한다는 점은 인지의 가장 첫 단계는 텍스트에 표상된 정보를 인식하고 기억하는 독해의 기초 과정과 밀접하게 연관된다. 또한 이를 바탕으로 분석하거나 평가하고 종합하여 새로운 아이디어를 창출하는 과정 역시 독서의 과정과 매우 유사하다. 따라서 이러한 인지 층위는 독서의 수준으로 자연스럽게 연결된다. 다음은 바렛(1976)이 제시한 독해의 기능이다. 1단계부터 5단계까지 설정되어있는 이해의 단계는 인지적 발달 단계와 크게 다르지 않다.

[바렛(1976)이 제시한 독해의 기능(천경록 외, 2013, 재인용)]

단계	설명	하위 기능	
단계1 축어적 이해	텍스트의 정보와 아이디어를 재인하고 회상하는 것	세부내용/중심생각/줄거리/비교/인과 관계/인물 특성 등의 재인 및 회상	사실적 이해
단계2 재구조화	텍스트의 정보와 아이디어를 구조화하는 것	유목화/개요 파악/요약/종합	
단계3 추론적 이해	지적 가설 설정을 위한 토대로 텍스트의 정보와 아이디어를 활용하는 것	뒷받침하는 세부 내용/중심생각/연결 관계/비교/인과 관계/인물 특성 등 추론 결과 예측/함축적 언어 해석	추론적 이해
단계4 평가	평가적인 판단에 근거한 반응을 형성하는 것	현실과 환상의 판단 사실과 의견의 판단 적절성과 타당성의 판단 적합성/가치, 바람직함, 수용가능성의 판단	비판적 이해
단계5 감상	문학적 기교, 형식, 문체, 주제에 대한 지적.정의적 반응을 포함하며, 텍스트에 대한 정서적 민감성과 흥미들을 반영한 것	주제 및 플롯에 대한 정서적 반응 인물과 사건에 대한 동화 작가의 언어 사용에 대한 반응 심상	창의/감상적 이해

한편 어윈(Irwin)은 다양한 기능들이 단계적이 아니라 동시적으로 상호작용하는 양상으로 실현된다고 한다. 어윈의 독해 과정 인지 모형은 다음과 같다.

① **문장 이해** : 낱말을 의미 있는 구로 구분, 기억할 정보 단위 선택. 글을 읽을 때 처음에 개별적인 정보 단위로부터 의미를 유도하여 그 가운데 어떤 내용을 기억할 것인지를 결정하는 과정으로, 어구를 나누고 정보의 일부를 선택하여 회상하는 기능이 포함된다.

② **문장 연결** : 대용 표현의 의미 파악, 연결 관계의 이해, 생략된 정보의 추론. 글을 읽을 때 절과 문장 사이의 관계를 이해하고 추론하는 과정으로 대용어와 접속어의 이해, 상황 추론 기능이 포함된다.

③ **글의 전체 이해** : 정보의 선택, 중심 내용들의 도식화 및 구조화, 중심 내용의 계층적 요약. 텍스트의 전반적인 이해와 텍스트의 응집성과 통일성, 일관성을 해결하는 과정으로 개개의 정보 단위를 종합하여 조직하고 요약문이나 중심 내용을 찾는 기능 등.

④ **정교화** : 필자가 의도하지 않은 내용도 추론, 사전 경험 사용, 예측하기, 정서적 반응하기, 심리적 표상, 비판적 사고 등. 정교화는 반드시 글과 관련되어 이루어진다.

⑤ **초인지** : 독자가 읽은 글의 이해를 조절하거나 장기 회상을 조절하기 위해 독자 자신의 전략을 선정, 평가, 조절하는 것. 독해를 관리하고 독자가 텍스트 상황에 적응하여 독서 방법을 선정하는 것과 관련된 독해 기능이다. 이 독해 기능은 독해 과정을 점검하고 조절하여 결과적으로 독해의 성취를 결정하는 주요한 인지 기능.

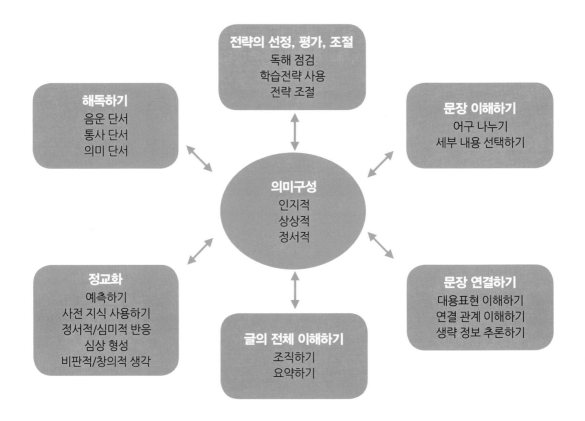

전략의 선정, 평가, 조절
독해 점검
학습전략 사용
전략 조절

해독하기
음운 단서
통사 단서
의미 단서

문장 이해하기
어구 나누기
세부 내용 선택하기

의미구성
인지적
상상적
정서적

정교화
예측하기
사전 지식 사용하기
정서적/심미적 반응
심상 형성
비판적/창의적 생각

글의 전체 이해하기
조직하기
요약하기

문장 연결하기
대용표현 이해하기
연결 관계 이해하기
생략 정보 추론하기

이삼형 외(2007)에서 제시한 '주의집중, 정보수집, 기억, 분석, 조직, 종합, 추론, 평가'의 6 단계는 기존의 인지적 발달 체계를 잘 정리했지만 여전히 이해의 주체인 독자보다는 이해의 대상인 텍스트의 내용을 중심으로 하고 있다. 이런 점에서 미루어 볼 때, 신교육목표분류학 가운데 마자노와 캔달(Marzano & Kendal, 2007:70-71)의 논의에 주목할 만하다. 여기에서는 텍스트를 읽는 독자의 인지 과정을 보다 세밀하게 제시하고 있기 때문이다.

정의적 발달

학생은 생태적 환경 속에서 책과 자연스럽게 만나기보다는 학교의 수업 상황에서 책 혹은 텍스트와 만난다. 이때의 만남은 자신의 목적, 흥미, 가치관 등이 고려된 만남이기보다는 학교 교육과정에 따른, 교사가 제시한 텍스트와의 수동적 만남인 경우가 많다. 따라서 이러한 과정에서 텍스트와의 상호 작용이 일어나기는 쉽지 않다.

일반적으로 책을 읽지 않는 이유는 여러 가지가 있을 수 있다. 단순하게 생각한다면, 가장 근본적인 이유는 학생들이 책 읽기를 싫어하기 때문일 것이다. 한철우(1998)는 책을 읽지 않는 이유를 문식성 환경에서 찾고 있다. 즉, 가정에서 학교 환경에서 특히 교사의 기대나 태도, 학교나 학급의 분위기 등이 중요한 심리적 환경 요소로 작용한다는 것이다. 특히 독서의 목적에 대한 학생들의 인식을 알아보면서 학생들은 '흥미, 즐거움, 인간과 세계의 이해' 등의 항목에 대해서는 긍정적 반응을 보이지만 학생들에게 독서가 학업 성적 향상에 도움이 되니 독서를 많이 하라는 식의 독서 동기화는 학생들이 책을 읽게 하는 데에 큰 효과가 없음을 밝히고 있다. 또한 효과적인 독서지도 방법으로 가정에서 그리고 학교에서 어떻게 해야 하는지를 선언적으로 제시하고 있다. 주목되는 점은 독서의 목적을 학생들이 인식할 수 있게 독서의 목적을 알리고 이를 구체화할 필요가 있음을 강조하고 있다.

이것은 독서의 목적을 학생 스스로 인식할 수 있게, 또 학생들이 책을 읽을 수 있게 학생들의 동기를 이끌어내야 한다는 점을 알려주는 것이다. 그러나 현실적 수업 현실 혹은 전술한 바와 같이 기존 인지적 능력 혹은 기능 및 전략의 중요성을 강조해서는 학생들의 독서 행위를 이끌어낼 수가 없다. 그러면 과연 어떻게 해야 할 것인가?

그동안 인지 전략을 중시하는 경향에 밀려 관심을 끌지 못했던 정의적 요소에서 해결의 단서를 찾을 수 있을 것이다. 학생들이 책을 즐겁게 읽으려면, 혹은 책을 읽게 만들기 위해서는, 먼저 읽기 동기의 활성화가 선행이 되어야 한다. 특히 학생들이 수업 상황에서 우선 책을 읽고자 하는 마음이 있어야 독서 교육의 토대가 성립될 수 있으며, 성장독서 교육에서 지향하는 생애 독자, 평생 독자로 학생들의 독서 경험을 신장시킬 수 있기 때문이다.

이때 동기는 인간의 행동이나 행위를 촉발시키는 심리적 요인이다. 동기는 행동을 개시하게 하고, 방향을 설정해 주며, 강도와 끈기를 결정하는 힘이다. 따라서 동기는 인간의 모든 의도적이고 목표지향적인 행동의 근원이라 할 수 있다(김아영, 1998:105). 독서 동기(reading motivation)는 독서 행위를 불러일으키고 이를 지속하거나 조절하는 독자 내부의 힘을 의미한다(Guthrie and Wigfield, 1997). 장기간에 걸쳐 형성된 개인의 독서 성향을 의미하는 독서 흥미나 독서 태도에 비해, 독서 동기는 독자로 하여금 독서 행위를 실행하게 하는 보다 직접적인 심리적 기제를 의미한다(이순영, 2006:400).

읽기 동기 구성 요인과 관련하여, Wigfield & Guthrie(1995; 1997)는 MRQ(The motivation for Reading Questionnaire)를 활용하여 11개의 요인(읽기 효능감, 도전심, 호기심, 몰입, 중요성, 인정, 성적, 사회적 상호 작용, 경쟁, 순응, 회피 등)을 추출하여 읽기 동기의 구성 요인을 밝히고 있다. 또한 Watkins & Coffey(2004)는 MRQ의 11개 요인의 타당성을 검증하고 이를 다시 8개 요인(사회적 상호 작용, 성적 및 순응, 호기심, 경쟁, 몰입, 회피, 효능감, 인정)으로 줄여서 읽기 동기의 구성 요인을 밝혔다. 이와 함께 Wang & Guthrie(2004)은 Wigfield & Guthrie(1997)가 제안한 11개 구성 요인 중에서 호기심, 몰입, 도전심, 인정, 성적, 사회적 상호 작용, 경쟁, 순응의 8개 요인을 추출하여 읽기의 내적 동기와 외적 동기를 구분하고 어떠한 경로를 거치면서 영향을 미치는지를 분석하였다. 이를 기반으로, 국내에서도 권민균(2002; 2005)은 초등학교 학생들의 읽기 동기 구성 요인을, 박영민(2008)은 중학교 학생들의 읽기 동기 구성 요인을, 이영진 외(2010)는 고등학교 학생의 읽기 동기 요인을 분석하고 있다.

[연구자들의 읽기 동기 구성 요인]

주요 학자	읽기 동기 구성 요인
Wigfield & Guthrie (1995; 1997)	효능감, 도전, 회피, 호기심, 몰입, 중요성, 경쟁, 인정, 성적, 읽기의 사회적 이유, 읽기 순응
Watkins & Coffey(2004)	사회적 이유, 경쟁, 몰입, 호기심, 인정, 효능감, 회피, 성적-순응
Wang & Guthrie(2004)	호기심, 몰입, 도전심, 인정, 성적, 사회적 상호 작용, 경쟁, 순응
권민균(2002; 2005)	효능감, 도전심, 호기심, 몰입, 중요성, 인정, 사회적 상호 작용, 경쟁, 순응, 회피
박영민 (2008)	인정, 사회적 상호 작용, 몰입, 효능감, 중요성, 흥미
이영진 외(2010)	사회적 상호 작용-흥미, 읽기 효능감, 몰입-호기심

정의적 영역의 발달 단계는 텍스트의 내용에 대해서 정의적으로 반응하는 것이라기보다는, 독서 경험 자체에 대한 정서적 반응으로 이해할 필요가 있다. 독서에 대해서 거부감을 버리고 글을 읽는 행위에 흥미를 경험하는 수용 단계가 시작이라면, 적극적으로 글과 책 읽기에 재미를 느끼는 반응 단계를 거쳐, 스스로 능동적으로 책 읽기를 습관화 하려는 노력을 하게 되는 가치화 단계로 변화하게 된다. 정의적 발달의 마지막 단계는 성격화로 이는 생애의 전 주기에 걸쳐 독서를

자기 발전의 수단으로 전략화하며, 독서를 생활화하고 습관화하는 생애독자를 의미한다. 다음은 교육목표분류학에서 제시하고 있는 정의적 영역의 발달 단계이다.

[정의적 영역의 발달 단계]

수용	자극을 감지하고 집중해 수동적으로 받아들이는 것(흥미, 주의집중)	주의집중하라, 식별하라, 보라, 들어라, 주목하라, 조절하라 등
반응	자극에 관심의 수준을 넘어 능동적 행동을 보임	박수쳐라, 따르라, 가지고 놀아라, 응하라, 연습하라, 논쟁하라, 참여하라 등
가치화	특정의 가치를 지향하는 것	행동하라, 토의하라, 도와라, 보여주어라, 조직하라, 확신하라, 표현하라 등
조직화	각 상황에서 자신의 가치를 구체화해 평가하며, 여러 가치체계를 몇 가지 준거에 따라 분류	요약하라, 결정하라, 골라라, 정의하라, 조직하라, 비교하라 등
성격화 (=인격화)	가치가 일관성 있게 내면화 되는 것	피하라, 내면화하라, 저항하라, 보여줘라, 다루라, 결정하라 등

이러한 정의적 영역의 발달 단계는 그자체로는 유의미하지만 독서교육에 적용하기에는 한계가 있다. 최근 독서교육에서 언급되고 있는 정의적 영역의 핵심 용어들은 독서 동기와 태도, 효능감, 몰입, 자의지, 주체성 등이다. 독서 동기는 독서를 즐거워하고 좋아하는 정도이며 몰입 한 번 읽은 책은 끝까지 읽으려고 하는 정도이다. 독서 효능감은 독서 시간을 가치 있다고 생각하는 정도이며 자의지는 스스로 독서를 하고자 하는 태도를 의미한다. 이를 이순영(2015)에서는 다음과 같이 정리하였다.

용어	개념
독서 동기 (Reading motivation)	• 독서 행위를 촉발하고 지속적으로 유지, 가오하시키는 독자의 다면적인 심리구조 - 내재적 독서 동기 : 독서 효능감, 호기심, 몰입, 독서에 대한 가치 인식, 자기 선택권 등 독자의 내적인 요인에 의해 촉구되는 자기목적적인 동기 - 외재적 독서 동기 : 독서와 관련된 경쟁, 성적, 칭찬, 인정, 벌 등의 외적 자극이나 행위 후 주어질 결과에 의해 독서 행위가 유발되는 것
독서 흥미 (Reading interest)	• 특정한 독서 주제나 분야에 대한 독자의 선호도나 취향 (독서 자료의 주제, 장르, 외형 체제, 독서환경의 영향을 받음)
독서 태도 (Reading attitude)	• 장기간에 걸쳐 형성된 독서나 책에 대한 독자 개인의 호불호 • 독서에 대한 지속적인 호의, 또는 비호의적인 반응을 동반한 학습된 성향
독서 효능감 (Reading self—efficacy)	• 자신의 독서 능력과 성공적인 독서 행위에 대한 독자의 기대와 믿음
독서 몰입 (Reading engagement)	• 특정한 문식 경험과 상화하에 독자가 독서 행위에 인지적, 정의적으로 몰입하는 상태, 또는 몰입 상태에서 경험하는 여러 가지 심리적 현상 • 독서 활동에 개인의 모든 주의가 완전히 집중되면서 시간이 무의미해지고 텍스트에 대한 깊은 이해를 동반하는 심리적 과정
독서 자의지 (Reading volition)	• 독서를 위한 독자의 자발적이고 지속적인 노력 (독자의 주의를 산만하게 하는 방해 요소에도 불구하고 근면성과 행동 통제 전략을 요구하는 일에 집중할 수 있는 능력)
독서 주체성 (Reading ownership)	• 독자가 스스로 자신의 독서 호라동을 통제하거나 조절하고 있다는 믿음 (독자가 독서 과제나 자료에 대해 자율적 서낵권을 가질 때 주체성이 높아짐)

　정의적 영역을 구성하는 요소들이 다양하게 존재하는데, 이러한 요소들이 동시에 일괄적으로 강화되는 것은 아니다. 먼저 다양한 동기를 통해 일단 독서 경험을 할 필요가 있다. 여기에서 교육자의 외재적 동기 제공이 중요하다. 적절한 외재적 동기를 통해 독서에 흥미를 느끼게 하고, 그것이 장기적으로 내재적 동기로

발전할 수 있도록 동기화를 해 주어야 하기 때문이다. 독서 경험과 특히 몰입 경험을 통해 학습자들이 독서에 대해 재미와 흥미를 느끼게 되면 자연스럽게 그 다음 독서의 동기가 형성된다. 그리고 이러한 과정이 반복되면서 독서에 대한 긍정적인 태도가 형성된다. 이러한 긍정적 태도는 독서 효능감과 주체성의 강화로 이어지고 강력한 독서 자의지가 형성되면 향후 지속적인 동기 형성으로 이어질 수 있다. 여기서 이러한 선순환에 중요한 것은 성공적인 독서 경험이다. 독서를 성공적으로 수행하고 그 과정에서 즐거움과 유용함을 직접 경험하게 하는 것이 삶을 주도적으로 이끌어 나가는 독서 능력의 핵심 원동력이 된다.

현실에서의 교수는 항상 학습을 전제로 하고, 교수도 궁극적으로 학습의 자료요, 계기에 불과하다는 점에서 교육현실의 본령을 이루는 것은 학습 현실이기(박부권, 2000:50) 때문에 학습 현실에 대한 학생의 동기화가 중요하다. 이러한 점을 감안할 때, 학생의 읽기 활동의 변화를 이끌 수 있는, 학생의 마음을 움직일 수 있는 학습현실 혹은 수업 환경을 동기화를 하느냐가 관건이다. 구성주의 관점에 의하면 모든 지식은 인식의 주체인 개인에 의해서 능동적이고 주관적으로 구성되는 것이기에, 지식의 습득과정은 학습자가 학습 내용에 대해 흥미와 필요성을 느끼고 계속 학습하려 하는 학습동기와 밀접한 관련이 있다고 볼 수 있다. 학습동기란 학구적 학습행위를 수행하는데 도움이 되는 지식이나 기능을 획득시키는 동인을 의미하는 것으로, 학습의 과정 자체를 즐기고, 학습 효과에 만족감을 갖도록 한다는 것이다(Brophy, 1988을 김재건, 2004:12에서 재인용).

이삼형(2013:16)에 따르면, 교실에서의 독서활동에 상황 맥락을 제공해 주는 것이 읽기를 실제적으로 만드는 출발점이며, 독서에 대한 동기와 흥미를 제공하고 기능적이 되게 하고, 이러한 독서는 읽기에 재미를 느끼게 하며, 의미를 깊이 있게 구성하도록 한다고 한다. 즉, 학생의 동기화는 상황 맥락을 제공해 주는 맥락화를 통해 달성될 수 있는 것이다. 그러므로 학생들의 동기를 이끌어내기 위해서는 독서 수업 상황에서 텍스트를 혹은 학생을 어떻게 맥락화 하느냐가 관건일 수 있다.

2. 성장의 개념

성장의 의미를 표준국어대사전에서 찾아보면 다음과 같다.

즉, 일반적으로 성장은 그것이 사람이나 동식물이든, 아니면 사물의 규모나 세력 따위이든 자라서 점점 커진다는 의미를 갖는다. 그런데 우리가 교육의 본질적인 가치를 학습자의 성장이라고 볼 때, 단순히 자라서 점점 커지는 것을 그 본질로 보기는 어렵다.

이러한 측면에서 성장이라는 단어를 다시 한 번 살펴볼 필요가 있다. 성장은 '이룰 성(成)'과 '길 장(長)'

['성장'의 사전적 의미]

의 두 글자로 이루어져 있다. 점점 자라고 커진다는 뜻의 사전적 의미는 '장(長)'에 포함되어 있으므로 우리는 '성(成)'에 주목해보고자 한다. '성(成)'에는 아직 완성되지 못하거나 미성숙한 상태에서 온전하고 성숙한 상태로 발달하여 이뤄간다는 의미가 있으며 바로 이 부분에서 교육의 본질과 맞닿아 있다고 볼 수 있기 때문이다. 즉, 학습자가 무언가를 이루어 나가고 그 과정을 통해 점점 자라나는 것을 성장이라고 할 수 있다. 성장은 본질적으로 '변화'를 함의한다. 그리고 변화를 내포하고 있다는 점에서 교육과 그 속성을 공유한다고 하겠다. 이 장에서는 '무엇이'

성장하고 그것이 '어떻게' 성장하는지, 성장의 의미를 살펴보고자 한다.

현대의 학교는 오히려 전인적 성장을 이상으로 삼으며 균형과 조화의 삶을 지향해야 한다. 성장은 특성적 부문별로 이루어지는 것이 아니라 전체로서 진행된다. 이지적 성장은 감성적 성장에 영향을 주며 감성적 성장은 이지적 성장의 추진적 동력이 되기도 한다. 도덕적 성장이 함께 이루어지지 않으면 이지적 성장이나 감성적 성장도 그 의미를 다한 것이 아니며, 적어도 어린 시기에 신체적 성장이 따르지 않으면 어느 부문의 성장도 그 지속성을 기대하기가 어렵다. 인간의 성장이 전체의 균형과 조화 속에서 진행되고 있을 때 우리는 교육적 의미의 성장이 지속되고 있다고 말한다. 그러므로 성장에 있어서의 균형과 조화는 성장의 이상적인 모습이기도 하지만 인간이 계속적으로 성장할 수 있게 하는 조건이기도 하다(이돈희, 1994:136).

좋은 교육이란 성장을 지속시키는 교육이며, 그것은 바로 좋은 삶 그것이다. 성장이란 단순한 변화를 의미하는 것이 아니라, '적응의 능력'이 변화하는 것을 의미한다. 이때 '적응의 개념'은 주어진 어느 특정한 방식이 아니라 자체에 내재된 힘의 실현을 위하여 선택적으로 움직이는 방향이다. 인간의 적응은 자신을 외부적 세계에 부착시키는 것만은 아니다. 그것은 오히려 세계를 자신의 생명력과 목적성에 맞게 변화시키는 과정을 포함한다. 즉, 인간적 적응의 개념은 바로 세계와 교섭하면서 자신의 삶을 유의미하게 관리하는 것을 뜻한다. 그러한 적응을 통하여 인간은 자신의 가능성에 따라서 스스로 자신을 만들어 간다(이돈희, 1994:137).

국어교육의 경우도 자명한 것이다. 학습자가 세계와 교섭하면서 자신의 삶을 유의미하게 살아갈 수 있도록 성장의 잠재력을 키워주고 학습자가 지속적으로 성장할 수 있도록 균형과 조화 속에서 학습자의 언어능력을 성장시켜 주어야 한다. 이는 언어능력의 발전이 곧 개인의 성장을 의미하는 것이며, 따라서 언어능력의 발전을 목표로 하는 국어교육의 목적도 개인의 바람직한 성장에 두어야 한다.

모든 교육은 궁극적으로 개인의 성장을 겨냥한다. 따라서 성장과 관계되지 않은 교과목은 있을 수 없다. 이렇게 본다면 국어교육이 개인의 성장을 목적으로 하는 것은 자명해 보이지만 한편으로는 교육 일반의 목표를 동어를 반복하는 느낌을 줄 수 있다. 그러나 국어교육 역시 다른 교과와 달리 언어적 체험을 주로 함으로써 개인의 성장을 달성한다는 데 그 특질이 있다. 국어교육이 다루는 대상은 주로 언어 자료다. 국어교육이 언어를 대상으로 한다 해서 모든 언어 자료를 모두 무차별하게 대상으로 삼는 것은 아니다. 가르칠 만한 가치가 있는 대상을 자료로 삼는다. 독서를 흔히 간접 체험이라고 부르는 것처럼 체험할 가치가 있는 언어 자료를 체험하는 것이 중요하다(김대행, 2002:12).

독서 교육의 경우도 가치 있는 언어 자료를 학습자가 간접 체험할 수 있도록 경험의 장을 만들어 주어야 한다. 특히 인간은 끊임없이 성장하는 또는 성장해야 하는 존재라고 가정할 때, 인간이 성장하기 위해서는 다양한 형태의 만남과 소통이 필요하다. 읽기는 개인이 자아의 안과 밖에서 여러 가지 만남과 소통을 가능하게 하는 다리이다. 책을 읽으면서 인간은 자신을 성찰하면서 자아와 만나고, 동서양을 막론한 무수히 많은 사람들의 말, 행동, 삶의 방식과 조우하게 되는 것이다(정혜승, 2006:386).

그러므로 바람직한 교육은 인간의 성장이 전체의 균형과 조화 속에서 진행될 수 있도록, 자신의 가능성에 따라서 스스로 자신을 만들어 갈 수 있도록, 만남과 소통을 제공하여 개인의 성장을 도와야 하며, 그런 의미에서 성장독서 교육이 필요하다.

경험의 성장

교육을 통한 성장을 논할 때 듀이(Dewey)를 언급하지 않을 수 없다. 듀이가 사용한 성장(growing)이라는 용어는, 인간생활의 특징이 '생활하고 있음'(living activity)과 이 생활하고 있음이 진행 중인 동시에 계속적임을 뜻한다. 성장이라는 용어는 어떤 목표 도달점을 상정하여 그 목표를 향해 성장함을 뜻하는 것이며, 어디가지나 '끊임없이 자라나고 있음'으로서의 성장이지 어느 단계에 가서 그 사람이 완성되거나 정지되는 그러한 성장이 아닌, 끊임없는 지속적인 성장을 의미하는 것이다. 또한 성장이 생활과 관련되므로 교육은 성장함과 함께 존재하는 것이다(박영환, 1987:92).

듀이에게 있어 성장의 개념은, 결과 내지 산물이 아닌 어디까지나 끊임없는 성장의 과정을 의미한다. 성장은 인간 환경 간의 상호작용으로서 인식될 때 성립할 수 있는 개념으로 인간과 환경의 상호작용과 통합을 발생시키는 수단의 역할을 한다. 환경은 단순히 환경으로서는 아무런 의미도 산출하지 않으며, 그 환경이 하나의 문제적인 상황이 됨으로써 경험의 장이 된다. 이때 인간의 성장은 필연적으로 의도와 경험을 포함하여 개인이 자신의 성장에 참여한다는 의미를 가지며 역동적이다. 성장은 변화를 인식하고 그 변화에 반응하는 것이며, 지성으로부터 그 방향을 지도받는 것으로 본다. 이때 지성은 문제 해결의 방법을 제시하는 기능을 한다. 또한 성장은 고도의 사회적 개념으로, 학교가 성장을 고무시켜야 한다는 확신에서 비롯된다. 즉 교육은 개인적 성장뿐만 아니라 더 큰 사회의 가치와 실제와의 연속성을 가진다(박영환, 1985, 1987). 이것은 현행 교육과정이 추구하는, 개인의 성장이 사회의 성장으로 이어진다는 개념과 상통한다.

성장은 경험을 통하여 이루어진다. 경험은 그 본질상 계속성을 가진 경험이란 뜻으로, 성장되지 않는 경험은 교육적 경험이 아니다. 또한 지속과 연결이 없는 경험은 진정한 의미에서 경험이라 할 수 없다. 우리의 경험은 일회적인 것이 아니라 지속적은 삶을 통해 축적되어 오는 것이며 과거를 포함한다. 또한 독서를 통해 이 경험은 개인의 경험에서 공동체의 경험, 도는 인류의 경험으로 확장된다. 그리고 누적된 이 경험은 앞으로 할 경험과 그 경험에 대한 대처의 바탕이 된다. 여기서 경험과 추리가 밀접하게 연관되는 것이다. 경험은 본래부터 그 속에 추리를 내포하는 것이며 추리 없이는 경험도 있을 수 없는 것으로 경험과 추리는 불가분한 상호 관계가 있다(Anthony Quinton, 'Inquiry, Thought and Action: John Dewey's Theory of Knowledge, 1997를 박영환, 1987:95에서 재인용). 현재의 경험은 미래를 포함하고 있지 않으면 안 되며, 점진적, 발전적 성장에 연결된다(박영환, 1987:94~97). 오늘의 아동은 내일의 사회를 만드는 분자가 되는 까닭에 장래 사회에 대한 예측은 주로 현재 아동의 행동을 어떻게 지도하는가에 달려 있다. 그러므로 지향되는 많은 행동이 새겨져가는 동력을 성장이라(Dewey, Democracy and Education, p.41) 할 수 있다(박영환, 1987:97).

듀이가 말하는, 미래사회를 위해 학교에서 '성장을 고무시켜야 하는', '교육적 경험', '미래 사회의 분자'가 되기 위해 지도해야 할 '성장 동력'은 무엇일까?

듀이에게 있어 경험을 통해 배울 줄 안다는 것의 의미는 바로 삶의 구체적 문제 상황을 해결하는 데 효과적인 지식을 창출하는 능력이 성장한다는 것이고, 그것이 곧 듀이가 말하는 경험의 재구성이고 경험의 성장이다(김경희:129). 지식의 창출이 시사하는 것은 지식은 변화의 과정이 있고 역사가 있다는 것이다. 교육을 지식 전달로 인식하는 것의 문제는 지식을 영원불변한 완전한 진리로 인식하여 그 진리를 전달함으로써 교육이 이루어진다고 인식하는 데 있다. 그러나 지식에 역사성이 있고 계속성이 있다는 것은 과거로부터 축적된 지식은 현재의 삶에 연결될 수 있어야 하고 또한 미래 삶의 방향에 영향을 줄 수 있어야 한다는 의미이다. 따라서 과거의 지식이 전달될 필요가 있다. 그리고 전달받은 지식을 재구성하여 삶의 상황에 적합한 지식을 창출하는 태도와 능력을 키울 필요가 있으며, 이는 환경이나 세계에 수동적으로 반응하는 존재에서 능동적이고 창의적이고 자율적으로 환경에 반응하는 존재로의 전환적 변화를 의미한다(이돈희, 1993:133).

이러한 전환적 변화의 경험은 역량의 본질 요소와 상통하며, 독서 교육을 통해 길러주어야 할 역량이기도 하다. 이를 통해 환경이나 세계에 수동적으로 반응하는 존재에서 능동적이고 창의적이고 자율적으로 환경에 반응하는 존재로의 전환적 변화를 이끌어내야 한다.

생애 문식성의 성장

한국교육개발원(2012)은 역량 중심의 대입제도 개편 가능성을 탐색하면서 미래역량 중심 대입평가의 주요 역량을 아래와 같이 제시하였다.

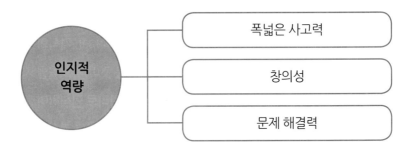

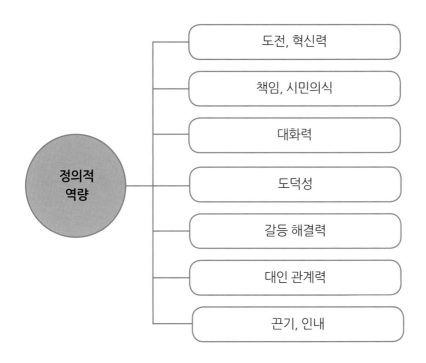

정의적
역량

도전, 혁신력

책임, 시민의식

대화력

도덕성

갈등 해결력

대인 관계력

끈기, 인내

[미래역량 중심 대입평가의 주요 역량]

　위 도표에서도 볼 수 있듯이, 미래역량은 인지적인 역량과 정의적 역량으로 구별된다. 기존의 독서 교육에서는 인지적인 부분을 중심으로 교육을 진행해왔지만, '사고력, 창의력, 문제해결력' 등의 역량을 기르기 위해서는 문제 풀이 및 입시 위주인 기존의 독서 교육만으로는 역부족이다. 기존 독서 교육의 현실을 고려할 때, 정의적인 역량에 해당하는 하위 역량들을 기르기에는 무리가 있어 보인다. 그러나 전술한 바와 같이 교육과정에서 교육이 추구하는 인간상과 그것을 달성하기 위해 필요한 능력 및 독서 교육의 목표를 고려한다면, 오히려 독서 교육의 과정에서 자연스럽게 길러질 수 있고, 길러졌어야 하는 역량들이다.

인지적인 역량과 정의적인 역량을 조화롭게 발전시키는 것은 역량의 본질인 총체성을 회복하는 것이며, 성장의 핵심이라고 할 수 있다. 이는 앞에서 살펴본 교육과정에서 추구하는 인간관과도 일맥상통한다. 교육과정의 인간관은 여러 과목의 교육 활동을 통해 전인적으로 달성되는 것이지만, 그 바탕에는 정보를 습득하고 이해하고 처리하여 내면화하는 인지적이고 정의적인 독서 과정이 전제되어 있다. 독서 활동과 독서 능력은 이해의 첫 단계인 도구적 성격에서부터 고등 사고 능력과 표현력에 이르기까지 교육의 전 영역을 관통하는 핵심 요소로 역량의 본질적 요소가 잘 드러나는 것이다. 성장독서 교육은 이러한 독서의 특성이 학습자의 역량을 길러주어 궁극적으로 학습자는 물론 사회의 성장으로 이어지게 하는 본질적인 독서와 교육의 목표를 달성하는 것을 추구한다.

생애 교육으로서의 독서 교육을 구현하기 위해서는 생애 주기에 따른 능력을 진단할 필요가 있다. 여기서의 능력은 메타적 성장 역량을 의미하는 것으로, 결국 문식성과 깊은 관련을 갖는다. 다음 표는 우리나라 사람들의 생애 주기와 각 시기별로 요구되는 문식성의 종류를 정리한 것이다.

[생애 주기에 따른 문해력]

생애 주기	연령	문식성	특징
미취학시기	0-7세	문자 습득	독서에 흥미를 가지는 시기
초등 저학년기	8-9세	기초적 문식성 습득	문자 습득 이후 독서의 기초적인 능력 습득
초등 중·고 학년기	10-13세	기초적 문식성 숙련	독서의 기능이 향상되고 독서 습관이 형성되는 시기

중학생기	14-16세	기능적 문식성 습득	독서의 기능이 완성되고 자신의 독서 생활을 조정할 수 있는 시기
고등학생기	17-19세	기능적 문식성 심화	목적, 관심 등을 고려하여 전략적으로 독서 생활을 영위하는 시기
성인 전환기	20-25세	전문적 문식성 습득	독서를 통해 지식 · 정보의 습득이 중요해지는 시기
성인기	26-40세	전문적 문식성 심화	지식 · 정보의 습득과 유희적 독서가 공존하는 시기
중 · 노년기	41세이후	사회적 문식성	유희적 독서와 독서를 통한 삶의 성찰이 중요해지는 시기

생애 주기별로 달라지는 핵심역량을 기르기 위해서는 메타적 성장 역량을 갖추어야 하며 그 핵심은 독서 역량에 있다. 그런데 문식성이 평생을 지속하여 발전하기 위해서는 긍정적이고 자발적인 정서적 동기가 반드시 필요하다. 성공적인 독서 경험이 독서의 선순환구조를 불러올 수 있기 때문이다.

이상의 논의를 종합해 보면, 독서 경험의 선순환구조를 이루기 위해서는 독서에 대한 성공 경험과 독서의 즐거움을 직접 경험하게 하여 그 성공의 경험이 지속될 수 있도록 교육하는 것이 필요함을 알 수 있다. 이돈희(1993)는 인간의 성장은 신체적 성장에 국한된 것이 아니고 지적, 감성적, 도덕적, 종교적 성장이 모두 이루어지며, 성장은 양적인 변화와 질적인 변화를 의미한다고 하였다. 또한 학교는 인간의 성장에 대하여 특별한 목적으로 존재하는 제도이며, 그 제도적 목적은 균형을 기하고 계속적 성장이 가능하도록 하기 위한 자생적 힘을 의도적으로, 체계적으로, 전문적으로 형성시켜 주는 곳이라고 주장한다. 좋은 교육이란 성장을 지속시키는 교육이며, 이러한 교육적 성장의 지속성을 방해하는 요소는 한 가지의 경험을 고립시키는 것이라는 점을 강조한다. 결국, 삶을 주도적으로 이끌어가는 총체적 역량은 생애주기에 따라 끊임없이 발휘되는 메타적 성장 역량이며, 이러한 메타적 성장 역량을 갖추기 위해서는 성공적이고 즐거운 독서의 경험이 필요하다는 것을 알 수 있다.

성장을 위한 성장독서 교육

1. 성장을 위한 독서 경험의 범주

　경험이 앎의 과정과 결과를 모두 지칭하듯이 독서 경험 역시 탐구의 과정과 결과를 모두 포괄한다. 나아가 생애 독자, 평생 독자를 목적으로 하는 성장독서 교육에서는 독자의 성장 가능성을 잠재적으로 나타낼 수 있는 독서 태도나 습관 등도 독서 경험의 범주에 모두 포함될 수 있다. 즉, 텍스트와 상호 작용하며 구성된 의미, 그리고 의미를 알아가는 것, 구성된 의미와 의미의 재구성 과정에서 느끼고 깨달으며, 지속적인 독서 활동으로 나아가게 하는 모든 것이 독서 경험의 범주에 포함될 수 있으며, 책을 매개로 하여 성장을 지속 가능하게 하는 경험 역시 독서 경험의 범주에 포함되어야 한다.

　그렇다면 성장을 위한 독서 교육의 경험은 어떻게 나누어 볼 수 있을까? 이성영(2009:386~387)은 독서 교육과정의 내용 체계 구안을 위해 독서 교육과정의 '내용' 영역의 하위 범주인 지식, 기능, 글의 유형 중, 글의 유형을 경험으로 대치

하며, 경험 영역의 내용을 '의미 경험', '활동 경험', '정서적 경험'으로 범주화하였다. 즉, 독서 경험은 일차적으로 '의미 경험'을 뜻하며, 이 '의미 경험'은 전통적으로 '간접 경험'으로 글이나 책이 어떤 내용을 담고 있는가 하는 점에 의존하는 경험이라 하였다. 또한 같은 교수-학습 내용이라도 어떤 학습 활동을 통해 그것을 배웠는가에 따라 학습된 결과가 상당히 다른 양상을 보일 수 있으므로, 독서 경험을 '활동 경험'이라 하였다. 이와 함께 재미있고 유익한 내용의 책을 읽은 경험, 만족스럽고 의미 있는 학습 활동을 한 경험은 그것 자체로 긍정적인 정의적 경험이며, 이를 통해 독서에 대한 긍정적인 태도를 형성해 갈 수 있다는 점에서 '정서적 경험'을 그 하위 범주에 포함시켰다. 정혜승(2006)의 논의도 참고할 만하다. 즉, 정혜승(2006:397)은 읽기 태도가 인지적, 정의적, 행동적 요소로 구성된다고 하는 관점은 읽기 태도 형성에 미치는 요소 역시 세 부류로 분류가 가능함을 내포한다는 것을 강조하였다. 한철우 외(2009:178) 역시 이와 유사하다. 독서 태도를 개인의 정의적 특성으로, '사고, 감정, 행동'의 복합적 기제로 범주화하고 있다.

이러한 논의를 기반으로 할 때, 태도를 포함하는 독서 경험은 사고와 인지를 포함하는 의미 경험, 행동적 요소가 강조되는 활동 경험, 감정 혹은 정의적 요소가 중시되는 정서적 경험으로 범주화할 수 있다.

의미 경험

이성영(2009:386)에서는 의미 경험을 간접 경험과 관련지어 설명하였지만, 이를 간접 경험에 국한하기에는 다소 무리가 있다. 간접 경험이 지니는 의미가 매우 모호하기 때문이다. 간접 경험이 지니는 의미는 직접 경험에 대비될 때 그 의미가 명확해진다. 또한 '의미 경험'과 간접 경험을 같은 층위로 보기도 어렵다. 간접 경험의 의미역이 의미 경험을 포괄하는 속성의 용어이기 때문이다. 그러므로 '의미 경험'의 개념을 정립하기 위해서는 독자가 책을 읽으면서 의미를 어떻게 구성하는지, 그 의미 구성의 다양성에 초점을 맞추어 논의를 진행할 필요가 있다.

독자가 텍스트를 실마리로 삼아서 구성할 수 있는 의미의 다양성은 수평적 다양성과 수직적 다양성으로 범주화할 수 있다(이성영, 2001). 수평적 다양성이란 독자가 책을 읽으면서 서로 다른 여러 가지 뜻을 구성해 낼 수 있는 가능성을 말한다. 문학 작품이나 설명적인 글 모두에서 이런 가능성이 존재한다. 가령, 한용운의 '님'을 해석할 때 '애인', '부처', '조국'의 의미를 구성할 수 있으며, 이러한 의미의 구성은 맥락 안에서 이루어지는 것이다. 이것은 독자의 의미 경험이 텍스트 외의 맥락과 상호 작용한다는 점을 보여 주는 것이다. 이것은 스키마의 존재와 역할을 증명해 보이기 위해 조작하여 만든 '토니 예화(Anderson et al., 1997)'에서도 나타난다. 즉, 이 예화를 읽고 독자는 탈옥을 계획하는 사람의 이야기로, 그리고 레슬링에서 상대방의 머리 기술에서 빠져나가려는 사람의 이야기로 의미를 경험하게 된다. 다음은 토니 예화이다.

토니는 도망가려는 계획을 세우면서 매트에서 천천히 일어났다. 그는 잠시 머뭇거리면서 생각에 잠겼다. 모든 것이 뜻대로 되지 않았다. 그에게 가장 괴로운 것은 지금 상대방에게 잡혀 있다는 것이다. 그는 그의 현재 상황을 고려해 보았다. 상대방에게 느끼는 압박은 강했지만 그는 해결할 수 있다고 생각했다. 그러자면 시도해야 할 시기가 정확해야 한다는 것을 안다. 토니는 자신이 그렇게 심하게(그가 생각하기엔 너무 심했다) 벌칙을 받은 것은 처음에 거칠었기 때문이라는 것을 알고 있다. 상황은 암담해지고 있었다. 압박이 그를 오래 짓누르고 있었다. 그는 무

자비하게 고통받고 있다. 토니는 화가 났다. 그는 지금 움직일 준비가 되어 있다고 느꼈다. 성공과 실패가 앞으로의 몇 초 동안에 그가 어떻게 하는가에 달려 있다는 것을 그는 알고 있다.

수직적 다양성은 텍스트의 처리 깊이(Depth of processing)와 관련이 있다. 이성영(2001:63~64)은 이것을 텍스트 층위, 메타-텍스트 층위, 독자 지향 층위의 세 가지로 구분하였다. 이때, 텍스트 층위의 의미 경험은 텍스트가 담고 있는 의미를 충실히 구성하는 것이며, 메타-텍스트 층위의 이해는 독자가 객관적인 시각에서 텍스트를 바라보고 따져보는 읽기이다. 이때 '메타'의 의미는 텍스트를 메타적인 시각에서 바라보는 것이지, 텍스트를 벗어나 독자의 반응 그 자체의 메타적 성격에 주목하고 있지는 않다. 그러므로 메타-텍스트 층위는 독자 중심이라기보다는 텍스트의 중심의 이해 단계로 볼 수 있다. 이에 비해 독자 지향 층위의 이해는 독자가 글을 읽으면서 생산한 여러 가지 사고를 재음미하고 또 자기 자신에 대해 반성적으로 돌아봄으로써 내면화하는 읽기이다.

텍스트의 처리 깊이와 관련하여 이삼형(1988)은 인지적 텍스트의 이해를, 중심 내용 파악 단계, 필자의 의도 파악 단계, 텍스트 내용에 대한 비판적 이해 단계, 필자의 의도에 대한 비판적 이해 단계, 창의적 이해 단계의 다섯 가지로 구분하였으며, 이것을 텍스트 중심 이해, 독자 중심 이해, 창의적 이해라는 3가지 수준으로 범주화하였다. '독자 중심 이해' 역시 독자 중심 이해라고는 하지만 텍스트의 내용에 대한 비판이고 필자의 의도에 대한 비판이기 때문에, 이성영(2001)의 '메타텍스트 층위'와 유사한 의미를 지닌다 할 수 있다.

이러한 논의를 종합해 볼 때, '의미 경험'이란 텍스트를 실마리로, 텍스트 중심 나아가 독자 중심에서 일어나는 인지적 사고 과정이자 자신을 반성적으로 돌아보는 사고를 포괄하는 개념이라 할 수 있으며, 의미 구성과 관련하여 텍스트 중심의 이해 나아가 독자 지향 층위의 이해와 창의적 이해의 범주를 포함하는 개념이라 할 수 있다.

또한 '앎'이라는 용어가 명제지, 능력지, 익숙지의 의미를 포괄하듯이, 의미 경험은 이들을 모두 포함하는 개념이다. 특히 '앎'이라는 용어가 객관적 지식이 아닌 독자의 삶 속에서 자신을 둘러싸고 있는 환경과 상호 작용하면서 의미가 계속적으로 구성·재구성된다는 점에서 의미 경험은, 텍스트와의 만남 속에서 구성된 의미를 바탕으로, 독자의 삶 속에서 재구성되며, 이 구성된 의미는 독자가 처한 환경이나 상황에 따라 심화·확장되는 것이다. 이것은 수업 상황에서 구성된 의미에 단순히 한 가지 지식을 덧붙이는 것이 아니고 앎의 지평 나아가 삶의 지평으로 확산되는 것이다.

[지식의 종류]

명제적 지식. 언어나 기호로 표현될 수 있는 지식. 방법적 지식(方法的知識, procedural knowledge)에 상대되는 개념이다. 우리가 알고 있는 내용은 대개 문장으로 표현될 수 있지만, 예컨대 수영의 경우처럼 앎을 문장으로 표현할 수 없는 내용도 있다. 이 양자를 구별하기 위해서, 문장으로 표현될 수 있는 것을 명제적 지식이라고 한다. 보통 「지식」이라고 하면 이것을 가리킨다.

선언적 지식. 무엇이 어떻다는 지식이며, 정보를 증명하거나 회상하는 능력을 측정하는 것으로, 이는 새로운 지식이 사전지식의 활성화를 자극할 때 획득되며, 이러한 과정은 관련된 사전지식과 더불어 새로운 지식을 명제망 속에 저장하게 한다. 선언적 지식의 인출은 인출단서가 명제망 속의 어떤 영역을 활성화하고 활성화가 원하는 정보가 활성화될 때까지 관련영역으로 확산되어 가게 되면서 이루어 진다. 따라서 하위 지식간의 관계를 나타내는 명제들을 생성하는 것으로 조직화되므로 교사는 학습하는 동안에 이루어지는 조직화가 효과적인 인출단서를 제공함으로써 다음 정보의 인출을 돕도록 한다.

앎이 삶 속에서 형성되며 성장의 지속성을 갖기 위해서는 유용성이라는 잠재 가능성을 지녀야 한다는 점을 고려할 때, 의미 경험은 수업 상황에서 구성된 의미를 바탕으로 하여 독자가 삶 속에서 겪는 독서 경험 그리고 그 과정에서 구성된 의미를 모두 포괄하는 개념이라 할 수 있다. 이때 독자가 속해 있는 맥락 속에서 독자는 자신이 구성한 의미 경험을 삶 속에서 적용 · 실천함으로써 성장 가능성을 확인하고 그 속에서 지속적으로 성장할 수 있는 것이다. 이를 통해 생애 독자, 평생 독자로 나아가는 동력을 얻을 수 있다.

가령, 수업 상황에서 안도현의 '연탄 한 장'이라는 시를 학습한다고 할 때, 학생은 시에 나타난 의미만을 해석하는 것이 아니다. 또한 자신이 이미 알고 있는 지식에 '헌신적인 삶'이라는 새로운 지식을 추가하는 것도 아니다. 즉, 생애 독자, 평생 독자로 나아가기 위해서는 자신에게 주어진 환경 나아가 자신이 처한 맥락을 고려하여 시 속에서 구성된 의미를 바탕으로 삶 속에 이를 적용 · 실천함으로써 그 의미를 내면화하고 이러한 과정을 통해 의미를 재구성하는 것이다. 시 속에서 말하고자 하는 '헌신적인 삶'을 자신의 삶 속에서 실천하고 실천 과정 속에서 구성된 의미 나아가 자신의 삶을 반성해 보고, 이를 내면화할 때, 이렇게 재구성된 의미 경험이라야 삶 속에서 유용성을 지니며, 생애 독자, 평생 독자로 나아갈 수 있다.

정서 경험

'정서(情緒)'란 '기분이나 심정, 즉 어떤 대상에 대한 주관적인 심리적 반응'을 말하며(서울대학교 국어교육연구소, 2004:677), 이때 정서란 감정과 달리 감정이 한 단계 복잡화, 체계화된 것으로, 합리성을 띤다. 또한 감정의 영역에 속하되, 질서화되고 유기적인 모습을 띤 감정으로, 정제의 단계를 거친 것이자 지적 요소와 감정적 요소의 결합이다(서울대학교 국어교육연구소, 2004:678).

['정서'의 사전적 의미]

또한 '정서적'이란 '정서를 불러일으키는 또는 그런 것'(국립국어원, 표준국어대사전 http://stdweb2.korean.go.kr/search/View.jsp)을 의미한다.

이를 기반으로 할 때, '정서적 경험'이란, 단순한 감정 상태가 아닌 합리성과 유기성을 띤, 지적 요소와 감정적 요소를 경험하는 것으로, 주로 독자의 정의적 영역에 해당하는 개념이지만 감정적인 만족을 포함하여 새로운 것을 알아가는 인지적인 만족 등을 포함하는 개념으로 정의할 수 있다.

이때 지적 요소란 정돈과 정제를 가하는 힘이라는 측면에서의 의미이지 독서 경험의 하위 범주화 개념인 의미 경험과 동일한 것은 아니다. 가령, 우리가 문학 작품을 읽는다고 할 때, 문학 작품의 내용 영역에 대한 의미 경험을 하게 되며, 문학 작품을 이해하기 위한 활동 경험을 하게 된다. 이때 정서적 경험은 일차적 감동 상태인 감정의 차원에서 사고(思考)와 결합되면서 본능적이고 일차적인 단계를 넘어서게 된다. 즉, 감정의 상태에서 새로운 무언가를 알아가는 인지적인 경험을 하게 되는 것이다. 또한 다양한 의미 경험이나 활동 경험을 통해 자신의 앎을 인지적으로 확장시켜 나아가며, 정서적 감흥을 얻게 되고 자신의 삶을 되돌아보는 등의 깨달음을 얻을 수도 있다.

로젠블랫은 "청소년들이 독서를 통해 여러 유형의 상황이나 사람들에게 문화적으로 적절한 감성적인 반응을 배우게 된다."고 지적한다(김혜리·엄혜영 옮김, 2006:20). 이 말은 우리가 독서를 할 때 책의 내용만을 기억하거나 평가하는 것이 아니라 독서 상황의 분위기를 통해 무엇인가를 유추하고, 형상화된 것 속에서 쾌감과 즐거움을 얻기 때문에 책의 내용보다 책을 읽으면서 얻는 정서가 더 중요하다는 뜻이다(변학수, 2013:238).

또한 이러한 '정서적 경험'은 '의미 경험'이나 '활동 경험'과 동일하거나 혹은 동떨어진 경험이 아닌 이들과 직접적인 관련을 맺으며, 이 둘을 중개하고 이를 통해 독자를 성장시키는 지속성과 관련된 개념인 것이라 할 수 있다. 김명순(2003:24~29)에 따르면, 읽기 활동이 읽기의 대상인 텍스트와 주체인 독자 사이에서 읽기 능력의 발달을 중재하고 견인하는 자리에 위치하고 있으며, 하나의 활동은 다른 활동의 확대 재생산으로 끊임없이 재창조된다고 하였다. 이러한 논리를 적용한다면, 정서적 경험 역시 의미 경험과 활동 경험을 중재하며, 또 다른 독서 활동이 일어날 수 있도록, 독서가 지속될 수 있도록 하는 중개 역할을 한다고 할 수 있다.

정서적 경험은 독서의 목적 또는 동기와 직접적으로 관련을 맺으며, 정서적 변화인 쾌락과도 연결될 수 있다. 독자가 독서를 통해서 자신의 욕구를 충족시키면 그 순간 독자는 쾌감을 얻는다. 더불어 실용적 독서에서의 쾌락은 이차적이고 간접적인 데 반해 유희적 독서의 쾌락은 일차적이고 직접적이다(이지호, 1998:240). 즉, 실용적 독서는 독서를 다른 무엇을 위한 수단으로 삼으며, 유희적 독서는 독서 그 자체가 목적이기 때문이다. 책을 읽으며 얻는 이러한 일차적 혹은 이차적인 만족감은 또 다른 독서 경험을 유발하거나 해당 책을 지속해서 읽을 수 있는 힘을 제공해 준다.

또한 정서적 경험이란 독자가 독서 행위를 시작하기 이전 읽고자 하는 책에 대한 선입견 등의 사고부터 독서 행위가 시작되는 시점 그리고 의미 경험이나 활동 경험을 하는 동안 마음속에 일어나는 정의적 요인 및 태도 나아가 이런 독서 경험이 끝난 후도 계속 진행되는 동기, 흥미, 습관 등의 정의적 요인 및 태도 등과 관련되는 개념이다. 가령, 재미있고 유익한 내용의 책을 읽은 경험, 만족스럽고 의미 있는 학습 활동을 한 경험은 그것 자체로 긍정적인 정서적 경험을 한 것이며, 이를 통해 독서에 대한 긍정적인 태도를 형성해 갈 수 있다. 이와 관련하여 이성영(2009:387)은 '의미 경험'을 통해서, 그리고 '활동 경험'을 통해서 동시에 '정서적 경험'을 할 수 있으며, 이러한 인지 활동에 동반되는 '정서적 경험'을 통해 긍정적인 태도를 기를 수 있음을 강조하고 있다. 그러므로 성공적인 독서 경험은 또 다른 독서 경험을 유발하게 되고, 이런 독서 경험의 반복을 통해 독자는 긍정적인 독서 습관을 형성할 수 있으며, 나아가 평생 독자를 기를 수 있는 기반을 제공해 준다.

태도는 특정한 의식이 신념화되어 관습적으로 표현되는 행위의 특성이다(김도남, 2008:53). 이것은 한철우(2005:9~10)의 학교 독서 지도의 방향과 과제에서도 알 수 있다. 즉, 독자가 독서 행동에서 새로운 것을 알아 가는 인지적 만족을 느꼈거나 즐거움이나 감동과 같은 감정적 만족을 맛보게 되면 독서에 대한 그의 태도는 긍정적으로 변화하며, 반대로 독서에 대한 불만족스런 경험은 독서 태도를 악화시키고, 태도에도 그대로 영향을 주어 독서에 대한 부정적 태도를 강화한다는 것이다. 그러므로 읽기 태도는 읽기 행위를 지속시키는 특징이 있다는 점을 발견할 수 있다(Mathewson, 1994; McKenna, 1994를 박영민, 2007:299에서 재인용).

류보라(2013:38~40)는 읽기 태도에 영향을 주게 되는 요소로 독자로서의 자기 인식을 강조하고 있다. 즉, 자신의 삶의 일부를 독서라는 행위에 할애하는 삶은 자기 스스로 인식하는 자아 개념 속에 독자라는 인식이 있어야 가능하다는 것이다. 스스로를 어떤 독자라고 인식하고 있는가는 그 사람의 독서 행위를 결정하는 중요한 요인이며, 독서 교육의 목표가 평생 독자, 자립 독자라 할 때 지속적으로 독서를 할 수 있는 원천 중 하나는 자신에 대한 긍정적인 독자 인식이라는 것이다.

그러므로 독서 경험 내에서 의미 경험이 의미 구성의 사고 과정과 그 결과가, 활동 경험이 사고 과정과 활동으로서의 방법적 속성이 부각된 개념이듯이, 정서적 경험은 이 둘을 중개하고 인지적 만족 등을 포함하는 정의적 영역이 부각된 개념이라 할 수 있다. 또한 정서적 경험은 지속적인 독서 경험이 가능하게 해 주는 역할을 하며, 독자가 스스로 성장할 수 있는, 자기 주도적인 독서가 가능하도록 독자의 태도를 변화시키는 데 일조하는 역할을 한다 하겠다.

읽기가 자신에게 얼마나 필요하고 유용한 것인지를 인식하고 읽기를 좋아하고 즐겨 읽는 태도가 바탕이 되지 않으면 전 생애에 걸친 자기 계발적 읽기는 좀처럼 기대하기 어렵다. "읽기에 대한 감정적 반응은 독자가 글을 읽거나 읽지 않는 일차적 이유이다."는 Smith(1988, McKenna & Kear, 1990:626 재인용)의 말은 긍정적인 읽기 태도가 사람들의 실제 읽기 행위에 큰 영향을 주고 있음을 강조한(정혜승, 2006:386) 것이다.

활동 경험

'의미 경험'은 기본적으로 '활동 경험'을 전제로 한다. 의미가 전술한 바와 같이 의미 경험이 사고 과정을 모두 포괄하는 개념이며, 듀이가 말하는 경험이 경험 자체를 과정과 결과, 과정과 결과의 총체로 보기 때문이다. 그러나 활동 경험이라는 용어를 의미 경험과 따로 분리하여 독립적으로 사용하는 이유는 이성영 (2009:386~387)의 말처럼 '의미 경험이 간접 경험이라는 말로 불려 왔던 것으로서, 글이나 책이 어떤 내용을 담고 있는가 하는 점에 의존하는 경향'이 있다면, 활동 경험은 '단순히 학습 요소를 익히게 하는 수단 역할만을 하는 것이 아니라 다른 경험을 하게 하는 것'이기 때문이다.

또한 듀이의 경험론에 따르면, 과정적 측면에서의 경험이 경험 활동을 뜻하는 것이라면 결과적 측면에서의 경험은 경험 과정을 통해 의식 내재화되는 경험의 내용을 의미한다. 독서 경험에서 활동 경험과 내용 경험은 이와 유사하다. 즉, 활동 경험은 독서 경험의 과정의 측면이 강조되는 것이며, 이를 통해 내재화된 혹은 구성된 경험은 의미 경험이라 할 수 있다.

그러므로 '의미 경험'은 독서 경험 중, 의미를 생성하게 하는 텍스트의 내용과 관련이 깊은 개념이지만 활동 경험은 방법적 성격이 강하다고 할 수 있다. 예컨대 '독서의 과정과 관습'을 가르친다고 가정 할 때, 교사는 교과서의 수업 내용을 어떻게 가르칠 것인가를 먼저 고민한다. 교사는 학습 요소 혹은 내용이 정해져 있을지라도 그것을 어떤 활동으로 가르칠 것인가를 내용을 떠나 또 다른 고민을 하게 된다. 특히 교실의 독서 상황은 교사의 가치관이나 수업 분위기 등에 따라 다를 수 있다. 이때 교사는 이러한 모든 상황을 고려하여 설명식 수업을 할 수도 있고, 모둠별로 협동 학습을 할 수 있다. 이러한 수업 실현을 통해 동일한 교수-학습 내용일지라도 어떤 활동 즉, 협소하게는 교과서의 학습 활동일 수도 있고 넓게는 교실 내에서의 학생과 교사, 학생과 학생, 학생과 주변 환경 간의 교실 내 활동을 통해서 학습의 결과 나아가 독서 경험이 달라질 수 있는 것이다.

특히 수업 상황에서 구성된 의미 경험을 교실 내가 아닌 삶 속에서 실천 · 적용할 경우에 활동 경험은 그 범위가 삶으로 확장될 수 있다. 이 말은 내용이 강조되는 의미 경험이 유사할지라도 교사가 구안하는 활동 경험 나아가 학생들의 활동 경험의 종류 및 특성에 따라 독서 경험이 달라질 수 있음을 의미한다. 가령, 성공적인 독서 경험은 의미 경험과 활동 경험을 모두 포괄하는 개념으로 학생의 수업 상황 내에서만 적용되는 개념이 아니다. 생애 독자, 평생 독자로 나아가기 위해서는 수업 상황에서의 독서 경험이 삶의 과정에서 앎으로 나아가고 앎이 독자에게 유용성을 지닐 때, 지속 가능성을 지닐 수 있기 때문이다.

이를 통해 볼 때, '활동 경험'이란, 일차적으로 독자들이 학습의 목적으로 행하는 활동을 가리키며, 이것은 독서 경험을 촉진시킬 목적으로 독자가 책과 상호 작용을 하며 행하는 모든 종류의 교실 내 활동을 의미한다. 나아가 성장을 목적으로 하는 성장독서 교육의 관점에서 본다면, 학생이 학습 활동의 일환으로 행해지는 삶 속에서의 독서 경험 그리고 그 과정에서 경험하는 의미의 재구성과 관련한 활동 모두를 포괄할 수 있는 개념이다. 그리고 이러한 활동은 의미 구성 혹은 의미의 재구성 과정에서 이루어지는 독자의 사고 활동을 모두 포함하는 개념이라 할 수 있다.

활동 경험은 수단의 역할을 넘어서는 목적 지향성이 있으며, 다른 경험을 하게 하는 지속성 나아가 학습 내용에 영향을 주는 변형성이 있다고 할 수 있다. 하나의 활동은 그 목표나 동기에 의해 다른 활동과 구별되는 것으로, 목표나 동기가 바뀌면 다른 활동으로 바뀔 수도 있고 동기나 목표가 약해지거나 무력해지면 하나의 행동으로 차원이 달라지거나 다른 활동으로 통합될 수 있다(김명순, 2003). 전형적인 읽기 행동들(글이라는 자극에 의해 일어나는 눈의 움직임이나 머리 동작 등)은 행동이지 읽기 활동이 아니며, 플롯 조직표 완성하기, 세계 문화망 그리기 등은 읽기 행동이 아닌 읽기 활동이다. 활동의 특성은 사회 문화성, 중재성, 목적 지향성, 지속성, 변형성, 계획성, 맥락 특수성 등으로 규정할 수 있다(김명순, 2003).

여기서 반드시 짚고 넘어가야 할 것은, '활동 경험'이 현행 교과서에 제시되어 있는 학습 활동을 그대로 따라서 해보는 활동 경험을 의미하지는 않는다는 점이다. 예컨대 교과서에 하나의 텍스트가 있다고 하자. 학생들은 독서 수업 시간에 해당 텍스트를 읽고 학습 활동을 전개한다. 이때 학습 활동은 대부분이 크게 3단계로 구분되어 있다. 첫 번째는 교과서에 제시된 텍스트를 제대로 이해했는지의 내용 이해 여부를 확인하고자 하는 학습 활동이다. 두 번째는 이해한 내용을 바탕으로 다른 텍스트나 다른 상황에 적용하여 배운 내용을 심화할 수 있는지를 확인하는 학습 활동이다. 세 번째는 이해한 내용이나 다른 상황에 적용하여 심화된 내용을 바탕으로 자신의 삶의 모습을 되돌아보거나 현재 자신의 삶 속에서 이를 실천해 보는 학습 활동일 것이다. 이러한 학습 활동은, 비록 그 방향이 삶의 문제로의 적용까지 나아가고 있지만, 학습 활동에 대한 기본적인 구안 자체가 텍스트의 내용 이해에 무게 중심이 놓여 있으며, 내용 이해를 바탕으로 한 기능 중심 혹은 전략 중심의 학습 활동이 대다수를 차지한다.

그러나 활동 경험이란 성공적인 독서 경험을 통해 독서가 개인의 성장 및 삶에 미치는 영향을 이해함으로써 평생 독자로서의 소양을 지닐 수 있도록 구안되어지는 학습 활동이자 사고 활동을 포함하는 개념이다. 물론 텍스트의 내용 이해도 중요하지만 출발점 자체가 '학습자의 삶'에 초점을 맞추어야 하며, '활동'이 지니는 속성 중, 성공적인 독서 경험을 통해 독자의 성장으로 나아갈 수 있고 이를 바탕으로 평생 독자, 생애 독자로 성장해 갈 있는 학습 활동이어야 한다는 점이다.

가령, 하나의 수필이 있다고 하자. 이것은 한 과학자가 자신의 삶의 영향을 준 독서 체험을 수필 형식으로 쓴 글이다. 이 텍스트를 통해 독자의 독서 경험이 이루어진다고 한다면, 활동 경험의 경우, 기존의 독서 교육에서 보여준 텍스트 이해 중심의 기능 및 전략 제공보다는 텍스트 속 주인공의 삶에 초점을 두어 그 주인공이 처한 문제 상황이 무엇이며, 그 속에서 어떤 선택을 하였고, 주인공의 독서 경험이 왜, 어떤 점에서 성공적일 수 있었으며, 주인공은 어떻게 지속적인 독서 활동을 할 수 있었는지에 대한 내용 이해에 초점을 맞추어야 한다. 이러한 활동은 단순히 텍스트에 대한 내용 이해의 차원이 아닌, 독자가 저자의 성공적인 독서 경험을 독자 스스로 책과 상호 작용하며 의미를 구성해 가는 것이자 자신의 독서 경험을 뒤돌아보기 위한 하나의 과정이다. 또한 활동 경험이 텍스트 차원의 이해를 목적으로 하는 것이 아니라 독자 자신의 삶을 성찰하기 위한 하나의 수단적 목적 지향적인 역할을 하는 사고 과정인 것이다. 이러한 활동 경험을 통해 구성된 의미 경험은, 독자가 자신의 삶의 문제에 적용하는 활동으로 나아가게 하는 원동력이 되며, 자신에게 맞는 독서 경험이 무엇이고 앞으로 어떤 독서 계획을 세워 지속적으로 독서 할 것인가에 고민하고 성찰하게 만드는 요인이 되는 것이다.

그러므로 활동 경험은 텍스트에 대한 이해가 중심이라기보다는 텍스트를 실마리로 해서 자신의 현재의 독서 활동, 나아가 생애 독자로 나아가기 위한 활동 경험이어야 하며, 이러한 활동 경험을 위해 텍스트를 떠나 독자의 독서 경험을 되돌아보며 반성해 보고 나아가 이를 삶 속에 적용하고 실천해 보려고 하는 인지적인 사고의 과정이 반드시 요구되는 독서 경험이라 할 수 있다.

이것은 텍스트의 이해를 바탕으로 하지만 그 중심 자체가 독자의 삶 나아가 성장에 초점이 맞추어져 있으며, 이러한 활동은 텍스트를 실마리로 해서 자신의 앎을 확장시켜 나아가는 한편, 삶에 적용해 보고 실천해 보는 활동이라는 점에서 기존의 학습 활동의 강조점과 다르다 할 수 있다. 다만, 의미 경험과 활동 경험의 의미가 사고를 기본 전제로 한다는 점에서 이 둘은 다분히 중복되는 특성을 지닌다.

그러나 의미 경험이 의미 구성의 사고 과정과 그 결과에 강조점이 있다면, 활동 경험은 의미를 구성하기 위한 사고 과정과 활동으로서의 방법에 초점이 맞추어진 경험이라는 점에서 다르다고 할 수 있다.

2. 성장독서 교육을 통한 성장독자의 양성

성장독서 교육

지속적인 성장을 도와주는 독서

듀이는 기존의 교육 개념이 내포하고 있는 고정적인 목표를 부정하며, '경험의 계속적인 재구성' 또는 '계속적인 성장' 그 자체가 목적이 되어야 한다고 하였다. 예를 들어, 우리가 어떤 활동을 하기 위해서는 지력(知力)을 사용하게 되는데, 한 활동에서 행사된 지력은 반드시 다음 활동을 더 효율적으로 하는 데 도움이 된다.

지식의 성장은 독서를 통해서 가장 가시적으로 확인할 수 있는 부분이다. 학생과 성인 모두 독서의 가장 큰 이유로 새로운 지식과 정보의 습득을 들고 있는 것에서도 알 수 있듯이 독서를 통해 구체적인 지식을 습득하는 것은 분명한 성장의 요소라고 할 수 있다. 구체적인 지식과 정보를 습득하는 것을 성장으로 보기 어려운 측면도 있지만, 성인이 어떤 특정한 분야에서 전문성을 성장시키기 위해서는 해당 분야의 전문 지식이 필요하며 이러한 지식 습득의 가장 중요한 방법 가운데 하나가 독서라는 점을 생각한다면, 지식과 정보의 습득 역시 성장의 한 요소라고 볼 수 있을 것이다. 지식의 성장은 교양과 상식의 성장도 포함한다. 독서를 통해 독자는 구체적인 지식과 정보만이 아니라 삶을 영위하는데 필요한 일반적인 사항들을 습득하게 된다. 이는 텍스트에 수록된 내용을 통해 직접적으로 습득되기도 하며 독서의 과정에서 자연스럽게 형성되기도 한다. 또한 이러한 지식은 독자의 배경지식(스키마)로 저장되어 지속적인 독서 성장을 이끄는 힘이 된다. 그리고 이러한 과정에서 독서를 둘러싼 문화가 자연스럽게 개입하여 독자에게 영향을 미치게 된다. 즉 독자는 독서를 통해 문화의 유산을 습득하고 해당 문화의 성인으로 성장하며 특정한 분야의 지식을 갖추게 되는 것이다.

기능의 성장은 독서 능력, 즉 텍스트를 읽고 텍스트와의 상호작용을 통해 능동적으로 의미를 구성하는 능력의 성장을 의미한다. 이는 독서교육에서 학교 교육을 통해 그간 중점을 두고 교육해 온 부분이며, 성공적인 독서의 전제 조건이라 할 수 있을 정도로 중요한 요소이다.

태도의 개념 역시 앞에서 살펴본 바와 같이 '어떤 대상에 대해서 일관성 있게 행동하려는 학습된 경향성' 혹은 '준비 상태'를 말하는 것으로서 인지적, 정의적, 행동적 요소를 모두 포함하는 개념이다(정옥년, 2007:144). 또한 읽기 태도는 '읽기를 대상으로 좋고 싫음의 평가를 내리고 그러한 평가에 따라 읽기 상황에 접근하거나 회피하는 등의 반응을 일관되게 산출하는 심리적 경향'으로 정의내릴 수 있다(정혜승, 2006:390). Peter Afflerbach(2010:239)는 효과적인 독서 수업의 결과에는 학생이 '독서가 가치 있는 도구이며, 목표를 설정하기 위한 방편이 되고, 때로는 삶의 긴장을 풀어주기도 하고, 개인의 성장에 도움이 된다.'라고 이해하는 것과 학생이 독자로서 자신의 정체성을 인식하는 것이 포함된다며, 독서 결과를 의미 있게 만드는 비인지적 요소로 독자의 동기, 자기 개념, 흥미, 태도, 독서 결과의 귀인 등 다섯 가지를 들고 있다. 이 중에서 특히 주목할 개념은 자기 개념 및 독서 결과의 귀인이다. 자기 개념은 독자 스스로 자신을 어떠한 독자라고 생각하고 있는가에 해당하는 자아 개념으로, 독서 행위를 하는 동기로 작용하고 독서 성취와 독서에 대한 태도로 나타나게 된다. 또한 이렇게 구성된 독자로서의 인식은 다시 독서 태도와 성취를 결정하는 중요한 요인으로 작용하게 된다. 높은 독서 성취가 독서에 대한 우호적 태도를 갖도록 영향을 주고 즐거운 독서 경험을 통해 독자는 독자로서의 자아 개념을 긍정적으로 형성할 수 있게 된다(류보라, 2010:263-264). 즉, 성공적인 독서 경험이 다시 긍정적 자아 형성으로 순환되는 것이다. 비록 독서 교육 논의의 일환이기 때문에 자기 개념을 독자로서의 자기 인식 측면에서 논의하고 있지만, 독서를 통해 얻게 되는 인격의 향상과 삶에 대한 이해의 성장 등 독서를 통해 얻는 위로와 성찰 역시 지식보다는 자기 인식의 측면에 포함하는 것이 타당하다고 판단된다. 또한 독서라는 행위를 통해 얻을 수 있는 즐거움 역시 독자의 흥미 및 태도에 영향을 미친다고 할 수 있다.

이러한 지식, 기능, 태도의 성장은 앞에서 설명한 의미 경험, 활동 경험, 정서 경험과 매우 밀접하게 연결된다.

즐거운 독서 경험의 중요성

앞에서도 언급한 것처럼, 듀이는 교육을 경험의 확장 구조로 제시하였다. 선행 경험은 환경과의 상호작용과 기존 경험의 연합·조절을 통해 축적되고 통합되면서 새로운 경험으로 성장한다는 것이다. 이 과정에서 선행 독서의 경험이 그 다음 이어지는 독서 행위에 큰 영향을 미치게 된다.

류보라(2010:273)는 청소년 독자를 대상으로 한 조사 결과 자신을 좋은 독자라고 인식하는 청소년은 독서 흥미가 높았으며, 독서 시간과 독서량도 더 많았다고 한다. 또한 청소년의 독자 인식은 독서의 흥미가 높거나, 책을 많이, 오래 읽는 경우 긍정적으로 형성된다고 한다. 이와는 반대로 반복적으로 독서 결과에 만족하지 못했을 경우 독서 태도가 부정적으로 될 수 있다(정옥년, 2007:145). 이는 독서에 있어서의 매튜 효과(Matthew Effect)를 보여준다. 매튜 효과는 케이트 스타노비치(Keith Stanovich)가 주장한 것으로, 읽기 능력이 떨어지는 학생들은 점점 더 독해에 어려움을 겪고 다른 과목의 학습에까지 문제에 봉착하게 된다는 현상이다. 그러나 매튜 효과를 긍정적으로 해석하면 성공적 독서 경험이 이후의 독서 행위를 유발한다고 볼 수 있으며, 이것이 지속되고 누적될 때 독자의 성장이 가능해진다고 볼 수 있다.

그렇다면 독서 경험의 선순환구조를 확립하기 위한 구체적인 방법은 무엇인가? 이삼형(2013:14) 독서교육에서 실제성의 중요성을 강조하며 교실에서의 독서를 실제적 독서로 만들기 위해서는 맥락적이어야 한다고 주장한다.

> 교실에서의 독서활동에 상황맥락을 제공해 주는 것이 읽기를 실제적으로 만드는 출발점이며, 독서에 대한 동기와 흥미를 제공하고 기능적이 되게 한다. 이러한 독서는 읽기에 재미를 느끼게 하고, 의미를 깊이 있게 구성하도록 한다(이삼형, 2013:16).

권은경(2012)은 중학생을 대상으로 독서에 대한 인식을 조사하였는데, 독서가 이루어지려면 적절한 읽기 능력과 함께 읽기가 즐거운 경험이 될 것이라는 기대(태도), 그리고 독서 과정을 지속하기에 충분한 보상을 제공할 즐거운 독서자료가 전제되어야 한다면서 독서를 재미있고 즐거운 것으로 느끼는 것이 청소년 독서에서 가장 중요한 요소라는 결론을 내리고 있다. 또한 정옥년(2007:152)은 Nell의 논의를 소개하며, 독서광들은 재빨리 글에서 정보를 흡수하는 노련함, 독서가 즐거운 경험이라는 점에 대한 인식, 자신에 적절한 책을 선택할 줄 아는 능력을

지니고 있으며 이 중 하나라도 없으면 즐거운 독서가 시도되지 않거나 실패하게
된다고 하였다. 이순영(2006:410-411)은 몰입 독서의 중요성을 강조하며, 몰입은
독서 시간뿐만 아니라 독서량, 독해 수준과도 연관이 되어 있으며, 몰입 독서의
경험은 다시 학습자의 독서 능력에 긍정적인 영향을 미친다고 보았다. 독서 동기
가 몰입 독서를 촉진하고, 몰입 독서 경험이나 독해 능력의 증진에 따른 자기 효
능감은 다시 독서 동기를 강화시킨다는 것이다.

　이상의 논의를 종합해 보면, 독서 경험의 선순환구조를 이루기 위해서는 독서
에 대한 성공 경험과 독서의 즐거움을 직접 경험하게 하여 그 성공의 경험이 지속
될 수 있도록 교육하는 것이 필요함을 알 수 있다.

천천히 깊게 읽기

　이러한 독서의 구체적인 모습을 일본에서 수행된 천천히 깊게 읽기에서 확인
할 수 있다. 이토 우지다카(2012)에는 일본에서 중·고등학교 6년간의 국어 수업
을 통해 책 한권을 천천히 깊게 읽는 활동을 한 결과가 소개되어 있다. 해당 사
례를 요약하면, 하시모토 다케시라는 교사가『은수저』라는 책을 6년간 읽도록
수업하면서 다양한 체험 활동을 한 결과 학생들이 근본적인 변화를 이끌 수 있
었고 이러한 결과가 졸업 후 사회 생활에도 큰 도움이 되었다는 것이다. 이러한
읽기 활동에서 가장 중요한 것은 6년간 책을 읽는 과정에서 어떤 활동이 이루어
졌는가, 구체적인 수업은 어떤 형태로 이루어졌는가일 것이다.

　해당 수업은 일본에서도 특별한 사례였으며, 교사의 역량에 기인한 바가 크다
고 할 수 있다. 그러나 이것이 일반적인 교육 프로그램으로 성립하기 위해서는 교
사의 수업 재량을 인정하면서도 일정 수준 이상의 교육적 효과를 확보할 수 있는
구체적인 활동 내용이 담보되어야 한다. 천천히 깊게 읽기는 단순히 읽기 방법이

나 속도에만 중점을 둔 프로그램은 아니다. 느리게 천천히 읽는 과정에서 수행하게 되는 학생들의 독서 활동과 경험이 프로그램의 핵심이 된다. 천천히 깊이 읽는 활동이 성과를 거두기 위해서는 정교하게 계획된 프로그램을 바탕으로 교사의 창의적인 적용이 뒷받침되어야 한다. 물론, 국내 현실을 고려할 때 여러 학령에 걸쳐 이루어지는 수업은 현실적으로 불가능하다. 무작정 이러한 프로그램을 따라하자는 것이 아니라 이러한 프로그램의 취지와 특성을 성장독서 교육의 사례 가운데 하나로 소개하고자 하는 것이다.

천천히 깊게 읽기는 그 제목에서 주는 느낌과는 다르게 무척 역동적인 프로그램이다. 학생들은 독서 과정에서 다양한 활동을 하게 되는데 그 활동의 과정과 결과는 수업을 함께 듣는 동료 학습자들과 자연스럽게 공유하게 된다. 그 과정에서 읽기는 물론 듣기, 말하기, 쓰기 등의 활동 또한 자연스럽게 수행된다. 즉 전반적인 이해, 표현 활동이 모두 역동적으로 이루어지는 것이다.

특히, 이러한 독서 교육 프로그램의 적용 결과 나타나는 정의적 영역의 변화에 주목할 필요가 있다. 글을 읽고 이해하고 이를 체화할 수 있는 능력은 이해력의 바탕이 된다. 특히 읽기, 말하기, 듣기, 쓰기가 결합된 독서 활동은 이해력뿐만 아니라 종합적인 사고 능력을 길러줄 수 있다. 또한 독서 과정에서 느끼는 몰입의 경험과 이를 수업을 통해 나누는 경험은 독서에 대한 긍정적인 태도 형성에도 영향을 주어 성장독자를 양성하는 데에도 효과를 줄 수 있으리라 기대된다.

경험 중심의 성장독서 교육

독서는 책읽기이고, 책읽기는 책을 통해 의미를 만들어가면서 정보나 깨달음, 즐거움을 얻고 그 과정에서 성장해 가는 것이 자연스런 모습이다. 이런 점을 감안한다면, 추상화되고 분절된 기능, 전략, 방법을 가르치는 활동보다는 텍스트에 몰입하여 인간 · 사회 · 세계에 대해 알아 가고 깨달아 가고 사고하는 경험을 강조하는 것이 독서 생태에 더 잘 어울린다(이성영, 2003:142).

그런데 초등학교부터 고등학교까지 12년간의 읽기 · 독서 교육의 결과가 책을 즐겨 읽는 독자를 양성하지 못한다면 이는 본질적으로 독서 교육에 문제가 있음을 방증한다. 기존의 독서 교육이 인지적인 측면만을 강조한 나머지 독서의 정의적인 측면을 외면해 왔으며, 그 결과 기능적으로는 뛰어날지 몰라도 생애 주기에 맞춘 독서 역량을 갖춘 독자를 양성하는 데에는 우리 사회가 실패하고 있는 것이다. 즉, 기존의 독서 교육은 대체로 학습 능력과 문식성 관련 능력을 강조하는 능숙한 독자(fluent reader)에 초점이 맞추어져 있으며, 교양 형성 및 평생 독자로서의 독서 태도를 강조하는 능동적인 독자(active reader)를 양성하는 데에는 실패했다는 것을 알 수 있다.

최근 교육의 실제성 회복과 관련하여 이에 대한 논의가 점차적으로 강조되고 있다. 이는 국어 교육의 최근 흐름과 맥을 같이한다. 읽기 교육과 관련하여 학교 교육에서의 읽기 자체가 현실의 모습과 동떨어져 있으며, 평생 독자, 생애 독자로서의 학습자를 양성하는 데 독서 교육이 실패하고 있다는 자성의 목소리가 크다.

이삼형(2011; 2013)은 현실적 삶에서 유리된 독서 교육의 문제점을 진단하며, 생애교육으로서의 독서 교육, 평생 교육으로서의 독서 교육을 강조하고 있다. 특히 학교에서의 독서 혹은 읽기가 실제성을 회복하고 나아가 평생 독자를 양성하기 위해서는 학교 교육에서 맥락화된 독서, 기능화된 독서가 이루어져야 한다는 점을 부각하고 있다.

이성영(2011:227)에 따르면, 국어교육은 언어를 통해서 타인과 소통해 보는 경험, 언어를 매개로 하여 사고를 전개해 보는 경험, 언어적 문화 행위에 참여하거나 언어 예술을 맛보는 경험, 언어가 지니고 있는 규칙을 탐구하고 국어 활동을 통해서 국어의 가치를 체감해 보는 경험을 중심으로 이루어지며, 이러한 경험을 통해서 학생들은 국어와 관련되는 지식과 기능과 태도를 암묵적으로 체득하는 것이라 한다. 이러한 점을 고려할 때, 국어교육의 특성을 언어(국어) 경험에서 찾아야 한다는 주장은 설득력이 있다.

경험은 국어과 교수-학습 내용으로 친숙한 용어는 아니다. 국어과 교육에서 경험을 교육 내용으로 설정하고 경험을 신장시켜야 한다는 논의는 그리 많지 않다. 특히 독서 교육에서 독서 경험의 성장을 강조하는 논의는 거의 찾아볼 수가 없다. 이는 독서 경험의 의미역이 지나치게 넓고 모호하며, 성장의 개념 역시 당위성 차원의 논의에 머무르고 있기 때문이다.

독서 교육은 텍스트를 학생들에게 교수-학습한다는 점에서 문화라는 거대한 틀 속에서 이해할 필요가 있다. 텍스트는 글쓴이의 경험은 물론 인류의 경험을 필자를 통해 전달하고자 하는 문화유산이라 할 수 있기 때문이다.

현재 독서 교육에서 강조되고 있는 기능이나 전략 중심의 미시적인 독서 방법이 아닌 경험 중심의 독서 방법, 나아가 독서 경험을 통해서 개인의 성장을 궁극적인 목적으로 하는 독서 교육론을 정립하고자 한다. 그리고 이러한 독서 교육론을 '성장독서 교육'이라 부르고자 한다. 그리고 성장독서 교육을 통해 우리는 '성장독자'를 길러내고자 한다.

성장독자 양성

성장독서 교육이란 역량의 본질을 기초로 하여 기존의 삶의 맥락과 유리된 탈맥락적 학습의 장을 삶이라는 맥락적인 경험의 장으로 확장시키고자 하는 개념이다. 또한 이것은 학교교육 안에서 학교교육 기간에 평생학습의 기초를 굳건히 다져 놓아야 한다는 관점을 바탕으로 한 개념이다. 이것은 학교교육에 방점을 두는 입장으로 학교생활 기간은 물론이고 사회에 진출하고 난 뒤에 평생 동안 계속해서 이루어지는 독서 즉, 평생학습의 실현으로서의 독서를 위해서 이루어져야 할 독서 교육을 의미한다. 이를 위해 학교에서는 삶이라는 맥락 안에서 인지적, 정의적 능력을 총체적으로 길러주어야 하고, 이를 바탕으로 독자는 지속적 성장을 통해 완숙한 독서가가 되는 것이다. 에리히 프롬이 이야기한 존재양식으로 존재하는 독서야말로 성장독서 교육의 핵심이라 할 수 있다. 성장독서 교육은 독서가 책을 읽고 정보를 처리하는 일 외에 자신의 삶의 한 과정이며, 세계와 관계를 맺는 방식이며, 이를 통해 자신의 존재가 규정된다고 하는 사실을 구체적으로 구현할 수 있는 방향으로 나아가는 것이다.

삶의 맥락에 유용한 지식을 구성할 수 있는 독자

이성영(2001:67~68)의 '삶의 맥락에 유용한 지식의 구성'은 이러한 논의를 뒷받침한다. 즉 삶의 구체적인 맥락 속에서 문제를 해결하는 과정에서 지식이 자연스럽게 구성되어야 하며, 이렇게 구성된 지식이어야만 삶의 맥락에서 유용성(Viability)을 지니는 지식이 된다는 것이다. 맥락에 의한 구성이란, 지식은 구체적인 삶의 맥락 속에서 구성되어야 참다운 지식이 되며, 지식의 구성은 곧 삶의 과정이 된다. 그러므로 지식의 구성은 인식론의 문제이기 이전에 존재론의 문제이며, 앎의 문제이기 이전에 삶의 문제라는 점이자 인간 존재의 본질임을 밝히고 있다. 이를 통해 읽기는 앎의 활동이며, 앎의 활동은 삶의 일부이거나 혹은 삶 그 자체라는 점을 강조하였다. 서종훈(2012:181) 역시 독서는 독자 자신의 실존적 삶에 대한 총체적 인식이며, 총체적 인식이란 결국 독자 자신의 삶에 대한 과거, 현재, 미래를 관철할 수 있는 힘이라 하였다.

그렇다고 텍스트에 대한 이해를 도외시하자는 것은 아니다. 오히려, 책을 통해 사실적 이해, 추론적 이해, 비판적 이해, 창의적 이해 등의 상위 인지 능력으로 나아가기 위해 독서 교육은 그 기초가 되는 내용을 충실히 다져 나가야 한다는 것을 의미한다. 이삼형(1998:248)에서 밝힌 바와 같이 사실적 이해, 추론적 이해, 비판적 이해 등은 이해의 수준을 나타내며, 추론적 이해는 사실적 이래를 바탕으로 이루어지며 비판적 이해는 추론적 이해를 바탕으로 이루어진다는 점을 생각해 보면 쉽게 수긍할 수 있을 것이다. 상위 이해 수준으로 나아가기 위해 바탕이 되는 이해가 충실하게 이루어져야 한다면, 독서 교육도 바탕이 되는 이해의 수준이 충실하게 이루어질 수 있도록 교육되어야 함을 의미한다. 더불어 텍스트에 대한 이해는 텍스트 중심 이해(text-based comprehension)에서 그쳐서는 안 되고, 독자 중심 이해(reader-based comprehension), 나아가 창의적 이해의 수준까지 도달할 수 있도록 해야 한다. 성장독서 교육에서의 이해 학습은 총체적이고 기능적(functional)이며 유의미한 학습을 강조한다.

또한 성장독서 교육은 의미 있고 재미있는 경험으로서의 독서 교육을 지향한다. 독서 교육에서 의미 있는 독서 경험이란, 언어 학습이 총체적이고 기능적이고, 의미가 있을 때 가장 효과적이라고 말하는 것(Brozo & Simpson, 1995:11을 이삼형, 2011:45에서 재인용)처럼 독서경험들이 학생 자신의 관심사나 생활과 관련된 내용들이어야 한다는 것이다. 이를 위해 학습자의 관심과 흥미, 필요와 목적, 배경지식과 삶의 경험을 바탕으로 텍스트에 학생 자신 나름의 의미를 부여하고 주체적인 사고를 구성할 수 있도록, 삶의 맥락으로서의 학습 환경 및 수업 장면을 제시하여 삶의 장면과 교실 수업의 상동성을 추구하는 것이다. 교육은 특정한 지식을 이해시키는 데 있는 것이 아니라 성장을 위한 경험의 장을 만드는 데 있다. 교육적 경험의 장을 마련하는 일은 어느 수준의 것이든지 간에 체계적으로 문제의식을 자극하고 고양하고 활성화하여 학생이 자신의 동기와 의지에 의해서 그 경험의 장을 스스로 주도할 수 있도록 돕는 일이다(이돈희, 1993:141). 이것은 이성영(2001:73)의 독해 지도와 독서 지도가 상동성을 회복할 때, 서로가 상승 작용을 일으켜서 삶의 과정으로서의 독서가 증가하고 또 그 과정에서 독해력이 증진된다는 의미와 상통한다.

이 외에도 성장독서 교육은 독서가 끝이 없는 과정이라는 사실, 즉 같은 글을 읽어도 읽는 때와 읽는 사람에 따라 그 깊이가 달라진다는 것, 책 읽기가 새로운 경험과 세계로 인도하는 것이면서 씹으면 씹을수록 새로운 맛이 난다는 것과 같은 독서만이 가지는 고유한 특징을 경험하는 데 주안점을 둔다. 이를 통해 독서(능력)는 매우 매력적이면서, 끝이 없어 보이는 인간의 성장 나아가 인간 성취의 하나라는 경험을 느끼고 깨달을 수 있도록 유도하는 것이다.

입체적인 읽기가 가능한 독자

이와 관련하여 김창원(2007)과 이성영(2011)의 논의는, 성장독서 교육의 기초가 되는 입체적 사고 나아가 텍스트와 독자의 상호 구성의 관계 혹은 공동 성장의 관계에 이론적 기초를 제공한다.

김창원(2007:182~183)은 읽기 능력의 구조를 평면적 사고가 아닌 입체적인 사고로 규정하며 읽기 능력의 구조를 밝히고 있다. 즉, 읽기 능력의 구조를 언어 능력, 지능, 지식, 읽기 기능으로 범주화한 논의(이성영, 1995)나 어휘·어법 능력, 사실적 사고 능력, 추론적 사고 능력, 비판적 사고 능력, 창의적 사고 능력으로 범주화한 교육과정평가원의 견해에 대해 재해석의 필요성을 제기하며, 이성영(1995)의 논의는 읽기 능력의 개념 범주를 지나치게 넓게 잡은 감이 있으며, 지능과 같은 것들은 읽기와 밀접하게 연관되기는 하지만 읽기 고유의 범주는 아니며, 읽기 지도를 염두에 둔다면 더구나 다루기에 애매한 범주라는 점을 강조하였다. 평가원의 견해 역시 읽기를 보는 시각을 확대하고 있으나, 읽기의 의사소통적 역동성을 담는 데에는 미흡하다는 점을 강조하였다.

이성영(2011)은 구성주의적 읽기 교육의 방향을 제시하며, 삶의 맥락에서 읽기를 강조하고 있다. 즉, 독자가 텍스트를 실마리로 삼아서 구성할 수 있는 의미는 매우 다양하며, 텍스트 이해의 다양성을 수평적 다양성과 수직적 다양성으로 범주화 하고 있다. 수평적 다양성은 하나의 텍스트가 서로 다른 여러 가지 뜻으로 읽힐 수 있는 가능성을 의미하며, 한 사람의 독자가 해당 텍스트의 의미를 여러 가지로 해석하는 경우보다는, 여러 명의 독자가 각자 자기 나름의 의미를 부여함으로써 발생하는 집합적인 수평적 다양성의 의미를 부각하였으며, 그 발생의 근거로 맥락(context)의 역할을 강조하였다. 텍스트 이해의 수직적 다양성은 텍스트의 '처리 깊이(Depth of processing)'와 관련이 있으며, 텍스트 층위, 메타-텍스트 층위, 독자 지향 층위의 세 가지로 구분하였다. 텍스트 층위의 이해가 텍스트 속으로 빠져들거나 몰입하는 읽기라면, 메타-텍스트 층위의 이해는 독자가 텍스트로부터 일정한 거리를 두고 물러나서 따져보는 읽기로 비판적으로 검토하는 읽기이다. 독자 지향 층위의 이해는 내면화하는 읽기로, 독자가 글을 읽으면서 생산한 여러 가지 사고를 재음미하고 또 자기 자신에 대해 반성적으로 돌아보는 것을 지칭한다. 그러므로 읽기는 텍스트의 지평과 독자의 지평이 만나서 서로 융합하는 과정이며, 이 융합의 과정 속에서 독자는 텍스트의 의미를 살찌워 나가고 독자 역시 그 텍스트를 통해 성장한다는 것이다.

성장독서 교육은 입체적 사고를 바탕으로 한 읽기 능력을 기반으로 텍스트와 독자의 융합 과정이 강조되는 '독자 지향 층위의 이해'를 지향한다. 이상형(2011:64)은 '독자 지향 층위의 이해'에서 텍스트와 독자는 공동 성장의 관계 혹은 상호 구성의 관계에 있으며, 독자 지향 층위는 바로 독자가 텍스트로 인하여 구성되고 성장되는 층위의 읽기를 의미한다는 점을 강조하고 있다. 이 논의는 텍스트 이해의 수직적 다양성을 고찰한 것으로 그 무게 중심이 '텍스트의 이해'에 놓여 있다. 성장독서 교육은 이 무게 중심을 '독자 지향 층위'로 이동하고 독자의 의미를 보다 확장하여 '성장독자'의 개념으로 정립하고자 한다.

지속적인 성장을 이루는 독자

성장독자란 대상을 피상적으로 보지 않고 깊이 있게 바라보며, 사물을 단순하게 보기보다는 깊이 있게 사고하고 언어적으로 아는 것에 그치기보다는 실제의 체험처럼 느끼는 독자를 말한다. 가령, 안도현의 시 '제비꽃'을 배우는 학생들은, 시의 의미를 언어적으로만 받아들이려 한다. 꽃의 다양한 모습을 머릿속에 재현(representation)하기보다는 언어적 사고력을 발달시키는 데 몰두한다. 이러한 현상은 제비꽃을 언어적으로 인식하게 만들고 학습이 언어로만 이루어지는 것처럼 바라보게 하는 기존의 기능 중심, 도구 중심적 독서관과 밀접한 연관이 있다. 그러나 학습은 언어로만 이루어지는 것이 아니다. 제비꽃에 대한 감각을 느끼고, 꽃을 심고 가꾸고 시드는 과정을 간접 체험으로 확장해야 한다. 나아가 삶 속에서 이러한 경험의 의미를 재해석 하고 이를 통해 자신의 삶이 더욱 깊어지는 경험을 할 때 진정한 독서가 이루어졌다고 할 수 있다. 또한 언제 어느 상황에서도 경험의 연속성을 바탕으로 자신을 스스로 성장시킬 수 있는 생애 독자를 지향한다. '성장독자'는 현재 자신의 모습을 책을 통해 고찰하고 반성할 수도 있지만 미래의 모습을 상상해 보고 그에 알맞은 독서를 통해 미래를 준비하고 스스로의 역량을 성장시키는 독자를 말한다. 성장이 '변화'의 개념을 포함하는 것이므로, 성장독자는 독서를 통해 나타나는 현재적인 관점에서의 변화도 중요하지만 미래

지향적인 변화를 강조한다.

우리가 사는 공간은 수평적인 X축과 수직적인 Y축 외에도 높이 혹은 깊이의 Z축이 존재하며, 이를 가리켜 우리는 3차원 공간이라 말한다. 우리가 사는 세상은 3차원 공간으로 그 속에 갇혀 우리는 삶을 영위한다. 우리가 주목해야 할 부분은 X, Y, Z축이라는 삶의 기본적인 공간이라기보다 시간의 개념이 포함된 T축이다. 시간의 측은 성장독서 교육을 통해 길러내야 할 성장독자의 주요 개념이자 성장독서 교육을 위한 필수 축이다. 성장독자는 이 축을 바탕으로 텍스트를 통해 과거에서 현재로 그리고 미래로의 자유로운 이동을 통해 자신의 현재적 모습을 과거와 대비하여 성찰할 수 있고 미래를 향해 나아갈 수 있다. 이러한 공간의 확장은 독자를 현재적 관점에서 더욱 성숙하게 만들기도 하지만 미래의 자신의 모습을 상상하게 만들어 자신을 더욱 성장시키는 원동력으로 작용한다.

성장독서 교육이 추구하는 것은 변화를 기본으로 하는 독자의 지속적 성장이며, 평생 독자로서의 완숙한 독서가가 될 수 있도록 돕는 것이다. 2009 개정 교육과정에서 천명한 바와 같이 독서는, '성공적인 독서 경험을 통해 독서가 개인의 성장 및 삶에 미치는 영향을 이해함으로써 평생 독자로서의 소양(p.75)'을 길러줄 필요가 있다. 독서가 읽기를 심화·발전시킨 과목임을 감안할 때, 성장독서 교육은 읽기 교육과 독서 교육의 기존 논의를 바탕으로, 텍스트 중심의 읽기 및 독서 교육에서 독자 중심, 나아가 독자 지향의 층위로 그 무게 중심을 확장시킨 것이라 할 수 있다.

시간의 축을 강조한 성장독서 교육은, 이성영(2001)에서 강조한 '맥락에 의한 지식의 구성'의 논의를 확장시킬 수 있다. 이성영(2001:68)은 실제적인 문제 상황에서 그것을 해결하기 위해 노력하는 과정에서 구성되는 지식이 진정한 지식이라는 점을 강조했다. 분명 이러한 논의는 반론의 여지가 없다. 다만, '가상적인 상황에서 도출된 지식' 역시 시간의 축을 중심으로 하는 성장의 관점에서 계속성을 지닌다면, 지식의 유용성 차원에서 중요한 의미를 지닐 수 있다. 가령, 실제의 삶과 연관되지 않더라도 독서를 통해 얻은 지식이 실제적 경험을 떠나 미래 사회를 대비할 기초 지식이 되고, 이 지식을 바탕으로 자신의 삶을 지속적으로 성장시킬 수 있다면 이러한 지식의 구성 역시 충분히 가치가 있는 것이다.

우리는 독서를 통해 다양한 상황에 필요한 모든 경험을 할 수 없다. 더불어 미래의 나에 대한 불확실성을 기존의 독서 교육으로 해소하기에는 현실적으로 불가능하며, 미래 사회를 준비하기 위한 모든 장면을 수업 장면 혹은 독서 상황에서 모두 구현하기란 현실적으로도 불가능하다. 이러한 상황에서 '가상적인 상황에서 도출된 지식'은 비록 진정한 지식이 아닐지라도 독자의 성장을 돕는 또 다른 역할을 담당할 수 있으며, 성장독서 교육을 위해 필요한 유의미한 지식이 될 수 있다.

독서는 효용론적으로 우리에게 많은 이익을 주어서 성공적인 삶을 살아가는 데 필요한 정보를 얻는 통로를 제공하기도 하지만, 성장독서는 한 사람의 삶의 양식을 결정짓는 경험 그 자체가 되는 것이다. 성장독서는 무엇을 위한 방편이 아니라 그 행위 자체가 우리의 삶의 가치와 의미를 결정짓게 하는 경험 그 자체이다.

그러므로 성장독서 교육은 독서 행위에 대한 의미와 가치를 독자 중심으로의 변화로 확장시켜 자기주도적인 완숙한 독자로의 성장을 돕는다는 점에서 기존 읽기 및 독서 교육을 한층 발전시킨 것이며, 그 의의를 한 단계 높인 것이라 할 수 있다.

GROWTH Reading HOW

GROWTH Reading		공통 프로세스	탐구형 (주제 탐구형 독서)	성찰형 (인성 독서)	소통형 (진로 독서)
G	Grasp (Grasp problem of life)	파악하기 (삶 속에서 문제 인식하기)	• 삶 속에서 문제 인식하기	• 삶 속에서 문제 인식하기	• 독서의 목적 인식하기
R	Relate (Relate reading experience)	관련짓기 (독서 경험과 연결하기)	• 문제 상황 명료화하기 • 가설 설정하기	• 독서 경험으로 문제 인식 명료화하기	• 독서 경험을 통해 문제 인식하기
O	Organize context	맥락화하기 (독서 맥락 구성하기)	• 텍스트 맥락화 • 독자의 맥락화	• 텍스트 맥락화 • 독자의 맥락화	• 주 텍스트와 소통하기 • 독자의 맥락화
W	Widen (Widen reading experience)	넓히기 (문제 해결하고 독서 경험 확장하기)	• 삶의 의미로 확장하기	• 덕목 찾기	• 가치화하기
T	Try (Try in life)	실천하기 (삶 속에서 실천하기)	• 다음 독서 계획하기	• 삶으로 나아가기	• 삶으로 나아가기
H	Head (Head for growth reader)	나아가기 (성장 독자로 나아가기)			

제 4 장

성장독서 교육의
원리와 방법

앞 장에서 우리는 성장의 본질이 무엇이며, 성장독서에 대한 개념부터 지향점인 성장독자, 평생 독자에 대해 살펴보았다. 또한 자신의 삶을 성장시키기 위해 독서 경험의 성장이 삶과 연결되며, 독서 경험이 삶으로 전이될 때, 독서를 통해 총체적 역량이 길러진다는 것을 알아보았다.

이번 장에서는 독서 경험의 성장 원리를 살펴보고자 한다. 시간과 공간의 요인을 활용하여 독서 경험이 어떻게 성장할 수 있는지를 확인하는 작업은 성장독서 경험의 원리를 이해하는 중요한 지점이 된다. 또한 이러한 원리를 바탕으로 독서 경험이 성장하기 위해서는 독자의 주체화가 왜, 필요한지 살펴볼 것이다. 다소 철학적인 내용을 바탕으로 하는 부분이라 내용이 난해할 수 있으나 학자들의 주장이나 철학적 흐름 등을 따라가다 보면, 성장독서 교육의 원리와 독자의 주체화가 선행되어야 하는 이유에 대해 명확히 이해할 수 있을 것이다. 나아가 이러한 논의들을 바탕으로 독자들이 자신들의 성장을 위해 어떻게 책을 읽어야 할 것인가라는 독서 방법론적인 측면을 살펴보고자 한다. 특히 성장독서 방법의 교육적 적용을 통해 독자들의 이해를 돕고자 한다.

성장독서 교육의 원리

독자의 독서 경험은, 독자의 삶을 토대로 성장한다. 우리의 삶은 시간과 공간의 축을 가지고 있으며, 이 속에서 독자의 성장은 독서 경험을 토대로 성장하는 것이다. 즉, 공간적 차원의 원리인 상호 작용의 원리와 시간성이 강조된 연속성의 원리가 결합되어 하나의 통일된 전체로서 삶, 나아가 독자의 독서 경험이 성장하는 것이다.

1. 상호 작용의 원리

상호 작용의 개념과 대상

상호 작용의 원리는 독자가 현재의 독서 상황에서 책과 상호 작용하며 독자의 독서 경험을 성장시키고 나아가 독자 자신을 성장시키는 것을 말한다. 즉, 독자는 책을 통해 독서 상황을 가능하게 하는 맥락, 나아가 사회·문화적 환경 등과 상호 작용을 한다. 이러한 상호작용의 원리를 이해하기 위해서는 우리가 살고 있는 세계에 대한 이해 그리고 독자, 텍스트, 독서 상황 및 맥락에 대한 관계를 이해할 필요가 있다.

먼저, 우리가 살고 있는 세계는, 사물의 세계가 아니리 사실의 세계, 사건의 세계이며, 이해를 통해서만 거주할 수 있는 세계(intelligible world)이다(Oakeshott, 1989:15). 이 세계 안에서는 어느 것 하나 고립된 채로 의미를 가질 수 없다. 의미를 갖는다는 것 자체가 이미 다른 것과의 관계, 나아가서 전체와의 관련을 전제로 한다(박주병, 2013:452).

독서의 경우도 이와 유사하다. Rosenblatt(1994)의 관점에서 볼 때, 읽기는 특정한 개인과 특정한 텍스트 간의 교류(transaction)에서 발생한다. 즉, 독자와 텍스트가 전체 상황의 측면에서 각각 다른 것에 의해서 조건화되고 조건 지우는 것을 의미한다. 따라서 내적이고 외적인 세계간의 경계는 없어지고, 교류를 통해서 의미가 환기된다고 할 수 있다.

우리가 독서 경험을 할 때, 책을 실마리로 해서 의미 경험, 활동 경험을 하거나 정서적 변화를 겪는다. 이때 독서 경험은 독자가 책과 상호 작용하며 겪는 경험이자 독자가 독서 상황에 작용하는 다양한 맥락을 통해 의미를 구성하고 자신이 처한 문제를 해결하는 삶의 과정이라 할 수 있다. 즉, 독자, 텍스트 그리고 독서 상황들 사이에서 상호 작용이 원활히 이루어질 때에 비로소 독자는 텍스트로부터 의미를 구성해낼 수 있는 것이다. 만약, 독자가 책과의 만남을 통해 독서 경험을 못했다고 하면, 이것은 무경험에 해당한다고 할 수 있다. 가령, 수업 시간의 독서 상황에서 일부 학생들은 교과서를 펴놓기만 하고 교사의 교수-학습과는 별개로 책을 읽지 않거나 부족한 잠을 보충할 수 있다. 이러한 경우는 어떠한 상호 작용도 일어나지 않은 것이다. 송도선(2009)에 따르면, 모든 환경이 우리의 경험 내용이 될 수 있는 것은 아니고, 우리가 그 사물에 가하는 능동성과 그것이 우리에게 영향을 주는 수동성이 서로 마주치는 경우에만, 즉 이 두 요소가 서로 결합되는 상황이 형성되는 경우에만 경험은 성립된다고 하였다.

　이때 경험과 관련하여 듀이(1916)의 의견에 주목할 필요가 있다. 듀이에 따르면, 경험이란 무엇보다 먼저 행하는 것(doing)에 관한 일이다. … (중략) … 유기체는 그것이 간단하든 복잡하든 간에 그 자신의 구조에 따라 주변 환경에 작용해 간다. 그 결과 환경에 발생한 변화는 다시 유기체와 그 활동에 반작용하게 된다. 생명체는 그 자신의 행동에 대한 결과를 겪고 당하는 것이다. 행하는 것(doing)과 당하는 것(suffering) 사이의 이런 밀접한 관계로 말미암아 소위 경험이라는 것이 형성된다. 연결되지 않는 행함이나 연결되지 않는 당함이란 둘 다 경험이 되지 못한다(Reconstruction in Philosophy, 1920:129). '경험으로 배운다.'는 것은 우리가 사물에 대해서 행하는 일과 그 결과 사물에 의해 받는 기쁨과 고통 등의 어떤 인상과 연결한다는 뜻이다. 이러한 상태에서 '행하는 것'은 '시도해 보는 것'으로서 실험을 하는 것이요, '겪는 것'은 '배우는 것' 즉 사물들 간의 인과 관계를 알게 된다는 것이다.

상호 작용의 조건과 요소

　독서 역시 독자가 독서 경험을 위해서는 우선적으로 책과 만나야 한다. 그러고 나서 독자는 독서 경험을 시작한다. 독서 경험은 '해 보는 것(trying)', '시도해 보는 것'일 수도 있고 상황에 따라서는 '겪는 것(undergoing)', '당하는 것(suffering)'일 수도 있다.

　가령, 수업 상황에서 대부분의 학생들은 전자보다는 후자에 가깝다. 이때 '사물에 의해 받는 기쁨과 고통 등의 어떤 인상'과 연결되지 않는 독서나 '사물들의 인과 관계를 알지 못하는' 독서는 둘 다 독서 경험이 되지 못한다. 우리가 "독서 경험을 통해 배운다."는 것은 '우리가 사물에 대해서 행하는 일과 그 결과 사물에 의해 받는 기쁨과 고통 등의 어떤 인상과 연결한다는 뜻'이며, '사물들 간의 인과 관계를 알게 된다는 것'이다. 그리고 이러한 관계의 유의미성은 독서 과정에서 일어나는 독자의 사고의 깊이나 넓이, 나아가 반성적 사고와의 연관성의 정도에 따라 독서 경험의 가치가 평가되는 것이다.

나아가 이러한 독서 경험이 성립되기 위해서는 세 가지 요건, 즉 독자와 책, 나아가 환경 혹은 맥락이 있어야 한다. 우선 일차적인 것은 독자와 책의 만남이다. 이 둘의 만남은, 현재라는 시간의 상황과 독서가 이루어지는 공간적 상황의 결합이라 할 수 있다. 학교에서는 수업 상황이지만 그 외의 학교생활 속에서 일어날 수 있는 다양한 독서 상황 혹은 일상생활에서의 겪게 되는 다양한 독서 상황을 가정해 볼 수도 있다.

이때 듀이가 말하는 '환경'의 개념을 독서 교육의 의미 구성과 관련되는 '맥락'과 관련하여 설명할 수 있다. 듀이는 '상황'에 대하여 '인간의 내부적 조건과 환경이라는 외부적 조건이 상호 작용하는 바로 그 사태나 장면을 특별히 상황'이라고 하였다. 또한 '환경'은 이러한 '상황'을 포함하여, '생명체 고유의 활동을 수행하는 데에 관련된 모든 조건의 총체'이자 '경험을 불러일으키는 데 있어서 개인의 필요, 욕망, 목적, 능력과 더불어 상호 작용하게 되는 모든 조건'일 수 있다.

이러한 진술을 기반으로 할 때, 독서 상황은, 독자와 책이 만나는 미시적이고 직접적인 차원의 특정 '상황'으로 설정할 수 있다. 이에 비해 '환경'은 독자의 의미 구성과 관련된 맥락으로 설정 가능하다.

그러므로 독자는 책과의 만남을 기반으로 환경 혹은 맥락 속에서 독서 경험을 하는 것이다. 이때 독자가 독서 경험을 하면서 의미를 생성한다는 측면을 강조한다면, '환경'은 Spivy(신헌재 외 역, 2004)의 미시적 차원의 상황 맥락과 사회 · 문화적 맥락을 포함하는 개념일 수도 있고, 삶을 강조한다면, 인간이 살아가면서 겪는 여러 문제 상황 나아가 삶에 영향을 직 · 간접적으로 미치는 모든 물리적 사회적 심리적 환경 등을 의미할 수도 있으며, 이를 보다 거시적이고 총체적인 차원의 개념으로 파악할 수 있다. 독서 교육에서 독자가 텍스트를 실마리로 해서 의미를 구성한다고 할 때, 맥락은 의미 구성과 직·간접적으로 관련된 개념이지만 '환경'은 이보다 거시적인, 인간과 환경 나아가 인간의 삶과 자연과 연관되는 개념이라 할 수 있다. 그러므로 듀이의 '상황', '환경'은 결국, 독서 경험에 영향을 주는 맥락과 그 의미가 상통한다고 할 수 있다.

맥락과 관련한 논의는 이성영(2003)을 주목할 필요가 있다. 이성영(2003)은 독서가 이루어지는 맥락을 크게 거시 맥락과 미시 맥락으로 나누고 있다. 거시 맥락은 독서 행위가 발생하는 데 직접 혹은 간접적으로 영향을 미치는 제반 사회적인 요인을 의미한다. 이에는 교사, 도서관 사서, 부모, 독서 전문가, 동료 등과 같은 인적 조건, 도서관이나 서점 및 매체 환경과 같은 물적 조건, 출판 관련 법령이나 입시제도 등과 같은 제도적 조건, 그리고 사회의 캠페인 등과 같은 사회 · 문화적 환경과 분위기 등이 포함된다. 이에 비해 미시 맥락이란 '지금 이곳에서' 책을 읽는 맥락을 뜻하는 것으로서, 책을 읽는 개인적인 필요나 목적, 동기나 태도, 시간이나 장소 등이 포함된다.

미시 맥락은 상황 맥락이라 할 수 있다. 김혜정(2009)은 맥락의 두 가지 층위가 읽기 교육에 작동된다고 설명하고 있다. 하나는 사회 · 문화적 맥락으로 사회 · 문화적이고 역사적인 층위의 맥락이다. Alexander, Schallert & Hare(1991)의 '방식(way)' 개념이나, Fish(1980)의 '해석 공동체(interpretative community)', Barthes(1954)의 해석의 '경향(la tendance)', Bartlett의 '사회적 스키마(social schema)' 개념들이 이에 속한다. 상황 맥락은 텍스트 읽기가 일어나게 되는 물리적·사회적 환경과 관련된 직접적인 맥락이다. 이때의 맥락은 행위가 일어나는 시간과 공간과 그 활동의 특성과 맥락에 포함되어 있는 사람 등을 포괄하는 개념이다.

이러한 상황 맥락이 독서 교육에 중요한 이유는, 삶으로서의 독서가 맥락을 떠나서 존재하지 않는다는 점 외에 독자들이 텍스트의 의미를 구성하는 데 작용하기 때문이다. 맥락화한 독서 교육은 자신에게 부여된 과제를 해결한다는 목적을 작동시킨다. 이는 교육적 독서활동을 주체적으로 만들어 주고 나아가 동기와 흥미를 불러일으킨다는 점에서 중요한 의미를 지닌다.

이러한 논의를 종합해 보면, 독서 교육에서 상호 작용의 원리란 독자가 독서 상황이라는 미시 맥락 속에서 텍스트와 직·간접적으로 상호 작용하는 것이며, 거시 맥락인 사회·문화적 맥락 혹은 환경 속에서 의미를 생성하거나 삶의 문제를 해결하고 성장해 가는 것이라 할 수 있다. 이러한 상호 작용의 원리를 통해 독자의 성장은 우리가 사는 공간, 즉 삶이라는 장소에서 이루어진다는 점에서는 독서 경험의 공간적 원리로 설정할 수 있다.

2. 연속성의 원리

연속성의 개념

상호 작용의 원리가 독자가 텍스트를 실마리로 해서 미시 맥락, 나아가 거시 맥락과 상호 작용을 통해 의미를 구성한다는 측면에서 의미 경험 혹은 활동 경험과 관련되는 것이라면, 연속성의 원리는 독서 경험 중, 동기나 독서 태도 등과 관련되는 정서적 경험이 부각된 원리라 하겠다. 또한 독서 경험이 습관화되어 성장이 지속적으로 이루어지는 시간성이 강조되는 원리라 하겠다.

이러한 원리를 이해하기 위해서는 듀이(1916)가 주장한 성장과 습관의 관계를 비롯해 여러 학자들이 주장하는 읽기 태도의 개념 및 특성 등을 살펴볼 필요가 있다.

듀이(1916)는 연속성의 원리를 설명하며, 성장이 일어났다는 것은 한 순간에 일어나는 것이 아님을 강조하고 있다. 성장은 '행위가 다음의 결과를 향해 누적되어 나가는 운동 과정'으로, '어느 순간에 완성되는 것이 아니라, 미래로의 끊임없는 전진'으로 습관이 매우 중요하다는 것이다. 습관은 '감정적 태도와 지적 태도를 포함하는 태도의 구조이며, 우리가 실생활에서 부딪치는 모든 상황에 대응해서 반응하는 기본적인 감수성과 방식까지도 포함하는 것'이며, '자아를 형성'하기도 하고, '의지'로 보기도 한다.

성공적인 독서 경험

성장독서 교육에서 중요한 것은, 듀이가 말하는 교육적 경험의 연속적 반복이 아닌 성공적인 독서 경험을 독자가 지속적으로 경험해야 한다는 점이다. 독자는 성공적인 독서 경험의 지속적 경험을 통해 긍정적인 읽기 태도를 형성하고, 독자는 이러한 독서 경험과 긍정적인 읽기 태도를 통해 성장을 지속하게 되는 것이다. 이러한 연속성의 원리는 매튜 효과(The Matthews Effect)*와도 관련된다.

이러한 개념들은 읽기 태도와 관련된다. 태도에 대한 개념적 정의로 가장 광범위하게 수용되는 것은 Allport(1935)의 정의이다. Allport는 태도를 '개인과 유관한 모든 사물이나 사태에 대한 그의 반응에 직접적 또는 역동적인 영향을 미치는 경험을 통해 형성된 정신적·신경적 준비 상태'로 규정하면서 세 가지 구성 요소 즉, 인지

* 매튜 효과(Matthews Effect)는 읽기의 빈익빈 부익부 현상을 설명하는 데에도 유용한 개념이다.

Stanovich(1986)는 능숙한 독자는 글을 잘 읽을 수 있기 때문에 읽기를 좋아해서 더 많이 읽게 되는데, 이렇게 많은 독서량은 어휘력을 길러주고 읽기 능력을 향상시킨다고 하였다. 반대로 미숙한 독자는 읽기에 어려움을 갖게 됨으로써 즐겨 읽지 못하게 되고, 이것이 다시 읽기 능력 계발에 걸림돌로 작용한다는 것이다(정혜승, 2006:385에서 재인용).

적 요소, 정의적 요소, 행위적 요소로 이루어져 있다고 밝히고 있다. 인지적 요소란 특정한 대상 또는 사건에 대한 신념, 사고 지각 등을 의미하며, 정의적 요소란 특정 대상 또는 사건에 대하여 느끼는 감정의 다양한 수준을 나타내며 강도가 매우 다양하다는 것이다. 행위적 요소란 특정한 대상에 대해 특정 방식으로 행동하려는 경향을 의미한다. 태도는 이와 같은 세 요소들이 서로 연관되어 일관성을 유지하는 방향으로 나아갈 때 비로소 형성된다고 하였다.

그러나 이러한 정의는 대상에 대한 감정과 판단, 평가를 포함하지 못한다는 문제를 안고 있다. 정혜승(2006)은 이러한 점을 부각하며, 읽기 태도란 '읽기를 대상으로 좋고 싫음의 평가를 내리고 그러한 평가에 따라 읽기 상황에 접근하거나 회피하는 등의 반응을 일관되게 산출하는 심리적 경향'으로 정의하고 있다. 이러한 정의를 바탕으로, 읽기에서 의도는 태도와 행동을 매개하는 역할을 수행하며, 읽기 태도는 교육의 목적이면서 결과이자 수단이라는 것이다. 특히 읽기 태도는 전이성을 지니고 있으며, 일단 형성되면 지속적이고 안정적으로 작용한다는 점이다. 또한 읽기 태도는 선천적으로 타고난 것이라기보다는 후천적인 학습에 의해 형성된다는 것이다. Alexander and Filler(1976) 역시 독서 태도에 대한 개념 규정이 이와 유사하다. 즉, 독서 태도란, 독서의 상황에서 학습자가 책을 읽을 것인가 말 것인가를 결정하게 하는, 독서와 관련된 감정의 체계라는 것이다. 그리고 이러한 태도는 오랜 기간에 걸쳐 형성되지만 한번 형성되면 잘 변하지 않는다는 것이다.

읽기 태도의 이러한 개념 정의와 특성은 성장독서 교육의 연속성의 원리에서 강조되는 정서적 경험의 속성이다. 즉, 정서적 경험이 의미 경험이나 활동 경험을 중재하며, 앎의 유효성을 통해 형성된 정서적 경험은 독자가 지속적으로 독서를 경험하게 하는 전이성의 역할을 할 수 있고, 나아가 독자 스스로 성장할 수 있는 자기 주도적인 독서를 가능하기 때문이다. 특히 읽기 태도의 연속성과 안정성 그리고 학습 가능성을 통해, 정서적 경험에서 강조하고 있는, 성공적인 독서 경험의 습관화가 중요하다는 점을 시사하고 있는 것이다.

긍정적인 독서 태도 및 동기

성공적인 독서 경험의 습관화는 긍정적인 독서 태도를 통해 형성 가능하다고 할 수 있으며, 연속성의 원리의 중핵적 개념이라 할 수 있다.

성장을 촉진하는 좋은 습관은 세 가지로 특징화할 수 있다. 첫째, 성장을 지속적으로 촉진하는 좋은 습관은 지성적 습관이다. 지성적 습관이란 지성에 의해 인도되고 제어된 합리적 습관이며, 반성적 사고를 동반한다는 점에서 반성적 습관이다. 둘째, 지속적인 성장을 가져오게 할 좋은 습관은 융통성 있는 습관이다. 모든 유기체와 그를 둘러싼 환경은 어느 한 순간에도 멈추지 않고 지속적으로 변화하므로 새로운 환경 변화에 민감하고 융통성 있게 대처하고 적응할 필요가 있다. 셋째, 인간의 지속적인 성장을 보장하는 좋은 습관은 상호 작용적 습관이다. 어떤 사람이 특정한 상황에 대처하는 방식은 그 개인에게만 속해 있는 순전한 개인적 방식이 아니라 다른 사람들과의 관계 속에서 형성된 사회적 습관이며, 이는 충동 및 지성뿐만 아니라 다른 습관과도 영향을 주고받는다는 것이다(이주한, 2003).

그러므로 책을 즐겨 읽는 학생들로 기르기 위해서는 독서에 대한 동기, 흥미, 신념 등과 같은 긍정적인 태도를 형성시켜 주는 것이 무엇보다 중요하다. 특히 동기야말로 지속적인 독서 경험을 가능하게 하는 요인일 수 있다. 긍정적인 읽기 태도와 높은 동기(motivation)는 읽기의 성공을 좌우하는 주요 변인으로 알려져 있다(Sperling & Head, 2002). 동기는 책을 읽는 목적이나 맥락화를 통해 독자의 독서 경험을 실제의 삶과 연결시킬 수 있다. 가령, 독서 이론과 관련한 서적이 있다고 하자. 독서 이론에 흥미나 관심이 없는 사람들에게는 이런 종류의 책들은 사용 가치가 거의 없다. 또한 억지로 읽는다고 할지라도 앎의 성장이나 삶의 성장이 일어나지 않는다. 이와는 달리 독서 교육과 관련하여 논문을 쓰고자 하는 사람에게 이 책들은 매우 흥미로운 자료이며, 책을 읽어야 하는 동기가 명확해진다. 동기는 성장의 지표이기도 한 유용성 혹은 지속 가능성과도 연결된다. 논문을 쓰는 사람은 독서 동기를 통해 유용한 의미를 구성해 나간다. 그리고 이것은 논문 쓰는 사람에게는 삶과 직결된다. 그 속에서 앎의 성장이 이루어진다.

또한 읽기 동기와 읽기 태도는 정적 상관관계를 갖는다. 읽기 동기의 긍정적 발달은 읽기 태도의 긍정적 발달을 이끈다고 볼 수 있다. 읽기 동기는 읽기의 선택과 수행에 대한 직접적인 이유를 설명하는 요인이며 읽기 태도는 읽기 자체에 대한 감정적인 반응을 유발함으로써 이를 지원해주는 간접적 요인이라 할 수 있다. 이들은 상호 발달의 정적 영향 관계에 놓여 있다. 가령, 읽기 태도는 긍정적인 읽기 동기를 형성하는데 주요한 기반이 되며, 읽기 수행이나 읽기와 관련한 대상에 대한 긍정적인 감정의 경향성은 읽기 동기의 긍정적 발달에 영향을 미친다(최숙기, 2010).

더불어 독서에 대한 긍정적인 태도를 형성하는 데에는 사회적 분위기, 텍스트 환경 등과 같은 외적 요인도 중요하지만 더 중요한 것은 실제 독서를 경험함으로써 그 즐거움과 유용성을 체감하는 것이다. 즐거움 혹은 유용성은 독서의 목적과 관련이 있으며, 이러한 목적이 앎에서 그치는 것이 아니라 삶 속에 적용하고 실천할 때, 긍정적인 정서적 경험으로 내면화될 수 있는 것이다.

이러한 독서에 대한 긍정적인 경험은 개인적인 독서를 통해서도 가능하지만, 학교 동료들이나 교사, 부모의 적절한 독서 안내를 통해서도 가능하다. 이렇게 형성된 독서에 대한 긍정적인 태도는 학생들에게 독서를 하도록 유도할 것이며, 이러한 독서 습관은 독서에 대한 긍정적인 태도를 더욱 강화할 뿐 아니라 의식하지 못하는 사이에 독서 능력도 길러 주게 될 것이다.

긍정적인 독서 태도를 통해 독서 능력과 독서 활동이 상호 상승 효과를 가져 올 것이며, 이렇게 길러진 독서 능력은 독서 활동을 다시 원활하게 이끌게 되고, 이는 다시 독서에 대한 긍정적인 태도를 강화하게 되어 독자의 지속적 성장을 돕는 기반이 될 것이다. 그리고 이러한 과정은 독서 경험의 성장 과정이며, 이는 곧 생애 독자, 평생 독자, 성장하는 독자로 나아가는 과정인 것이다.

독서 경험의 이러한 성장 과정은 학자들의 논의에서 재차 확인할 수 있다. 이성영(2003)에 따르면, 독서는 진화 혹은 발전하는 과정으로, 독서는 텍스트의 지평과 독자의 지평이 만나서 서로 융합하는 과정이다. 이 융합의 과정 속에서 독자는 텍스트의 의미를 살찌워 나가고 독자 역시 그 텍스트를 통해서 성장한다. 가령, 훌륭한 문학 작품일수록 이에 대한 비평은 풍부해진다. 또한 교육 현장에서 역시 이러한 문학 작품을 읽고 끊임없는 감상문과 작품에 대한 비평 등이 생산되고 있다. 이것은 결국 독서를 통해 해당 작품의 의미를 살찌워 가는 과정이며, 이 과정을 통해서 독자 역시 성장해 가는 것이다.

독자는 언제나 주체이고 텍스트는 언제나 객체의 역할만 하는 것은 아니다. 주체인 독자가 의미를 파악하고, 재구성하고, 추론하고, 비판하고, 대안을 마련하는 등의 객체인 텍스트를 주무르고 다루는 관계에만 있는 것이 아니라, 역으로 텍스트가 독자에게 영향을 미치고 독자를 성장시키고 변화시키는 역할을 수행하기도 하는 것이다. 곧 텍스트와 독자는 상호 성장의 관계 혹은 상호 구성의 관계에 있다. 또한 읽기는 독자 나름의 의미를 창조하는 과정이면서 동시에 주체를 창조하는 과정이다. 그리고 이러한 창조의 과정은 텍스트를 덮는 순간에 끝나는 것이 아니라 연속성을 지닌다. 책이 손을 떠난 이후에도 그것을 통한 창조적 경험은 남아 이후 지속적으로 삶 혹은 다른 독서와 상호 작용하면서 새롭게 변해하기 때문이다(이성영, 2006).

독서 경험의 연속적 성장 과정

독서 경험의 성장 과정이란 우선, 독자와 책의 만남이라는 공간적 상황이 전제가 된다. 그리고 이 속에서 독자는 어떤 동기를 가지고 책을 실마리로 삼아 의미를 구성한다. 이때 독자는 미시 맥락 나아가 사회·문화적 맥락 혹은 환경과 상호 작용하며 독서 경험을 성장시킨다. 또한 독자는 성공적인 독서 경험의 지속적 반복을 통해 긍정적인 태도가 형성되고 이를 기반으로 습관적인 독서가 가능해져 독서 경험의 지속적인 성장을 도모하게 된다.

독자의 성장에 작용하는 이러한 원리는, 시간과 공간 속에서 서로 분리될 수 없는 교차적 관계를 갖고 결합되어 있으면서 하나의 통일된 전체로서 독서 경험의 성장에 작용한다. 다시 말해, 이전의 성공적인 독서 경험이 이후의 독서 경험으로 이어진다는 '독서 경험의 연속성'은, 독서 경험의 종적인 측면을 형성한다고 볼 수 있고, 독서 경험이 빈 공간 속에서 단독으로 일어나는 것이 아닌 그 의미 구성 상 외부의 환경 혹은 맥락과 상호 작용한다는 측면에서, 상호 작용의 원리는 독서 경험의 횡적인 측면에 해당한다고 볼 수 있다. 다만, 이 두 가지 원리는 개념적으로 분리해 볼 수 있지만 실제적으로는 하나로 묶여있으면서 독서 경험의 성장 과정에 작용한다고 할 수 있다.

독서 경험은 시간적 차원과 상호 작용이라는 공간적 차원을 양대 축으로 하여 성장해 가는 것이다. 그리고 독자는 이러한 성장 원리를 통해 지속적으로 성장해 나아가는 것이다. 이 일련의 과정은 평면이나 수직의 차원을 넘어서 하나의 입체적인 구조를 이루는 것으로, 이를 종합하면 아래와 같이 나타낼 수 있을 것이다.

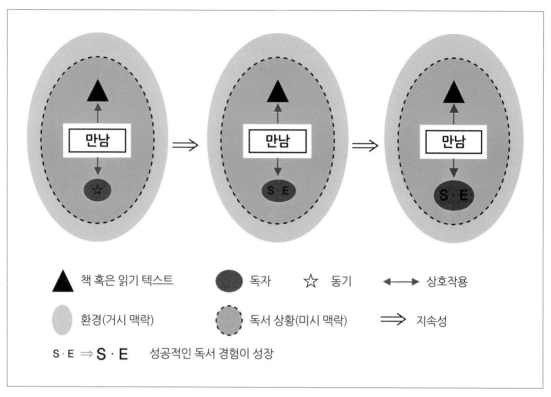

[독서 경험의 성장 과정]

3. 주체화의 원리

주체화의 개념

상호작용의 원리와 연속성의 원리만으로 독자의 성장을 기대하기는 어렵다. 독서 경험의 성장 나아가 독자의 성장을 위해서는 독자 스스로가 객체가 아닌 능동적인 주체로 변모해 가야 한다. 그 과정에서 독자는 객체인 텍스트를 다양한 맥락 속에서 이해함으로써 자신만의 해석 텍스트로 만들어야 한다. 이러한 과정을 통해 독자의 앎의 성장, 삶의 성장이 이루어지기 때문이다. 즉 상호작용의 원리와 연속성의 원리를 기반으로 독자는, 자신의 해석 텍스트를 만들기 위해 텍스트를 기저로 자신이 처해 있는 주변 맥락을 고려하면서 독자 자신에 대한 개념을 주체적으로 정립할 필요가 있다. 주체화의 원리는 객체인 독자가 지신의 삶에 대한 이해를 바탕으로 객체에서 주체로 변모하는 과정인 것이다. 특히 상호 작용을 통해 구성된 의미가 더 이상 텍스트 중심이 아니라 독자 중심으로 변모해 가는 과정이며, 책과의 관계 속에서 독자 스스로의 주체를 공고히 한다는 점에서 성장독서를 이해하기 위한 중핵적 원리인 것이다.

독자가 책과 만날 때 두 객체는 텍스트를 중심으로 의미가 구성된다. 그러나 독서 과정이 단순히 책에서 의미를 구성하는 과정이라기보다 그 의미를 자신의 경험을 통해 독자가 재구성하고 이를 사회적 실천의 행위로 나아가는 과정이라는 점에서 의미의 중심은 독자 쪽으로 확장된다. 이러한 점에서 독자의 주체성 확립은 선행되어야 할 필수 조건이다. 특히 읽기가 텍스트에 정적으로 존재하는 의미를 '발견'하는 인지적 과정으로만 존재한다기보다는 이를 바탕으로 사회 · 문화적 맥락 속에서 텍스트와 독자가 상호 작용하면서 새로운 의미를 구성하는 사회적 실천 행위라는 점에서, 그리고 그 속에서 앎과 삶의 성장을 도모한다는 점에서, 책과의 관계 속에서 독자 자신의 주체를 정립하는 과정은 그 의미가 크다 하겠다. 나아가 이것은 자신을 '필자-텍스트-독자' 속에서 스스로를 성장시키는 방법이라는 점에서도 의미가 크다.

주체화에 관한 논의: 듀이, 에코

독자의 주체화를 이해하기 위해서는 먼저, 인간의 주체성을 강조한 학자들의 기존 논의들을 살펴볼 필요가 있다. 이를 통해 텍스트의 의미가 텍스트에만 머물러 있는 것이 아니라 세계와 연결되어 있을 뿐만 아니라 그 의미를 해석하는 독자의 역할에 따라 텍스트에서 생성된 의미역이 텍스트 중심이 아닌 독자 중심으로 이행되는 것임을 이해할 수 있을 것이다.

대상과 주체와의 관계 속에서 주체 즉, 인간의 주체성을 강조한 학자들은 듀이, 움베르토 에코, 라캉, 훗설, 리쾨르 등을 들 수 있다.

먼저, 듀이와 움베르토 에코는 주체와 대상 간의 관계 속에서 주체의 능동적인 태도를 강조한다. 듀이는 주체와 대상이 양분되어 있다는 이원론적 가정에 이의를 제기하며, 주체와 대상 간의 관계 변화를 중시했다. 그는 인식의 주체와 대상의 관계가 따로 떨어져 있다가 언젠가 우연히 만나게 되는 그런 관계로 보지 않는다. 그에 따르면 대상은 주체에 의해서 성립되며, 주체는 대상에 의해서 비로소 주체가 되는 것이다. 따라서 무엇을 인식하는 일은, 단순히 주어져 있는 대상을 수동적으로 관찰하는 일이 아니라, 주체가 대상에 능동적으로 참여함으로써 이루어지는 일이라는 점을 강조했다.

움베르토 에코 역시 텍스트의 의미가 유의미한 것이 되기 위해서는 세계와의 관계, 그리고 주체와의 역동적인 관계를 중시했다. 그에 따르면, 병 속의 메시지 혹은 텍스트는 세계 내적 존재로서 비로소 제 의미를 갖는 것이지 메시지 자체로서는 큰 의미를 지니지 못하며, 병 속의 메시지는 영원한 객체가 아니고 또 그것이 내던져질 이 세계도 고립된 객체가 아니라는 것이다. 또한 그 메시지를 읽는 주체 역시 이 세계와 격리된 관조적인 존재가 아니라, 메시지를 읽으면서 세계를 구성하고, 그 세계의 내적 존재로서 메시지를 해독하며, 메시지와 세계를 연결하고, 그 자신도 그 연결의 축이 아니라 과정으로서 존재한다는 점을 강조했다. 또한 텍스트와 세계와 주체가 역동적으로 상호 영향을 주고받는 과정, 그리고 그러한 시간과 공간은 컨텍스트로 지칭하며, 그 속에서의 의미가 어느 것도 고정되어 있지 않다는 점을 확인시키고 있다.

주체화에 관한 논의: 라캉, 훗설, 리쾨르

라캉, 훗설, 리쾨르는, 객체인 텍스트를 독자가 자신의 해석 텍스트로 만드는 과정에서 독자 자신의 주체성 혹은 동질성이 어떻게 회복될 수 있는지에 대한 철학적 기반을 제공해 준다. 즉, 라캉은 인간의 주체성을 회복하는 방편으로 '나의 밖에 있는 타자(other)'를 강조한다. 이때 타자는 바흐찐 말처럼 '청자'로 그 의미를 국한하기보다는 나 속에 존재하는 '타자화된 나'의 개념으로 그 의미를 확장할 수 있다. 또한 훗설은 '지금(Jetzt)'이라는 형식의 개념을 의식의 흐름에 기반하여 해석함으로써 독서 경험이 결국 독자 자신의 성찰의 과정이자 주체화의 과정이라는 점을 이끌어내는 논리적 기반을 제공해 준다. 또한 리쾨르의 주장을 통해 텍스트의 해석이 결국 어떤 주체가 텍스트를 해석하면서 자기를 이해하는 과정임을 추론할 수 있다. 이러한 일련의 논의들은 독자가 텍스트와의 관계만이 아니라 '나 밖에 있는 타자'와의 대화 속에서 자신을 이해하고 결국 자신의 주체성을 회복하는 일련의 과정이다. 또한 뒷장에서 보다 자세히 설명하고자 하는 성장독서 방법론을 이해하는 기저 이론이라는 점에서 이들의 논의를 좀 더 자세히 볼 필요가 있다.

먼저, 자크 라캉(Jacques Lacan)은 '나의 밖에 있는 타자(Other)'에 의해 자신의 주체가 결정된다는 점을 강조한다. 이것은 전통적 자아관을 뛰어넘어 '나의 밖에 있는 타자(Other)에 의해 주체가 형성될 수 있다는 점을 강조하는 것으로, 독서 과정에서 독자의 위치 찾기에 대한 중요한 단서를 제공한다. 또한 라캉(1973)은 '나는 나의 외부에 있는 이 타자의 눈으로 사물을 본다.'는 점을 고려할 때, 독서 과정에서 독자는 필자가 해석한 세계의 결과물 즉 텍스트와의 관계만이 아니라 '나 밖에 있는 타자'와의 관계나 대화 속에서 자신의 주체를 형성할 수 있다는 논리가 성립된다. 즉, '타자'의 개념을 바흐찐의 말처럼, 담화장르 안에서의 화자와 청자의 관계 나아가 내 속에 있는 자아로 상정할 수 있는 것이다. 가령, 우리는 항상 타자와만 대화를 시도하는 것이 아니다. 나 스스로 나의 본질적 자아와 불일치되거나 내가 마음먹은 대로 무언가 되지 않을 때 나 스스로에게 질문을 던지곤 한다. 또한 '나' 혼자 '나'와 대화를 시도하기도 하며, 내 속에 있는 나의 본질에 대해 궁금해 하며 스스로에게 물음을 던지기도 한다. 이러한 점에서 '타자'의 개념은 '청자'로 국한하기보다는 '나' 속에 존재하는 '타자화된 나'의 개념으로도 그 의미가 확장될 수 있다. 이러한 점에서 라캉의 '나의 밖에 있는 타자'의 개념은 독자의 내면에 잠재되어 있는 자아라고도 할 수 있다.

두 번째, 훗설(E. Husser, 1966)은, 과거 지향과 반성(Reflexion) 또는 재생 (Reproduktion)을 통해서야 비로소 대상이 될 수 있음을 강조한다. 즉 불변하는 공동의 형식적 구조는 궁극적으로 '지금(Jetzt)'라는 형식이라는 것이다. 현재, 과거 그리고 미래의 의식 속에 존재하는 체험은 모두 '지금'이라는, 생생함을 보장하는 형식 속에서 주어지므로 시간의 경과에도 불구하고 동일성을 유지하며, 자신을 생생하게 파악할 수 있다고 하였다. 특히 의식은 체험들의 흐름(ein Strom von Erlebnissen) 즉, 다양한 체험들의 흐름으로 이루어져 있으며, 다양한, 이질적인 모든 체험들이 '나의 체험'으로 의식되어야 한다는 것이다. '나에게' 속한다는 의식을 통해 이 모든 체험들은 하나로 통일된다고 하였다. 또한 '지금'은 일종의 점(Punkt)으로 현재적 장(Proesenzfeld)이다. 방금 전에 있었던 인상에 대한 의식(과거지향, Retention), 그리고 곧 주어지게 될 인상에 대한 의식(선취, Pretention)이 항상 같이 주어진다. 지금 이 순간 주어지는 인상에 대한 의식, 방금 전에 있었던 인상에 대한 의식(과거지향)과 곧 주어지게 될 인상에 대한 의식(선취)이라는 세 개의 축은 '현재적 장'에서 불가분의 관계로 연결되어 있다. 의식의 이러한 속성으로 인하여 나는 지금 나의 의식에 없는 과거의 인상을 현재의 의식으로 재생(Reproduktion)할 수 있다. 과거 지향과 반성(Reflexion) 또는 재생(Reproduktion)을 통해서야 비로소 대상이 될 수 있는 것이다. 이것은 페퍼(Pepper)가 강조한 맥락주의의 특징 중, '지금'의 개념과 상통하는 것이다.

이러한 논의를 기반으로 할 때, 의식의 흐름 속에서 불변하는 형식의 '개념'과 '지금(Jetzt)'이 함의하는 의미를 통해 해석 텍스트의 생성 과정과 그 속에서 독자가 자신을 돌아보게 된다는 성찰의 과정을 설명할 수 있다. 가령, 독자는 책을 읽는 '지금'이라는 현재적 장에서 필자에 의해 해석된, 필자가 공유했던 과거의 경험인 텍스트를 통해 독자인 '나'는 과거와 미래가 포함된 현재의 관점에서 해석하는 것이다. 그리고 이러한 해석은 '현재적 장'에서 '방금 전에 있었던 인상에 대한 의식', 그리고 '곧 주어지게 될 인상'에 대한 의식과의 흐름 속에서 세계에 대한 자기만의 해석 텍스트를 구성해 갈 수 있게 된다. 그리고 이러한 과정을 통해 독자는 자신의 체험 혹은 경험을 생생하게 파악하며, 동질성을 유지할 수 있는 것이다. 이러한 과정에서 과거, 현재, 미래가 포함된 '지금(Jetzt)'이라는 시간 개념을 통해 독자는 성찰의 계기를 마련할 수 있다. 즉, 텍스트를 읽는 현재 존재하는 '나'는 현재에 존재할 뿐이지만 시간의 흐름 속에서 과거와 현재 그리고 미래의 시간을 포함하고 있다. 또한 현재에 존재하는 나는 과거에 있었던 나와 미래에 있을 나를 동일한 나로 인식하기 위해 그리고 현재 자신에 대한 동질성을 회복하기 위해서 스스로를 돌아볼 수 있는 계기를 만들 수 있고 이러한 계기를 통해 자신의 동질성을 확보하게 되는 것이다.

세 번째, 리쾨르(1986)를 통해 텍스트, 독자, 해석의 관계를 이해하는 데 결정적 단서를 얻을 수 있다. 리쾨르는 '남 같은 자기 자신(soi-même comme un autre)'이라는 명제를 내걸고 주체에 대한 새로운 이해를 시도하고 있다. 리쾨르가 말하는 이해란 자기 대 자기의 투명한 의식을 전제로 하는 이해가 아니라 말 이해, 텍스트 이해를 말한다. 세계를 인식하기 전에 나는 세계와 남, 말 속에 얽혀 있으며, 말로 얽힌 세계를 해석하고 이해함으로써 자기를 이해하고 세계를 이해한다. 그리고 자기 삶을 해석하면서 알게 되는 주체는 세상 속에, 존재 속에 자리 잡고 있는 주체다. 현실을 해석한다는 것은 자기 나름대로 뜻을 세워 삶의 뜻을 만들어 가는 것이다. 또한 리쾨르(1986)에 따르면, 텍스트를 읽는다는 것은 텍스트가 하는 말에 자기 말을 잇는 것이다. 텍스트의 해석은 어떤 주체가 텍스트를 해석하면서 자기를 해석함으로써 완성된다.

주체적 독서 과정

자기 이해라는 점에서 해석학은 반성철학과도 연결된다. 해석학적 반성, 반성적 해석학에서 '자기'의 구성과 '의미'의 구성은 동시적인 것이다. 텍스트는 작가가 할 말을 담고 있다. 그 말은 작가가 '여기, 지금' 미지의 독자에게 하고 싶은 말이다. 그러나 독자가 읽어주지 않으면 그 말은 허공에 떠있는 것이다. 해석하는 행위(독서 행위)를 통해 독자는 주체가 된다. 주체는 자기의 말과 삶을 갖고 텍스트의 뜻을 자기 나름대로 취하는 것이다.

그러므로 독자가 텍스트를 이해한다는 것은 '나'와 '타자화된 나'의 대화 과정이자 이를 통한 자기 이해의 과정이며, 세계를 이해하는 것이다. 또한 이것은 '여기, 지금' 있는 내가 텍스트를 해석하며 자기의 동질성을 회복하기 위해 성찰 혹은 반성의 계기를 마련하게 되고 이를 통해 독자 자신의 주체성이 완성되는 것이다. 그러므로 독자는 텍스트를 해석하는 것이 아니라 텍스트를 매개로 하여 자기의 삶 나아가 세계를 해석한다고 할 수 있다.

김한식(2003:100)에 따르면, 인간은 언어기호나 문화적 상징 또는 텍스트를 매개로 하여 자신의 경험을 표현하고 이해하며, 역으로 인간은 이러한 매개체의 '해석'을 통해 자신을 보다 잘 이해할 수 있다. 텍스트가 새로운 뜻을 만들어 내듯이 텍스트의 해석을 통해 새로운 자기 삶의 뜻을 만들어내는 것이다.

그러므로 독서 과정은 텍스트를 매개로 하여 자신의 독서 경험을 표현하고 이해하며, 자신의 삶을 만들어가는 자기 이해의 과정이라 할 수 있다. 또한 '필자-텍스트-독자'의 관계 속에서 그리고 독자가 구성하고 있는 '과거-현재-미래'라는 시간의 맥락 속에서 독자 즉, 주체의 동질성 회복이라는 관점에서 독서 과정을 재정립하는 것이라 할 수 있다. 그러므로 독서 과정이란 필자가 해석한 세계에 대한 이해의 결과물 즉, 필자의 해석 텍스트를 현재의 독자가 자신의 시간적 맥락을 고려하여 자신의 동질성을 회복하는 과정이자 세계에 대한 자기의 해석 텍스트를 만드는 과정이라 할 수 있다. 이러한 과정 속에서 독자는 자신의 주체성을 확립할 수 있으며, 자신의 독서 경험을 앎의 지평 나아가 삶의 지평으로 확장할 수 있는 것이다.

이것을 그림으로 나타내면 다음과 같다.

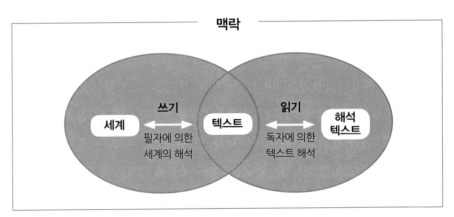

[해석 텍스트를 만드는 독서 과정]

성장독서 교육의 방법

    독자가 성공적인 독서 경험을 통해 성장하기 위해서는, 상호작용과 연속성의 원리를 이해함과 동시에 독자 스스로 자신의 해석 텍스트를 어떠한 방법으로 만들 것인가의 문제가 필수적인 요소이다.

    이번 장에서는 앞의 논의를 토대로 하여 독자가 자신의 주체성을 회복하고 자신의 독서 경험을 성장시키기 위해 무엇을 어떻게 할 것인가라는 독서 방법론을 구체적으로 살펴볼 것이다. 이를 위해서 먼저, 맥락주의 혹은 맥락에 대한 기존 논의를 참고하여 맥락화의 개념을 규정하고, 독자가 자신이 읽는 텍스트를 어떻게 맥락화할 수 있는지, 그리고 자신의 독서 경험을 맥락화하는 방법에는 어떠한 것들이 있는지를 살펴보고자 한다. 또한 반성적 사고의 정의를 개념화하고 독서 과정에서 반성적 사고의 과정을 교육적 사례를 통해 알아보고자 한다.

    이를 통해 독자들은 성장독서를 위한 방법론을 터득할 수 있으리라 기대해 본다.

방법1. 독자와 텍스트의 맥락화 ── 독자의 맥락화 ── 독서 경험의 맥락화
타자화된 나와의 대화

텍스트 맥락화

방법2. 반성적 사고 ────────── 반성적 사고 과정과 실례

1. 독자와 텍스트의 맥락화

독자는 독서 과정을 통해 자신의 해석 텍스트를 만든다. 그리고 이 과정에서 독자는, 시간의 흐름이라는 맥락 속에서 독자 자신을, 자신이 읽었던 그리고 읽게 될 텍스트 속에서 현재 의 독서 경험을 맥락화할 수 있다. 기존의 독서 경험을 통해 그리고 앞으로 있을 독서 경험을 고려하면서 현재의 텍스트를 맥락화하는 것이다.

독자는 독서 과정 중 주어진 하나의 텍스트를 읽을 수도 있지만 주어진 다른 텍스트와의 비교를 통해, 자신이 읽고 있는 현재 텍스트를 이해할 수 있다. 현재의 텍스트가 다른 현재의 텍스트에 의해 맥락화되는 것이다. 이러한 맥락화는 결국 독자의 삶이나 앎과 관련되며, 독자의 목적이나 흥미, 동기 등에 따라 맥락화의 정도는 달라질 수 있다.

맥락화는 인식의 상관성과 텍스트 간 상관성에 기초한다. 즉, 독자가 자기의 해석 텍스트를 만들면서 텍스트들을 다루는 기준이, 개인의 과거 독서 경험과 앞으로 읽게 될 독서 경험을 현재의 독서 경험에 견주어 해석하는 인식의 상관성과 텍스트들이 이미 가지고 있는 텍스트의 상관성에 기초한 구분이라 할 수 있다. 그러므로 전자는 '나'와 '타자화된 나'의 공유된 삶 속의 동질성 회복이라는 관계 속에서 독자 자신을 맥락화하는 방안이라면, 후자는 독자가 읽는 현재의 텍스트들 간의 관계 속에서 현재 텍스트를 또 다른 현재 텍스트로 맥락화하는 방안이다.

[독자의 맥락화 방안 두 가지]

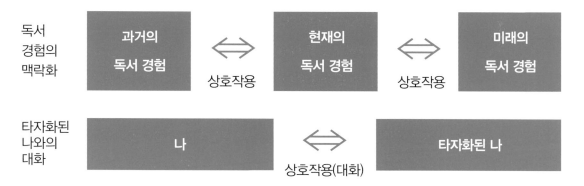

다만, 이러한 방법들을 이해하기 위해서는 맥락주의, 맥락 논의에 대한 기존 문제점, 맥락화에 대한 이해가 선행되어야 한다.

맥락주의, 맥락화

맥락주의와 맥락의 개념

페퍼(Pepper, 1961)는, 20세기 전후로 나타난 맥락 혹은 상황중심적인 철학 논의를 분석하여 이러한 종류의 입장을 총칭하여 '맥락주의(contextualism)'

라고 부르면서, 맥락주의를 뭉뚱그려 '역사적 사건(historic event)'이라 불렀다. 이때 '역사적'이라는 의미는 과거와 연결되어 있는 독특한 현재라는 의미를 대표하며, 과거를 현재에 재현하는 것이 아니라 새롭게 드러낸다는 의미를 말한다. 또한 '사건'이란 이 세상에 존재하는 것들이 고립되어 있을 때 일어나는 것이 아니라 서로 간에 맞닥뜨려졌을 때 일어나는 현상으로, 서로간의 만남과 어우러짐이 중요하다는 것이다. 그러므로 페퍼의 맥락주의에서는 어떤 사건이나 행위 등을 주어진 맥락에 따라 다르게 이해할 필요가 있으며, 그것을 해석하는 새로운 상황이나 맥락에서는 의미가 변화되거나 새로운 의미를 획득하게 된다.

페퍼가 주창한 맥락주의의 특징을 설명하기 위해서는 질(quality)과 결(texture)이라는 용어를 이해할 필요가 있다. 먼저, 질이란 사물과 인간이 얼기설기 섞여서 만들어내는 의미 혹은 맛이며, 결이란 이 맛을 내기 위해 사물이 배열된 특정한 패턴의 형식을 말한다. 즉, 질은 의미에 관한 것이라면 결은 질서적인 것이고 구조에 관한 것이다. 이때 질과 결은 의미와 문법에 거칠게 대응한다고 볼 수 있다.

페퍼는 맥락의 질과 결의 특성을 설명할 때, '퍼짐(spread)', '융해(fusion)', '변화(change)'로 설명한다. 즉, 맥락의 각 요소들이 섞이어 융해되면 맥락의 질이 형성되고 맥락의 결의 구석구석에 '퍼지게' 된다. 맥락의 질이 맥락 곳곳에 퍼진 상태에서 맥락은 다른 맥락을 만나게 되어 관계 맺기가 성공하면 즉시 융해, 퍼짐이 다시 이루어지면서 맥락의 질과 결은 새롭게 변모된다. 이러한 융해와 퍼짐의 과정은 기존의 맥락이 존속되는 한 무한히 되풀이된다. 이 퍼짐, 융해, 변화의 일련의 현상은 결 간의 관계 맺기로 바꾸어 말할 수 있다.

그러므로 맥락주의 관점에서 보면, '사건' 속의 '지금'이라는 것도 과거와 미래가 얼기설기 섞인 맥락의 질의 퍼짐을 흡입하는 순간을 뜻한다고 할 수 있다. 특히 질적으로 시간을 파악하는 것은 퍼짐현상을 끌어안고 시간을 파악하는 행위라 할 수 있다.

이러한 점을 고려할 때, 맥락주의에서의 '맥락'이란 인간의 지각 또는 행위가 서로 상호 작용하여 의미를 형성하게 되는 사건 또는 행위의 물리적·사회적·문화적인 배경 또는 환경적 요소로 개념화할 수 있다. 또한 맥락은 '연속성(continuity)'과 '상호침투성(interpenetration)'을 특징으로 하며, 이때 맥락은 사건 또한 행위 안에서 지식이나 기술과 통합되어 유의미한 형태인 '맥락의 질'로 존재하며 미래의 사건 또는 행위의 생성에 영향을 주는 것이다.

맥락주의에 대한 특성을 고려할 때, 교실의 독서 수업 상황이라는 현재는, 학생과 텍스트, 교사와 학생이 만나 어우러짐 혹은 상호 작용을 하는 것이며, 독자는 과거의 독서 경험을 현재의 독서 경험 속에서 재현하는 것이 아니라 현재의 텍스트와 상호 작용하며, 자신만의 해석 텍스트를 새롭게 드러내는 것이라 할 수 있다.

맥락주의에서 바라보는 맥락의 개념 외에 현재 맥락에 대한 기존의 논의를 살펴볼 필요가 있다. 이주섭(2001)에 따르면, '맥락'이란 '악명 높은 용어'로 불릴 만큼 그 개념을 명료화하는 것은 현실적으로 어렵다고 한다. 특히 학자들에 따라 자신의 논의를 강조하거나 주장하기 위해 맥락의 개념을 상황에 따라 조금씩 변형하여 사용하고 있다.

'맥락'을 국어교육 및 교육이라는 큰 틀에서 적용한 논의는 다양하다. 김슬옹(2009; 2010), 김재봉(2005; 2007), 김혜정(2009, 2011), 노은희(1993), 박수자(2011), 박정진·이형래(2009), 서울대 국어교육연구소(1999), 신명선(2013), 신호철(2012), 염은열(2011), 이도영(2011), 이재기(2005; 2006), 이주섭(2001), 임주탁(2013), 임천택(2007), 전제응(2011), 진선희(2009; 2011; 2013), 최인자(2006; 2008), 최창렬 외(1986), 한국교육공학회(2005), 한국초등교육학회(2011) 등에서 찾아볼 수 있다.

상황인지이론에 따르면 맥락을 인식의 주체가 어떤 대상 혹은 현상을 인식하여 해석할 때 해석의 바탕이 되는 것(박성일, 2005; Rogoff, 1984)으로 해석하고 있다. 또한 한국교육공학회(2005)에서는 상황학습에 대한 용어를 정리하면서 맥락이란 '인간의 활동이 의미를 갖는 사회적 상호 작용이 발생하는 곳으로서 개인이 속한 다양한 주위 환경(setting)'으로 정의를 내리고 있다. 그리고 주위 환경이란 사회 구성원들 사이에서 사회적이며 제도적으로 존재하는 것을 의미한다.

그러나 이러한 지속적인 논의에도 불구하고 독서 현실을 고려한 독서화 방안 및 맥락화 방법 면에서는 다양한 문제점을 드러나고 있다. 가령, '맥락에 대한 분분한 개념 정의만큼이나 교육적 실행 방안 또한 혼란스럽다.'(이도영, 2011)거나 맥락을 중시해야 한다는 당위적 선언적 진술만 있고 맥락을 중시하는 것이 어떻게 가능하며 어떤 의미를 지니는지는 알 수 없다.'(염은열, 2011)거나 '맥락이라는 교육 내용이 실행될 때의 교수 방법이나 지도 내용이 머릿속에 명확하게 떠오르지 않는다.'(김혜정, 2009) 등의 지적은 모두 맥락과 관련하여 교육 내용이나 방법이 구체적이지 못하여 실제 교육 현장에서 제대로 구현되지 못하고 있음을 방증하는 것이다. 또한 진선희(2009)는 '맥락'이 제대로 구현되기 위해서는 학습자 개개인의 삶의 맥락이 반영되는 교수 학습과 '언어 수행 과정에 대한 반성적 사고를 강조하는 교수-학습'이 필요함을 지적하고 있다.

이러한 논의를 고려할 때, 맥락화는 선언적 진술이 아닌 교육적 실행 방안으로서의 가능성과 구체적 방법으로서의 지도 내용이 실제 교육 현장에서 어떻게 적용될 수 있는지를 보여주어야 한다. 이를 위해서 먼저, 맥락에 대한 근본적인 논의부터 살펴볼 필요가 있는 것이다.

맥락화의 개념

맥락화된 읽기 혹은 맥락화된 독서 활동을 가장 범박하게 정의하자면, 학생이 읽을 텍스트에 상황 맥락을 제공하여 독서 활동의 동기를 이끌어내고 주체적인 독서 경험이 가능하도록 이끄는 것을 말한다. 다만, 이러한 개념 정의가 지나치게 학생의 활동 경험에 초점을 맞출 수밖에 없는 결론으로 도달할 우려가 있다. 특히 기존의 연구된 논의들과 차별화를 가지지 못하는 선언적 차원의 연구가 될, 다소 원론적이고 지극히 현실 수준의 상식적인 논의가 될 가능성이 다분하다. 가령, 상황적 맥락을 강조하는 논의들은 토론이나 토의의 사회적 상호 작용을 중시하는 독서 교육을 강조한 반면, 문학 독서 교육에서는 주로 거시적 맥락에 초점을 두고 이데올로기와 윤리에 대한 비판적 읽기를 중시한다. 그러나 전자의 경우, 소집단 토론, 토의 중심의 독서라는 다소 원론적이고 추상적인 논의로 단순화되어, 정작 학교 교실에는 어떤 맥락이 실제로 작용하고 있는지, 그 맥락을 어떻게 해석하고, 재구성할 수 있는지 하는 실질적인 논의는 부족한 경향이 있다. 특히 독서 경험에 작용하는 실제 맥락을 해석하고 설계하는 논의 역시 문학 토론, 북 클럽 활동 등 주로 텍스트나 토론 방식에 국한하여 연구되어 있다(최인자, 2006:168). 비록 2007년 국어과 교육 내용 체계표에 맥락이 한 축을 차지한 이래 국어교육학에서 맥락에 대한 논의는 활성화되었다. 특히 2011년 한국초등국어교육학회의 논의 주제가 '맥락'이었다. 그러나 여전히 맥락에 대한 연구는, 맥락의 개념을 선행 고찰한 뒤, 연구의 목적에 따라 그 모습을 달리할 뿐 여전히 난제로 남아 있다.

그럼에도 불구하고 맥락화에 대한 정의는 성장독서를 위해서는 중핵적인 개념이며, 이때 맥락과 맥락화를 구분할 필요가 있다. 가령, 독서 상황을 생각해 볼 수 있다. 독서 상황에서 맥락은 항상 관여하고 있다. 그러나 맥락이 관여하고 있다고 해서 독자가 자신의 독서 경험에 맥락을 직접 반영하는 것은 아니다. 반영 여부는 맥락화 과정의 유무에 달려 있다. 맥락 요소가 있다하더라도 독자가 맥락을 지각하지 못하면 이를 반영하지 못한다. 또 독자가 지각하였더라도 반영하지 않을 수도 있다.

맥락화는 맥락이 독자의 의미 구성 혹은 독자가 만들어 내는 자신의 해석 텍스트 구성에 실제로 영향을 미치면서 실현되는 과정을 말한다. 맥락이 관여 요소로 존재한다면, 맥락의 맥락화는 맥락이 독자에 의해 활성화되어 의미 구성이나 텍스트 구성 행위에 어떤 영향을 미치는 상태로 존재한다. '-화(化)'는 상태가 변하는 과정이나 그 결과를 말한다. 따라서 '맥락화'는 하나의 맥락이 독자의 의미 구성이나 자신의 해석 텍스트 구성에 '어떤' 영향을 미치는 맥락으로 변하거나 그 과정에 있는 상태를 뜻한다. 이러한 맥락화의 개념은 듀이가 말한 경험이 경험 자체로만 존재하는 것이 아니라 '교육적 경험'이 되기 위한 조건이기도 하다.

그러므로 읽기 상황 혹은 독서 상황에서의 맥락화란 교사가 학습자가 성장할 수 있도록 독서 상황의 구성 요소인 텍스트 혹은 독자를 맥락적으로 만드는 것이라고 할 수 있다. 이를 통해 텍스트는 객관적으로 존재하는 지식의 정전이 아니라 독자에 의해 해석된 텍스트가 될 수 있으며, 학습자 역시 텍스트와의 관계 속에서 자신의 삶 혹은 독서 경험이 투여된 존재로 맥락화될 수 있다.

맥락화는 단순한 상황 맥락을 제공해 주는 것이 아닌 삶 속에서 그 의미를 찾을 수 있고, 삶과 연관될 때, 독서 경험의 유용성을 지니는 것이다. 이러한 독서 경험의 과정을 통해서 교수-학습 상황에서 교사의 '무언가' 즉 맥락화는 책과 학생이 상호 작용할 수 있게 하는 독서 활동이며, 실재적 상황 혹은 삶과 연결 지을 때, '참된 독서 경험'이 될 수 있다.

독자의 맥락화

독자의 맥락화란 두 가지 의미를 지닌다. 첫째는, '나'의 현재 독서 경험은 기존 혹은 앞으로 있을 독서 경험에 맥락화된다는 것을 의미이다. 두 번째 의미는, 현재의 내가 '타자화된 나'에 의해 맥락화된다는 것이다. 이때 주의해야 할 점은, 맥락화의 초점이 텍스트에 있는 것이 아니라 독자의 과거, 현재, 미래의 독서 경험이나 독자 자신에게 있다는 점이다.

즉, 독자의 맥락화란, 독자 중심의 맥락화 방안으로 과거의 독서 경험이 현재의 독서 경험에 영향을 미치며, 현재의 독서의 경험은 미래의 독서 경험에 영향을 미친다는 것을 의미한다. 또한 나를 객관화시킨 존재인 내 속의 나 즉, '타자화된 나'에 의해 독자의 독서 경험이 맥락화된다는 것을 의미하는 것이다.

독자의 맥락화 첫 번째 의미: 독서 경험의 맥락화

첫 번째 의미로 독자의 맥락화란 독자가 독서를 경험할 때, 현재 읽고 있는 텍스트는 과거에 읽었던 텍스트 경험에 의해 맥락화되고, 현재의 독서 경험은 앞으로 읽게 될 독서 경험에 의해서 맥락화가 진행된다는 것이다. 특히 이러한 독서 경험은 현재를 중심으로 상호 작용을 한다는 것이다. 이것은 텍스트가 지니고 있는 속성에 기인하고 있다.

Peirce(1931-1958)는, 자신의 기호학 이론에서 대상(object)과 기호(sign), 마음(mind)의 상관관계를 밝히면서, 기호를 보고 마음속에 떠오른 대상을 기호가 가리키는 대상과의 관계를 상정하는 것이 해석이라는 점을 강조하였다. Witte(1992) 역시 이러한 논리에 기반 하여, 맥락과 텍스트의 상호 작용을 설명하고 있다. 이를 통해 텍스트와 텍스트, 텍스트와 맥락이 갖는 관계 양상을 드러내고 있다.

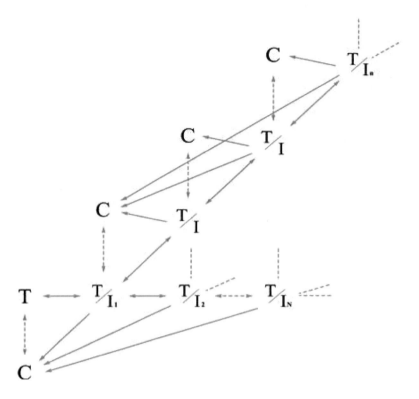

[맥락, 텍스트, 상호텍스트의 기호 현상(Witte, 1992)]

　　위 그림을 통해 다음과 같은 사실을 확인할 수 있다. 1) 텍스트와 맥락은 지속
적으로 상호 작용을 한다. 2) 현재 텍스트(T)와 영향 관계에 있는 텍스트들(I1,
I2, In)은 현재의 맥락(C)을 구성한다. 3) 현재 텍스트와 영향 관계에 있는 텍스트
들은 상호텍스트로서 존재한다. 4) 현재 시점에서 상호텍스트는 과거에는 텍스
트로서 존재하였으며, 현재 텍스트와 마찬가지로 맥락과 상호텍스트를 수반한
다. 5) 텍스트, 맥락, 상호텍스트는 일방적인 영향 관계에 있는 것이 아니라 상호
작용 관계에 있다.

이러한 논리는 현재의 독서 경험이 과거의 독서 경험을 통해 맥락화되고 앞으로 있을 독서 경험에 대해서는 맥락으로 작용된다는 점을 알게 해 준다. 자신의 현재 독서 경험을 떠올려 보면 이러한 논리를 쉽게 이해할 수 있다. 특히 습관화된 독서 경향은 이를 뒷받침해 준다. 학습자는 자신의 과거 독서 경험 중, 자신의 목적과 호기심에 부합했던 그리고 만족스러웠던 독서 경험을 떠올리며 책을 선정하고 선정된 책을 읽는다. 이때 선정된, 현재 읽고 있는 책은 과거에 읽었던 텍스트에 영향을 받은 것이며, 이때 과거에 있었던 텍스트는 현재 읽고 있는 책의 맥락으로 작용한다. 또한 이러한 독서 경험을 바탕으로 앞으로 선정하게 될 텍스트는 현재 읽었던 텍스트가 맥락으로 작용한다. 이러한 텍스트들은 상호 작용하면서 과거의 텍스트가 현재 텍스트의 맥락으로 현재 텍스트가 미래의 맥락이 작용하는 것이다.

그러므로 독서 상황에서 학습자는 현재 텍스트만을 가지고 텍스트의 의미를 구성하고 이를 통해 자기의 해석 텍스트를 구성해 가는 것이 아니다. 오히려 자신이 읽었던 과거의 독서 경험을 통해 그리고 앞으로 읽게 될 텍스트들과의 상호 작용 속에서 자신의 해석 텍스트를 만들어가는 것이다. 만약 텍스트 해석이 현재의 텍스트 자체의 해석에 그친다면 이는 온전(穩全)한 해석이라 할 수 없다. 현재 읽고 있는 텍스트가 현재의 영역에만 머물러 있기 때문이다. 현재 읽고 있는 텍스트에 대한 해석이 과거에 읽었던 텍스트들과, 미래에 읽게 될 텍스트의 상호 작용 속에서 현재 텍스트에 대한 해석이 수반될 때 온전한 해석이라고 할 수 있다. 그리고 이러한 해석이라야 자기의 해석 텍스트를 만들면서 자기를 이해하고, 세계를 이해하는 것이며, 이를 통해 독자는 자기 삶의 뜻을 만들어내는 것이다. 그리고 이 속에서 독자는 세상 속에 존재하는 주체로 자리매김하게 되는 것이다. 이돈희(2004)에 따르면, 목표는 주체의 것이지 객체의 것일 수가 없다. 우리는 목표, 특히 성장의 목표 그것을 외부에서 강요 혹은 회유(懷柔)하면서 그 주체에 대하여 인간적 존엄과 가치를 이야기할 수는 없다. 사실상 인간 사회가 공유하는 것은 구체적 개인들이 가지는 목표가 아니라 '삶의 방법적 원리'이다. 물론 추상적인 수준에서 개체들이 추구하는 목표들의 공통된 특징은 생각할 수 있다. 그러나 성장의 구체적 목표와 방향을 외부의 힘에 의해서 결정당할 때 그 성장은 주체의 성장이 아니며 그 주체에 아무런 의미도 없는 것이다.

이러한 점을 고려할 때, 독자가 과거에 읽었던 독서 경험과 앞으로 있을 독서 경험이 현재 텍스트의 의미 구성에 매우 중요한 역할을 하고 있다는 것을 알 수 있다.

학생들이 수업 시간에 경험하는 독서 경험을 통해 맥락화 방안을 생각해 볼 수 있다. 수업 시간에 학생들은 자신에게 주어진 현재 텍스트의 의미를 파악하기 위해 골몰한다. 그리고 자신이 해석해 내지 못한 텍스트를 원망하거나 교사의 교수법을 탓한다. 학생들은 이러한 부정적 인식에서 벗어나야 한다. 오히려 학생 스스로 자신들의 과거 독서 경험을 활성화시킬 방안을 마련해야 한다. 또한 교사는 학생들이 성공적인 독서 경험을 할 수 있도록 학생 개개인이 경험했던 독서 경험을 활성화시켜야 한다. 그리고 활성화된 과거의 독서 경험과 현재 텍스트의 독서 경험을 연결시켜 앞으로 읽을 책들에 대한 계획을 세우고 이를 실천에 옮길 수 있도록 노력해야 한다.

듀이(Dewey, 1916)는 학생들이 자신의 행위 수행에 대한 비판과 피드백을 통하여 스스로의 한계와 잠재력을 이해할 수 있도록 할 책임을 교사와 성인들에게 부여하고 있다. 그러나 이것이 교육에서 학생 스스로의 책임과 참여를 경시한다는 의미는 아니다. 오히려 듀이는 학습은 학생이 자신을 위해서 스스로 행해야 하는 것이고, 기본적 책임은 학생에게 있기 때문에, 학습을 위한 에너지가 학생으로부

터 나오지 않는다면 교사의 안내, 지도와 인도는 불가능하다고 본다,

이러한 맥락화는 현행 교과서 체제를 통해서도 확인할 수 있다. 즉, 현행 교과서의 체제는 대부분 '준비 학습 - 주(主)텍스트 - 학습 활동'으로 구성되어 있다. 이때 준비 학습은 주 텍스트를 학습하기 위한 동기 부여 혹은 흥미 유발의 역할을 하며, 학습 활동의 또 다른 텍스트는 텍스트에 대한 이해를 보충ㆍ심화하는 역할을 한다. 이러한 교과서 체제에 따라 학생들은, 준비 학습을 통해 학습 동기를 유발하고, 유발된 동기나 사전 이해를 바탕으로 주 텍스트를 이해하게 된다. 또한 주 텍스트를 학습 활동에 제시된 또 다른 텍스트를 통해 자신의 이해를 보충ㆍ심화할 수 있다. 다만, 주의해야 할 점은, 현행 교과서에 제시된 텍스트들이 현재 학생들의 독서 경험을 자신들의 과거 독서 경험으로 맥락화하기에는 다소 미흡하다는 점이다. 가령, 현행 고등학교 1학년 교과서에 황지우의 '너를 기다리는 동안'이라는 작품이 실려 있다. 이 작품이 실려 있는 이유는, 서정 갈래의 이해라는 학습 목표를 달성하기 위해서다. 이러한 학습 목표를 이해시키기 위해, 준비 학습에는 푸른 바다 위에 아름답지만 외로운 섬이 하나 놓여 있고, 정현종의 '섬'이 실려 있다. 학생들은 정현종의 '섬'이 실려 있는 사진을 보며, 주 텍스트인 황지우의 '너를 기다리는 동안'이라는 시에 대한 맥락화를 시도해야 한다. 그러나 정현종의 '섬'은 학생들이 또 다시 학습해야 할, 시로 작용하지 학생들의 과거 독서 경험을 맥락화하기에는 부족한 면이 있다. 오히려 현재 중학교 3학년 국어 수업 시간에 배운, 황동규의 '즐거운 편지'의 일부분을 제시하여 학습 목표를 실현시키는 것이 더 적절하다. 특히 황동규의 시는 학생들의 과거 독서 경험이자 학생들이 경험해야 할 황지우의 '너를 기다리는 동안'이라는 시와 문학 갈래가 동일하며, 내용상으로도 유사하기 때문이다.

독자의 맥락화 두 번째 의미: 타자화된 나와의 대화

두 번째 의미는 독자의 의식에 초점이 맞춰진 맥락화 방안으로, 이것은 현재 텍스트를 읽고 있는 '나'와 내 속에 존재하는 '타자화된 나'와의 대화를 전제로 한다. 독자는 현재 읽고 있는 텍스트의 의미를 구성하기 위해 현재 텍스트를 구심점으로 하여, '타자화된 나'와의 대화를 시도한다.

현재 텍스트를 구심점으로 한다는 것은, 자신이 구성하게 될 해석 텍스트가 과거에 읽었던, 미래에 읽을 책들과의 관계 속에서 현재 읽고 있는 텍스트가 의미 구성의 중심에 놓인다는 점이다. 가령, 구심점으로 한다는 것의 의미는, 의미 구성의 중심이 원(原)텍스트에 놓여있다는 것을 의미한다. 그러나 구심점은 다시 원심점의 전제가 된다. 즉, 독자는 원(原)텍스트의 의미 구성에서 벗어나 여러 맥락과 상호 작용 하며 원(原)텍스트를 해체하고 자신의 해석 텍스트를 만드는 데로 나아간다. 그리고 이 과정을 통해 자기의 삶에 대한 이해를 도모하게 된다. 선주원(2002)에 따르면, 바흐찐은 언표 수행 행위 상황에서 언어를 사용하는 나의 가치 평가적 악센트를 '원심적' 언어와 '구심적' 언어의 개념을 통해 설명한다. 구심적 언어는 어느 한 중심을 향하여 지향되어 있는 언어를 말하며, '원심적' 언어는 그것이 속해 있는 중심을 벗어나 그 범위를 확장시키고자 하는 것을 말한다. 이때 언어가 가지고 있는 다원적이고 상대적인 특징을 강조하며, 중심화와 통일화를 해체하는 동시에 언어의 역동적인 생성과 발전에 큰 관심을 보인다고 한다.

'타자화된 나'와의 '대화(dialogic)'는 일방향의 소통이 아니라 불일치와 공존이 동시에 존재하는 역동적인 상태다. 왜냐하면 '나'에게 주어진 텍스트는 여전히 낯선 대상이기 때문이다. 그러므로 '나'는 자신이 과거에 읽었던 텍스트를 통해 형성된 독서 경험이나 읽게 될 텍스트를 감안하여 '타자화된 나'와의 대화 속에서 주어진 텍스트를 이해하고 해석해야 한다. 이러한 과정을 거쳐 낯선 텍스트는 자신의 맥락 속에서 익숙한 텍스트로 변모한다.

학습 상황에서 독자는 자신이 스스로 선택한 텍스트를 읽는 것이 아니라 주어진 텍스트를 읽는다. 이때 주어진 텍스트는 자신의 삶과 근접해 있는 텍스트가 아니라 새로운 내용을 담고 있는, 필자가 세계를 해석해서 생산한 텍스트이다. 이러한 텍스트를 읽으며, 독자는 자신의 삶에 비추어 '타자화된 나'와 지속적으로 대화하며, 텍스트의 의미를 구성하고 자신의 해석 텍스트를 만들어 간다.

이때 다양한 맥락 속에서 의미를 구성하는 과정은 다소 혼돈스러울 수 있다. 사회 인지 이론에 따르면, 학습의 주요 기제는 낯선 내용을 낯익은 내용으로 받아들이기 위해 인지적 혼란을 느낄 때라고 한다. 그 혼란과 갈등은 학습에 순기능적이며, 특히 이 과정을 통해 자신의 맥락을 확대할 수 있다는 것이다. 그러므로 독서 상황에서 학습자는 오히려 낯선 텍스트를 접할 때, '타자화된 나'와 끊임없이 소통하며 자신의 해석 텍스트를 만들어야 한다. 가령, '타자화된 나'에게 텍스트의 의미를 물으며 대화를 시작할 수 있다. 이렇게 뜻을 묻는다는 것은 사물이나 현실에 그냥 빠져들지 않고 거리를 두어 일단 빠져 나오는 것이다. 눈에 보이는 감각의 세계에서 눈에 보이지 않는 세계로 들어가는 것이다. 그렇게 해서 사람은 수동적 상태에서 능동적 상태의 주체가 된다. 뜻을 따진다는 것 자체가 능동적 행위이기 때문이다. 이것은 메타-텍스트 층위나 독자 지향 이해 층위와 맥락을 같이 한다.

소통은 '타자화된 나'와 '나'의 반응을 전제로 한다. 바흐찐에 따르면, '반응이야말로 이해의 토대를 창조하고 능동적이고 직접적인 이해의 토대를 준비하는 존재이다. 대화에 가장 기초적인 것은 윤리적인 책임성으로 이것을 바탕으로 하여 인간은 대화에 참여한다. 바흐찐이 말하는 윤리는 '책임성'을 뜻하는데, 이 책임성이라는 것 또한 법적인 책임이 아니라 타자의 삶에 적극적으로 반응하고 대답해야 하는 윤리적인 책임을 뜻하는 것이다. 그러므로 이해는 반응 속에서가 아니면 완성될 수 없다. 이해와 반응은 변증법적으로 뒤섞이며 서로가 서로를 제약한다. 둘 중 어느 한 쪽도 상대편 없이는 존재할 수 없는 것이라고 한다. 그러므로 뜻을 따져 묻거나 그 물음에 자문자답하는 반응을 통해 이해의 토대를 마련할 수 있다.

그러므로 학생은 텍스트를 읽고 독서 활동을 할 때, 현재 읽고 있는 텍스트의 의미를 스스로에게 따져 묻거나 자신이 만든 질문에 스스로 답을 찾는 독서 활동을 통해 '타자화된 자신'과 지속적으로 소통해야 한다. 또한 교사는 이러한 활동 경험을 학생이 스스로 할 수 있도록 경험의 장을 만들어 주거나 이러한 활동을 학생들에게 직접 시범을 보임으로써 학생들의 이러한 독서 경험을 장려해야 한다.

독자의 맥락화 방안의 두 가지 의미를 아래와 같이 표현할 수 있다.

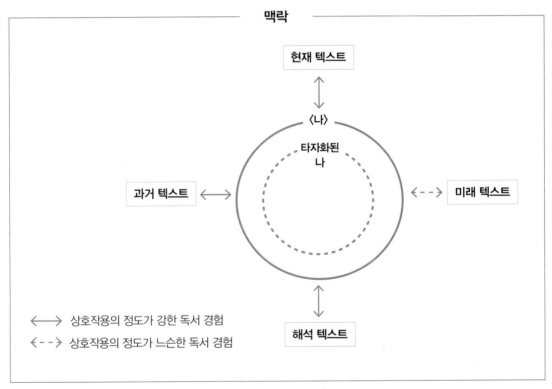

[독자의 맥락화]

텍스트 맥락화

텍스트 맥락화의 개념

텍스트 맥락화란, 텍스트A로 텍스트B를 이해하고, 다시 텍스트B로 텍스트A을 이해하면서 자신의 해석 텍스트를 만드는 것이다.

독자는 독서 과정 중 주어진 하나의 텍스트를 읽을 수도 있지만 다른 텍스트와의 비교를 통해, 자신이 읽고 있는 현재 텍스트를 이해할 수 있다. 현재의 텍스트가 다른 현재의 텍스트에 의해 맥락화되는 것이다. 이것을 텍스트에 의한 텍스트 맥락화라 한다. 이때 두 텍스트는 독자를 중심으로 상호 작용의 영향 관계에 놓인다. 독자인 '나'는 현재 텍스트A, 현재 텍스트B와 상호 작용하며, 해석 텍스트를 만들고 해석 텍스트는 다시 '나'를 중심으로 현재 텍스트들과 상호 작용하는 것이다.

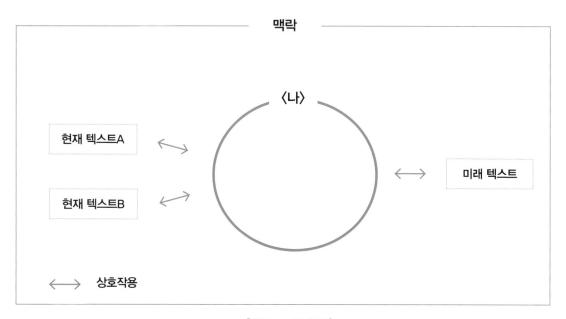

[텍스트 맥락화]

텍스트 맥락화는 현재 학생들의 학교 내 수업 상황에서 활용할 수 있다. 현행 교과서의 학습 활동 체계를 보면, 텍스트에 대한 이해를 도모하기 위해 여러 단계의 학습 활동이 구안된다. 이때 반드시 들어가는 활동 단계는 보충·심화(또는 내용·목표 활동 이하 동일)의 단계이다. 그리고 보충·심화의 단계에서는 주(主)텍스트를 이해하기 위해 또 다른 텍스트가 제시된다. 문학과 비문학을 구분할 필요 없이 모든 텍스트에 한결같이 등장한다. 가령, 부 텍스트가 소설의 일부분일 수도 있고, 한 편의 시일 수도 있으며, 짧막한 비평문이나 비문학 지문일 수도 있다. 주로 주 텍스트가 어떤 글이냐에 따라 부 텍스트는 결정된다 할 수 있다.

이때 교사는 텍스트에 대한 학생들의 이해를 도모하고 의미를 구성할 수 있도록 주 텍스트 읽기에만 집착해서는 안 된다. 교사는 학생들의 성공적인 독서 경험을 위해 교과서의 텍스트를 부 텍스트에 맥락화하거나, 반대로 부 텍스트를 주 텍스트에 맥락화해야 한다. 가령, 황지우의 '너를 기다리는 동안'이라는 주 텍스트가 주어지고, 부 텍스트로 김소월의 '가는 길'이 학습 활동에 존재한다고 가정해 보자. 교사는 '너를 기다리는 동안'이라는 시의 내용을 학생이 파악할 수 있도록 그리고 시에서 파악할 수 있는 주된 정조를 학생들이 느낄 수 있도록 수업 상황을 조건화할 것이다. 만약, 학생들이 파악한 '너'의 의미가 사랑하는 연인이라면, 교사는 연인을 기다리는 설렘과 안타까움 등을 학생들이 느낄 수 있도록 학생의 감정을 유발할 수 있다. 그러나 학생들은 교사의 의도대로 따라주지 않을 수 있다. 이때 교사는 부 텍스트인 김소월의 '가는 길'에 대한 감상을 통해 사랑하는 사람과의 이별의 아련함을 학생들이 느낄 수 있도록 맥락화할 것이다. 이를 통해 학생들은 주 텍스트의 주된 정조인 사랑하는 사람에 대한 간절한 기다림과 부 텍스트의 주된 정조인 이별의 안타까움을 느낄 수 있다.

텍스트 간 맥락화는 두 텍스트 간의 단순한 기법적 차원의 비교를 넘어 독자의 삶 속에서 맥락화되어 자신의 모습을 되돌아보며, 자기 이해의 차원으로 확장될 수 있다. 가령, 최인훈의『소설가 구보씨의 一日』과 박태원의『소설가 구보씨의 一日』을 엮어 읽는다고 할 때, 이 두 작품이 공유하고 있는 순환 구조라는 서사 구조에 초점을 맞추어 두 작품을 비교한다. 그리고 두 텍스트 간의 패러디적 관계를 통해 작품을 이해하고 감상한다. 그러나 텍스트에 의한 상호 맥락화는 패러디적 관계의 차원을 넘어 선다. 즉, 구보의 의식 실천이 자기반영성으로서의 글쓰기 방식이며, 구보의 의식 실천은 그 나름의 사회적 실천 행위라는 점을 고려하여 독자 스스로 현재 자신의 모습을 되돌아보게 한다. 결국, 텍스트 간 맥락화가 독자의 삶 속에서 다시 맥락화되는 것이다. 특히 필자에게 의해 생산된 텍스트가 필자의 삶 혹은 세계에 대한 해석의 결과를 표현한 결과물이라는 점에서 맥락화의 과정은, 해석의 결과인 텍스트를 통해서 다시 삶과 세계를 재해석하는 과정이다. 즉 독자는 텍스트를 해석하는 것이 아니라 텍스트를 매개로 해서 삶과 세계를 해석한다. 이를 통해 독자는 독서 주체자로 거듭난다. 이 과정에서 독자는 인지적 경험뿐 아니라 활동 경험, 나아가 정서적 경험을 통해 성장한다. 이를 통해 자신에 대한 이해 나아가 자신의 삶을 주체적으로 해석하고 주체적으로 독서 하는 능동적인 주체 독자로 나아갈 수 있을 것이다.

그러므로 텍스트 맥락화는 텍스트 이해에 충분조건은 아니라 하더라도 필요조건인 경우가 비일비재한 것이다. 텍스트를 이해하고 텍스트를 실마리로 의미를 구성할 때, 보다 심층적인 이해가 가능하도록 하는 것이 텍스트 간 상호 맥락화이기 때문이다. 이러한 논리는 당위성 차원이기보다 현실적 차원에서 그 의미가 부각된다.

텍스트 맥락화를 위한 전제 조건 1, 2

텍스트 맥락화를 위해서는 두 가지 전제 조건이 필요하다. 첫 번째 전제 조건은 반드시 복수 텍스트가 제공되어야 한다. 두 번째 조건은 두 텍스트 간 상관성이 존재해야 한다.

먼저, 첫 번째 전제 조건에 대해 생각해 볼 필요가 있다. 왜냐하면 텍스트에 의한 텍스트 맥락화라는 진술 속에는 왜 복수 텍스트가 필요한가라는 문제와 복수 텍스트를 어떻게 읽을 것인가라는 논제를 함의하기 때문이다.

조건 1: 복수 텍스트의 필요성과 독서 방법

복수 텍스트가 왜, 필요할까? 텍스트를 실마리로 한 독서 경험의 성장은 해석 텍스트를 통해 이루어진다. 해석 텍스트를 만들기 위해서는 하나의 텍스트보다는 복수 텍스트가 효과적일 수 있다. 하나의 텍스트로 의미를 인식하지 못할 경우, 다른 텍스트를 통해 의미를 구성하고 이를 바탕으로 해석 텍스트를 만들 수 있기 때문이다. 또한 하나의 관점만으로는 양질의 해석 텍스트 구성이 어려울 수 있다. 그러므로 양질의 해석 텍스트를 구성하기 위해서는 관련된 다른 텍스트들을 활용하여야 한다. 특히 학생들이 구성하는 해석 텍스트의 질은 자신들이 관심을 갖고 있는 화제나 주제에 대해 주체적으로 접근할 때, 해석 텍스트의 질이 높아진다. 이러한 점을 고려할 때, 학생들의 선택적 독서를 가능하게 하는 복수 텍스트를 제시할 필요가 있다. 이러한 선택적 독서 상황이라야 학생들의 동기를 유발하고 이를 통해 주체적 독자, 주체적 독서, 성장독자로 나아가게 되는 것이다.

복수 텍스트를 어떻게 읽을 것인가? 텍스트 간 상관성에 주목해서 읽어야 한다. 주어진 여러 텍스트에 있는 텍스트의 내용적 형식적 상관성을 검토하고 종합하여, 자신의 해석 텍스트를 구성하는 것이다.

단일 텍스트를 읽는 것과 복수 텍스트를 읽는다는 것은 다르다. 단일 텍스트 읽기는, 텍스트A를 읽으면서 여러 수준의 사고 과정을 거친 후, 텍스트B를 통해 여러 수준의 사고 과정까지 수행하는 읽기 방법이다. 이때 두 텍스트 간의 상관성 유무는 전적으로 독자의 몫이다. 이와 달리 복수 텍스트 읽기는, 텍스트의 내용적 형식적 상관성을 중심으로 통합될 수 있는 텍스트들을 서로 연결하여 읽는 방식이다. 그 중심에는 항상 독자가 있으며, 독자의 인식이 전제가 된다. 서로 상관성이 있는 텍스트들을 다루면서 텍스트 간 비교와 분석 그리고 통합을 하게 된다. 이러한 과정은 하나의 텍스트가 또 다른 텍스트를 맥락화시켜 새로운 해석 텍스트를 만드는 과정이다. 가령, 각각을 앎으로써 둘 사이의 관계를 아는 것도 길이지만, 둘 사이의 비교를 통해 각각을 알게 되는 것도 학습의 유력한 길이다. 상호텍스트성에 주목하는 시 교육은 텍스트의 상호 관련성만이 아니라 그 각각의 텍스트를 이해하는 데에도 효과적일 수 있다. 또한 '주제별 통합 읽기(syntopical reading)'는 주제를 중심으로 한 복수 텍스트 읽기라는 점에서 상호텍스트성을 적극적으로 활용한 읽기 방법이라 할 수 있다. 이것은 초보적인 독자보다 능숙한 독자에 어울리는 읽기 방법으로 의도적으로 제시된 콘텍스트가 읽기의 방향을 어느 정도 결정해 준다고 할 수 있다. 이 외에도 독자 스스로 자신이 납득할 수 있는 텍스트 간 연결 고리들을 만들어 나가는 사고의 과정으로서의 읽기 방법이 필요할 수도 있다.

조건 2: 복수 텍스트 간 상관성

두 번째 전제 조건은, 두 텍스트 간 상관성이 존재해야 한다. 텍스트 간 맥락화는 상호텍스트성과 관련을 맺는다. 상호텍스트성을 활용하여 텍스트 간 맥락화가 가능하기 때문이다. 가령, 전혀 상관성이 없는 두 개의 텍스트를 제공한 후, 학생들에게 독서를 권유한다면, 학생들은 오히려 두 개의 텍스트 사이에서 혼란을 일으킬 수 있다. 하나의 텍스트를 읽은 것만 못하는 결과를 초래할 수 있다.

츠베탕 토도로프는 본질적으로 언술(utterance)은 다른 언술들과의 연관성 없이는 존재하지 않는다고 하면서, 이들의 관계는 바흐찐적 의미에서 대화적이라고 했다. 두 개의 언술 사이의 모든 관계는 상호텍스트적이고, 언어적인 두 작품, 중첩된 두 개의 언술은 대화적이다. 이처럼 언술(혹은 텍스트)과 언술(혹은 텍스트)이 무한한 대화적 관계를 형성하게 되면 해석은 그 자체가 하나의 거대한 언술(혹은 텍스트)이 된다(선주원, 2002). 즉 제시된 두 개의 텍스트가 상관성이 없다면 독자를 중심으로 한 두 작품과의 대화는 불가능할 것이며, 독자의 해석 텍스트 역시 불완전한 구성으로 존재할 가능성이 높다. 그러므로 두 텍스트는 내용적으로든 형식적으로든 상관성을 지녀야 한다.

그럼 복수 텍스트 간의 상관성을 무엇으로 규정할 것인가의 문제가 남는다.

롤랑 바르트(1997)에 따르면, '텍스트'를 그 어원인 '직물(tissu)'에서 볼 때, 씨줄과 날줄로 말(글)을 엮어 만든 직물과 같은 것이다. 이재기(2006)에 따르면, 글쓰기의 산물로서 텍스트는 글로 쓰인 것, 즉 글자를 엮어 짜서 만든 것으로서 말에 비해 안정성, 영속성을 갖는다. 고전적 의미의 텍스트는 단일한 의미, '진정한' 의미를 가진 어떤 실체가 된다. 이러한 텍스트 개념은 형이상학, 즉 진리의 형이상학과 연결되어 있다. 텍스트 안에는 찾아야 할 진리가 숨어 있다는 뜻이다. 이것은 텍스트가 텍스트로서 기능할 수 있는 이유와 관련된다. 텍스트의 특정 자질이 기능하고 살아 움직일 수 있는 것은 그 자질이 가지고 있는 어떤 본질적인 속성 때문이 아니라 그 자질들이 안팎으로 상호 전달되고 조율되는 맥락들의 연계망 때문이다. 텍스트의 이러한 속성 즉, '상호 전달되고 조율되는 맥락들의 연계망'이라는 점에 초점을 맞추어 상호텍스트성에 주목하여 상관성의 기준을 규정할 필요가 있다.

　텍스트 언어학에서 상호텍스트성은 수평적 상호텍스트성과 수직적 상호텍스트성으로 범주화된다. 수직적 상호텍스트성은 미시 텍스트들의 관계, 곧 미시 텍스트들을 텍스트 종류에 할당하는 데 결정적인 특성들을 포괄한다. 브링커(1985)에 따르면, 원형적인 미시 텍스트는 한 저자의 것, 특정 시점에 특정 행위 의도로 제작된 것, 특정 주제를 다루고, 특정 텍스트 종류에 속하고, 언어적 요소들 즉 단어와 문장으로만 구성되어 있다는 특성을 지닌다.

　이와 달리 수평적 상호텍스트성은 미시 텍스트들 간의 인접 관계를 포괄하는 것으로서 사회·문화적(1993:9)의 '텍스트 초월성(textual Transcendence)'에 기대어 이해할 수 있다(이성만, 2007). 수평적 상호텍스트성은 확장된 의미에서 '거시 텍스트의 응집성(블뤼도른, 2006)'이라고도 할 수 있다. 기생텍스트적 관계는 거시 텍시트에서 미디어적 응집성을, 상호텍스트적 관계는 언어적-형식적 응집성을 구성한다. 메타텍스트적 관계는 주제와 테제의 응집성, 곧 담화적 응집성과 관련이 있다. 끝으로 하이퍼텍스트적 관계는 거시 텍스트의 심미적 응집성과 무관하지 않다(이성만, 2007). 김도남(2009)에 따르면, 상호텍스트성의 텍스트 요소(要素)는 텍스트의 형식적 부분이나 내용적 부분을 모두 포함하며, 형식적 부분으로는 기호, 낱말, 문장, 문단, 텍스트, 구조, 관습, 형태 등을, 그리고 내용적 부분으로는 관점, 논리, 화제, 주제, 내용, 의도, 지향 등을 포함 요소로 보고 있다. 이러한 점을 고려할 때, 가장 범박하게 텍스트의 내용적 부분과 형식적 부분으로 나누어 상관성의 기준을 범주화할 수 있을 것이다.

　그러나 텍스트에 의한 텍스트를 맥락화할 때, 유의해야 할 점은 텍스트들 자체 내에 내용적이든 형식적 상관성이 내재하더라도 독자의 해석 텍스트로 이들을 융합하지 않는다면, 복수 텍스트는 아무런 의미 없는 존재가 될 수 있다는 점이다. 그러므로 학습자가 복수 텍스트를 성공적으로 융합할 수 있도록 교사는 학생들의 과거 유사했던 독서 경험을 활성화할 필요가 있다. 이때 교사가 독서 전략으로 독자의 스키마를 활성화하는 것과 독자 스스로 자신의 독서 경험을 통해 형성된 스키마를 활성화하는 것에는 차이가 있다는 점에 유의해야 한다. 왜냐하면 스키마 이론이 교육 현장에 적용될 때, 그 본질적 성격이 훼손될 수 있기 때문이다. 가령, 스키마 이론에서 독자는 사회적 존재이며, 의미 구성 과정에서 능동적인 구성을 하는 존재이다. 또한 텍스트는 하나의 의미만을 갖고 있는 것이 아니며, 독자의 능동적 의미 구성을 중시한다. 특히 읽기 교육은 능동적인 독자를 길러야 한다는 입장에 서있다. 그러나 교육 현장에서 스키마 이론은 현실적으로 여전히 텍스트의 정확한 의미를 구하는데 주력하고 있기 때문이다.

맥락화 방안 역시 이러한 전철을 밟을 수 있다. 만약 텍스트 맥락화가 실패한다면, 사회구성주의에서 말하는 유능한 타자인 두 개의 텍스트와 교사가 있음에도 불구하고 학습자는 유능한 타자의 존재가 오히려 부담스러운 상황으로 뒤바뀔 것이다. 그 결과 학생과 텍스트, 학생과 교사의 상호 작용은 원활히 일어나지 않고 의미 구성도 이루어지지 않을 것이다. 이때 텍스트는 그저 존재하는 것이지 상호 작용하는 대상이 될 수 없다. 더구나 부 텍스트는 또 다른 주 텍스트로 변화여 지식 습득의 또 다른 대상이 된다. 결국, 객관주의에 기초한 읽기 교육이 될 수 있음을 유의해야 한다. 즉 객관주의는 지식을 고정되어 있고 확인할 수 있는 대상으로 보는 사고 체계로서, 보편적이고 고정된 지식 체계를 발견하고 세우는 데 주력한다(이경화, 2008). 이러한 객관주의에 기초한 읽기 교육에서 교사는 지식의 전달자 역할을 맡고 학생은 지식의 수용자 역할을 맡는다. 교사는 이미 확정되어 있고, 주어져 있는 지식을 학생들에게 일방적인 방식으로 전달할 수밖에 없고, 학생은 자신에게 주어지는 지식을 무비판적으로 습득하고 수동적으로 수용하는 태도를 벗어날 수 없다(서정혁, 2007).

이를 종합할 때, 독자는 필자가 구성한 해석 텍스트를 독서 과정을 통해 자신의 해석 텍스트로 만든다. 그리고 이 과정에서 독자는 다양한 맥락과 상호 작용하며 맥락화 과정을 경험한다. 맥락 속에서 '타자화된 나'를 통해 자신을 맥락화하거나, 자신이 읽었던 그리고 읽게 될 텍스트 속에서 현재 읽고 읽는 텍스트를 맥락화한다. 또한 독자는 독서 과정 중 주어진 하나의 텍스트를 읽을 수도 있지만 주어진 다른 텍스트와의 비교를 통해, 자신이 읽고 있는 현재 텍스트를 맥락화한다. 현재의 텍스트가 다른 현재의 텍스트에 의해 맥락화되는 것이다.

이러한 맥락화 과정을 종합하면, 아래 그림과 같이 나타낼 수 있다.

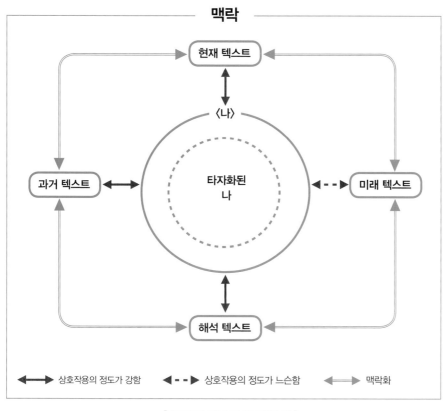

[독자와 텍스트의 맥락화]

2. 반성적 사고

　독자가 자신의 독서 경험을 통해 성장하기 위해서는 성공적인 독서 경험을 토대로 해야 한다. 그 방안으로써, 독자와 텍스트의 맥락화 방안이 첫 번째라면, 반성적 사고는 두 번째 방안으로써, 자신을 돌아보는 독서 경험을 말한다.

　듀이(Dewey, 1933)는 "지적인 측면에 있어서 교육은 반성적 사고의 태도를 길러 주고, 그 태도를 이미 가지고 있을 때는 그 태도를 유지하게 하고, 치밀하지 못한 사고 방법은 가능한 한 치밀하게 변화시키는 일과 절대적으로 관련되어 있다는 것은 분명하다."고 말한다.

　듀이(Dewey, 1916)에게 있어서 '반성적(reflective)'이라는 것은 가장 본격적 의미의 사고라는 것을 의미하는 것으로서, 일차적 경험은 반성적 사고에 의해서 이차적 경험이 되는 것이다. 따라서 가장 본격적 의미의 사고인 반성적 사고는 교육적인 경험이 되기 위한 필수적인 도구이며, 듀이가 말하는 교육적인 경험은 반성적 사고를 통한 이차적 경험, 즉 반성적 경험을 말하는 것이다. 즉, 일차적 경험이 이차적 경험이 되기 위해서는 반드시 관계의 의미를 알아내는 반성적 사고의 과정이 되어야 한다는 것이다(이인학, 2003). 또한 탐구를 목적으로 하는 사고를 규정하며, 탐구를 반성적 사고의 개념과 동일하게 사용하고 있다(Dewey, 1910).

문제 해결 과정으로서의 반성적 사고

반성적 사고에 대한 학자들의 개념

독자가 텍스트를 이해하는 것은 '나'와 '타자화된 나'의 대화 과정이자 자기 이해의 과정이며, 세계를 이해하는 과정이다. 반성적 사고는 독서 행위를 통해 주체적인 독자가 되기 위해서, 앎이 삶의 성장으로 이어지기 위해 텍스트 나아가 자신을 돌아보는 의미 경험이자 활동 경험을 통해 형성되는 정서적 경험이기도 하다.

훗설(1966)에 따르면, 의식이 '나의 체험'으로 의식되기 위해서 필요한 것이 반성이며, 리쾨르(1986)의 말처럼 텍스트를 이해하는 것이 말로 얽힌 세계를 해석하고 이해함으로써 자기를 이해하는 과정이다. 이 과정에서 반성적 사고는 텍스트의 해석을 통해 의미를 나의 경험으로 바꾸고 자기를 이해하는 과정으로서의 역할을 한다.

칸트는 '반성적'의 개념을 규정하고 있다. 그는 판단력의 개념을 규정하며, '특수적인 것들이 주어지고 보편적인 것이 그것들을 위하여 발견되어야 한다면 그러한 판단은 반성적'이라고 주장하고 있다(김석수, 1997). 듀이와 달리, 반성적 판단력이 경험으로부터 도출할 수 없다는 주장을 하지만 '반성적'의 개념을 정립하는 데에는 유효하다. 데리다(1987) 역시 칸트의 반성적 판단력에서 차연성의 개념을 간파하고 있다. 그는 반성적 판단력을 개별적인 것을 갖고 출발하여 일회적인 실례의 도움을 받아 보편성을 발견하는 능력이라고 설명한다(김석수, 1997).

슐라이어마허는, 칸트나 데리다의 철학적 사유의 모델과 입장은 다르다. 즉, 슐라이어마허는, 근거를 사유 가운데서 찾지 않는다는 주장을 통해 칸트를 필두로 하는 선험 철학적 사유의 모델과 입장을 달리한다. 즉, 모든 근거대기 작업은 자아의 활동서 안에서만 이루어지며 모든 대상적 존재는 그 근거를 보증받기 위해 자아의 반성 구조 안으로 수렴되어야 한다는 것이다(최신한, 1994).

그는 자아의 반성 활동에 대한 두 가지 특징을 제시한다. 첫째, 반성 활동은 항상 사회적인 상호 작용의 연관 안에서만 일어난다. 자아의식은 항상 자기 자신에 대한 반성을 매개로 하여 나타나며, 시간 진행 과정 가운데서 이미 분열된 자아를 종합하여 자신의 동일성에 이를 수 있고, 이러한 의미에서 반성적 자기의식은 항상 재구성적이다(최신한, 1994).

이러한 개념 규정은 듀이의 연속성의 원리와 상호 작용의 원리를 통한 경험의 재구성 과정에서 확인할 수 있다. 듀이(Dewey, 1910)는 반성적 사고 개념을 '어떤 믿음이나 소위 지식의 형태에 대해 지지하는 근거와 가져올 결과에 비춰 적극적이고 지속적이며 세심하게 숙고하는 것'이라고 규정하면서, 반성적 사고를 '생각의 연속성'이라고 표현하였다(권정숙 · 최석란, 2003). 또한 추상적 추론의 의식적 흐름이 아니며, 자신의 삶 속에서 구체적으로 접하는 문제 해결 과정에서의 실천적 행위로써, 그것은 과학적이며 실험적인 사고와 방법으로써 현재의 삶의 질적 개선을 이루는 실질적 과정으로 '탐구(inquiry)'와 동일하다는 것이다(Dewey, 1910).

특히 듀이(Dewey, 1910)는 반성적 사고와 탐구(inquiry)를 동의어로 사용하고 있다. 이는 반성적 사고라는 용어가 단지 심리적 · 정신적 사고 과정만을 지칭하는 것이 아니라, 실험적 정신을 내포하고 있기 때문이다(노진호, 1998). 또한 반성적 사고 방법이 구체적으로 실천에 옮겨진 것이 탐구이기 때문이기도 하다(이인학, 2003). 그러므로 듀이의 반성적 사고란 하나의 결론에 도달하려는 의도적이고 유목적적인 문제 해결 과정이며, 어떤 문제 사태에서 출발하여 그 문제 사태를 구성하는 여러 논리적 경험적 근거에 따라 본질적 의미가 요구되는 지적 조작으로 정의하고 있다(김수천, 1982).

또한 듀이(Dewey, 1933)의 반성적 사고는 그 자신의 인식론과 교수 방법론을 의미한다. 따라서 Dewey는 반성적 사고를 교육의 목적이자 동시에 방법으로 규정하고 있다고 보는 것이다(이진향, 2002). 이 외에도 듀이(1933)의 반성 혹은 반성적 사고의 개념에 기초하여 다수의 학자들이 반성적 사고에 대한 개념을 규정하고 있다.

Schoen(1983)은 반성이란 무언의 지식을 의식적인 행동으로 옮기는 것을 발전시킬 뿐 아니라 가르침을 특징짓는 순간순간의 딜레마를 다루는 새로운 예상들 내에서 진보적으로 지식을 구성하며, 전문적 지식습득을 위한 중요한 전달수단(vehicle)으로 보았다. Grimmett, Erickson(1998), MacKinnon(1989a)은 행위에 대한 사려성, 신중한 숙고, 경험의 재구성으로 반성에 대한 관점을 범주화하였다. Killion과 Todnem(1991)은 반성은 미래의 행위를 안내하는 것으로 시작하며 미래의 실제를 안내하는 데 실천적 도구로, 행위 전과 후 그리고 미래의 행위를 위한 반성(reflection-for-action)으로 유형화하였다. Lucas(1992)는 정신분석의 한 형태, 비판적 피드백과 평가, 교수를 위한 하나의 안내 원리, 능동적 학습의 유형으로서 반성에 대한 해석을 내리고 있다(곽현주, 2004). 또한 반성적 사고란 자신의 신념이나 실천행위에 대해 그것의 원인이나 궁극적인 결과를 적극적이고 끈기 있게 그리고 주의 깊게 고려하는 것이다(박은혜, 1996). Knowles, Cole, 그리고 Presswood(1994)는 반성적 사고를 실천행위를 검토하고 정련하며, 개인적이고 사회적인 맥락을 주의 깊게 고려하는 계속적인 과정이라고 설명하였다. 고문숙(1995)은 반성적 사고란 관심 분야에 대한 내적인 점검, 의도를 가지고 추구하는 활동적이며, 목적적 과정, 경험으로부터 새로운 의미를 얻기 위한 중요한 요소, 그리고 타인과 관련지어 발생하지만 내적인 과정이라는 정의를 도출하였다. 그리고 반성적 사고는 자신이 처한 상황에서 어떤 문제가 생겼을 때 자신이 가지고 있는 전문적인 지식과 정보를 통해 의문점을 제기하여 문제를 해결할 수 있도록 최종 결정을 내리는 과정과 그 사고를 이끌어내는 근거와 원인에 대해 고민하는 것이라고 한다(박은혜, 1996; 유승연, 2000; Hansen, 1998; Mewborn, 1999를 이영석, 이세나, 2004:233에서 재인용).

반성에 대한 해석이 이처럼 다양한 이유는 반성이 경험에 대해 되돌아보는 것이고, 실행 중간에 배우는 것이며, 무엇을 할지, 그것을 언제 할지, 왜 그것을 해야 하는가에 대해 지적인 결정을 내리는 것이기(Richert, 1990; Schoen, 1983; Schulman, 1987) 때문이다(곽현주, 2004).

독서 상황에서 반성적 사고의 개념과 사례

독서 상황에서 반성적 사고에 대한 개념을 잠정적으로 규정할 필요가 있다. 독서 상황에서 반성적 사고에 대한 개념은 반성적 사고가 가지는 일반적인 정의와 유사하다. 왜냐하면, 독서는 사고(reasoning)이며, 독서는 낱낱의 단어나 문장의 이해를 넘어서 글 전체의 내용과 구성까지 나아가는 그리고 자기 자신에 대한 이해를 동반하는 고도의 지적 행위이기 때문이다. 이 고도의 지적 행위는 글의 내용 그 자체에 대한 이해이며, 독자 자신의 이해 과정에 대한 지식 및 조절 과정이자(노명완, 1987), 나아가 자신의 삶의 의미를 구성해 가는 심리적·정신적 과정이기 때문이다. 즉, 글 내용의 수동적인 수용에서 벗어나, 지혜로운 독자가 독서과정 중에 취하는 글 내용의 선별적인 선정, 강조, 상관, 조직은 곧 사고와 같으며, 이 같은 사고 과정에 대한 스스로의 점검 및 교정 행위는 교육철학자 듀이(Dewey)가 말하는 반성적 사고(reflective thinking), 그리고 심리학자 브라운(Brown)이 말하는 '학습 방법의 학습'과도 같다(노명완, 1987).

그러므로 독자는 텍스트를 통해 자신이 처한 문제 상황을 해결하고, 자신의 목적, 흥미, 가치관 등을 고려하여 독서 활동을 한다. 이러한 독서 과정에서 구성된 의미를 통해 자신의 앎과 삶의 성장을 고양시킨다. 평생 독자, 생애 독자로 나아가기 위해서 성공적인 독서 경험은 더욱 그러하다.

이와 관련하여 이삼형(2001)과 이성영(2001)의 논의는 주목할 만하다. 이삼형 외(2001)는 사고력 신장에 실패한 기존 국어교육의 양상을 성찰하고 그 극복 방안으로 첫째, 학생들의 사고를 자극할 수 있는 텍스트를 통한 의미 구성 과정이 강조되어야 한다고 하였다. 이때 의미 구성 과정은 결과 중심 아닌, 의미 구성의 과정과 방법이 부각되어야 함을 말한다. 두 번째, 교사의 설명 중심이 아닌 학생의 구성적 활동 중심이 되어야 함을 강조하고 있다. 이때 학생의 구성적 활동 중심이란 학생들이 스스로 텍스트의 의미를 구성하고 분석·종합하는 과정에서 작가의 사고를 반추해 보는 경험을 하는 것이며, 친구들의 생각을 듣고 비교해 보는 인지적 경험이다. 셋째, 개별 기능이 아니라 통합적인 문제 해결 능력을 강조하고 있다. 요컨대 삶의 문제 사태를 중심으로 해결해 보는 것을 말한다. 이성영(2001)은 추상적 지식의 암기가 아니라 삶의 구체적인 맥락 속에서 문제를 해결하는 과정에서 지식이 자연스럽게 구성되어야 한다는 것을 강조하였다. 또한 지식의 구성 과정은 곧 삶의 과정이며, 학생들에게 실제적인 삶의 맥락에 유용성을 지니는 학습 과제를 해결하는 과정에서 참된 지식을 구성하게 된다는 점을 부각하였다.

이러한 점을 고려할 때, 반성적 사고란 지적 조작을 넘어서는 심리적·정신적 사고 과정으로 유목적성을 지니는 문제 해결 과정이라 할 수 있다. 특히 '문제 해결'이 그야말로 생활에의 즉각적인 유용성, 즉 당장 먹고 살아가는 문제인 실용주의적 발상(utilitarian conception)과 관련된 것이 아니라(엄태동, 2001), 과학적 가설의 검증, 심미적 표현의 선택, 정치적·경제적 문제의 해결 등 광범위한 지적, 사회적, 문화적 의미를 포괄한다는 점에 주목해야 한다(김무길, 2006).

그러므로 독서 상황에서 반성적 사고는 인지적 측면을 강조할 때, 추론, 분석, 이해, 해석 등을 포함하는 사고 과정이자 학습독자와 텍스트 혹은 맥락이 상호 작용하는 과정임을 고려할 때는 문제 해결 과정, 메타인지 과정 등과 관련된 것이다. 또한 앎과 삶의 관계를 통해 독자의 성장에 기여하는 정신적 사고 과정이라 할 수 있다. 이때 주의할 점은, 메타인지 과정과 관련된다는 것은 기존 독서 교육에서 강조되어 왔던 텍스트 이해 중심의 초인지와는 개념 규정의 출발점이 다르다. 즉, 기존 독서 교육에서 보여준 초인지는 이해의 중심이 텍스트에 놓여 있지만, 반성적 사고에서의 메타인지는 독자 자신의 삶을 중심에 둔, 텍스트 이해 및 텍스트-독자의 삶이라는 관계 속에서의 메타인지라는 점에서 서로 변별된다 하겠다. 또한 반성적 사고가 메타인지를 강조하는 전략과는 다르다는 것이다. 전술한 바와 같이 전략은 학습 상황을 전제로 한 것이지 학습자의 실제 삶을 전제로 한 것이 아니기 때문이다.

이러한 개념 규정은 한 학자의 자기 고백적인 글에서도 확인할 수 있다.

내 질문은 작품을 어떻게 설명하고 분석할 것인가에 관한 것이 아니었다. 분석과 해석은 작품 이해에 관건이 되지만, 나의 고민은 방법론에 관련되었다기보다는 근본적인 질문-문학의 정체성(identity)에 관한 것이었다. … 이러한 물음은 문학에서 다루는 삶과 삶 속의 '나'란 어떤 존재인가라는 물음과 분리될 수가 없었다. 그것은 기술(技術)이 아니라 가치와 세계관에 관련되어 있었고, 그 때문에 사상과 이론의 문제이기도 했다. 결국 나는 문학을 통해 삶을 '연구'하고자 한 것이 아니라 이 탐구에 기대어 '내가 어떻게 살 것인가'를 물었던 것이다.

- 문광훈, 『김우창의 인문주의』, 2006.

반성적 사고는 유목적적 문제 해결 과정으로 학습 상황 나아가 자신의 인식론의 중핵적 개념이다. 즉, 독자의 삶 속에서 자신의 경험을 문제 상황과 연결시키며, 본인의 독서 경험을 되돌아보고, 이것을 자신 나아가 스스로의 삶과 연관 짓는 것이다. 이와 관련하여 Jay(1999)는 문제를 해결하는 기술이고 준거 분석이며 이론과 실제를 연결하는 다리로 반성적 사고를 개념화하고 있다(권정숙·최석란, 2003에서 재인용).

반성적 사고 과정

반성적 사고 과정: 듀이, Schoen, Heflish와 Iran-Nejard

이번 장에서는 반성적 사고의 내용 요소보다는, 방법적 측면으로써의 반성적 사고 과정을 고찰하고자 한다. 즉, 반성적 사고의 내용은 독자의 목적, 흥미, 가치관 등, 학습자가 처한 환경이나 맥락에 따라 사고의 내용이 달라질 수 있다. 가령, 독자가 학생이라면, 수업 시간에 주어지는 성취 기준이나 학습 목표에 따라 내용 요소의 유동성이 다양하다. 그러므로 이번 장에서는 반성적 사고의 내용 요소보다는 방법적인 측면을 부각하고자 한다.

듀이(Dewey)의 반성적 사고에는 사고의 내용과 사고의 과정이라는 두 가지 요소가 있다. 반성적 사고의 내용은 생각을 하게 한 실체, 즉 무엇에 대한 반성적 사고인가를 강조한다면, 반성적 사고의 과정은 문제 상황을 인식하는 것부터 어떻게 최종 결론을 내리는지를 강조한다.

듀이(1993)는 반성적 사고가 일어나는 불확정을 전(前) 반성적 상황(pre-reflection situation)이라고 하고 그것이 해결된 확정 상황을 후(後) 반성적 상황(post-reflection situation)이라 한다. 곧 한 단위의 반성적 사고는 전 반성적 상황에서 시작되어 제안(Suggestion) - 지적 이해(intellectualization) - 가설 설정(hypothesis) - 추리(reasoning) - 가설 검정(testing)의 과정을 거쳐 그 문제가 해결된 후 반성적 상황으로 끝나며 이는 또 다른 단위로 이어지는 것이다. 이러한 일련의 과정은 '경험의 학습에 근간을 이루는 사고 과정'이며, 그 중핵에는 '반성적 사고'가 있는 것이다.

Schoen(1987)은 Dewey가 불확실함 혹은 의심의 상태일 때 반성의 주기가 시작된다고 한 것처럼, 일상적인 행위를 이끄는 knowing-in-action(KIA)의 흐름을 방해하는 무언가가 있을 때 즉, 어떤 놀라움이 있을 때 의식적인 반성(reflection)이 일어난다고 보고 있다. 이 의식적인 반성은 행위 후의 반성(reflection-on-action)과 행위 중의 반성(reflection-in-action)의 두 가지 방식으로 가능해진다고 본다. Killion과 Todnem(1991)은 초기 Schoen(1983)의 개념을 확장시켜서 세 가지 형태의 반성적 사고를 구분하였다. 이 세 가지는 실천행위에 대한 반성적 사고(reflection-on-practice), 실천행위 중의 반성적 사고(reflection-in-practice), 그리고 실천행위를 위한 반성적 사고(reflection-for-practice)이다. '실천행위에 대한 반성적 사고'와 '실천행위 중의 반성적 사고'는 근본적으로 반성적 사고가 언제 일어나는가에 대한 시기의 문제이다. 즉, '실천행위 중의 반성적 사고'는 교사가 어떤 실천적 행위를 하는 중에 일어나는 것이다. '실천행위에 대한 반성적 사고'는 이미 일어난 상황에 대하여 나중에 반성적 사고를 하게 되는 경우를 말한다. 위의 두 가지가 어떤 상황에 대하여 반응하는 것이라면 '실천행위를 위한 반성적 사고'는 다른 두 가지의 반성적 사고의 결과가 바람직하게 나타나도록 하는 좀 더 적극적인 개념이라고 볼 수 있다. Rodgers(2002)는 반성의 과정을 경험, 경험의 자발적인 해석, 경험으로부터 나온 질문이나 문제를 명명하기, 주어진 문제나 질문에 가능한 설명 제시, 설명을 가설로 만들기, 선택된 가설을 실험, 검증을 하는 6단계로 구분하였다(이영석 · 이세나, 2004에서 재인용).

듀이가 주장한 반성적 사고의 과정을 Heflish와 Iran-Nejard(1995)가 요약한 내용을 제시하면 다음과 같다.

첫 번째 단계는, 제안(Suggestion)으로, 어떤 사람이 의문 또는 갈등에 부딪쳤을 때, 즉각적으로 떠오르는 아이디어를 언급하는 단계이다. 자신이 갈등으로 느꼈던 것에 대하여 가능한 해결책을 생각한다. 아직 구체적이지는 않아도 무엇을 어떻게 해야 할 지에 대한 막연한 아이디어가 우리 머릿속에서 자동적으로 혹은 저절로 떠오른다는 것이다. 여기서 "아이디어가 '자동적으로 또는 저절로 떠오른다.'는 것은 과거의 유사한 경험에 의해 습득된 지식이나 습관에 의해 해결 방안이 떠오르는 것을 의미"(노진호, 1996)한다. 하나의 제안으로 문제를 해결한다면 반성적 사고는 더 이상 진행이 되지 않으며, 만약 여러 개의 제안이 떠오르고 그것이 상충된다면, 긴장이 지속되고 따라서 탐구도 계속되는 것이다. 그리고 상충되는 여러 개의 해결 방안 중, 최적의 방안이 무엇인지를 결정하기 위해 반성적 사고가 본격적으로 진행된다.

두 번째 단계는 지성화(intellectualization) 혹은 지적 이해의 단계이다. 지적 이해란 앞의 '의심스럽고, 주저하며, 당혹스럽고, 정신적으로 혼란한 상태'를 지적으로 분석하고 이해하며 정리하는 작업이다. 문제를 잘 이해하기 위해서는 우선 문제가 정확하게 무엇인지를 이해해야 한다. 또한 그 문제를 야기한 원인이나 그것을 구성하고 있는 조건 혹은 요소가 무엇인지 등을 지적으로 명료하게 파악하고 분석해야 한다. 그리고 문제 해결에 도움이 될 만한 다양한 자료를 수집해야 한다(이주한, 2012). 불확정 상황에서 느껴졌던 혼란이나 곤란 등의 정서적 성향이

지적으로 파악되는 것이다. 이렇게 불확정적 상황은 탐구 과정에서 지적인 문제 상황이 된다.

세 번째 단계는, 아이디어나 가설을 안내하는 단계이다. 이 단계는 '문제의 상황을 분명하게 진술함으로서 그 문제를 해결하는 방법으로서의 가설 혹은 제시된 해결책이 나타나는 단계'(Hahn, 1980; 박준영, 2009)이다. 앞의 지성화 단계를 통해 문제가 지적으로 분명하고 확실하게 이해 혹은 통찰되면서 암시 단계에서 떠오른 막연하고 모호한 제안들이 변경, 수정되거나 확대됨으로서 더 구체적이고 명시적인 아이디어로 발전하게 된다.

네 번째는 추리의 단계이다. 제안을 신중히 검토하고, 이것을 지성적으로 검증하는 것이다. 듀이에 따르면, 이 추리 작업은 '탐구를 수행하는 사람의 이전 경험', '그가 받은 특정한 교육', 그가 살고 있는 '시공간의 문화 및 과학의 상태에 의존'한다. 또한 '지식을 확장하는 데 도움'이 되기도 하지만, 동시에 '이미 알려져 있는 사실과, 지식을 서로 나누고 그것을 공적이고 공개적인 자원으로 만들기 위해 존재하는 도구나 장비에도 의존'한다(Dewey, 1933).

마지막 단계는 구체적인 활동 혹은 실천이나 상징적인 활동을 통해서 채택한 가설을 검증하는 과정이다. 즉, 그가 자신의 아이디어들을 적용해 봄으로써 검증하고, 그것들의 의미를 분명히 하며, 그것들의 타당성을 발견할 기회를 가지는 것이다. 이 단계는 구체적인 혹은 상징적인 활동을 통해서 실험적 확증 혹은 진실된 것의 증명을 제공한다(이인학, 2003).

이러한 반성적 사고의 과정은 지속적인 나선형적 순환 과정(spiralling process)이다. 반성적 사고는 위에서 설명한 암시적 제안 - 지적 이해 - 가설의 설정 - 추리 - 검증의 단계가 나선형적으로 계속 순환되는 과정이다. 여기서 나선형적으로 순환된다는 말은 검증이 완료되면 사고가 중단되는 것이 아니라 그 결과가 다음 문제 상황으로 피드백이 되어 지속적으로 순환되며, 그 순환의 과정에서 사고가 질적 - 양적으로 고양 - 확대된다는 의미이다(이주한, 2012).

그러나 이러한 단계가 특정 순서로 기술되어왔다 할지라도 개개인의 반성적 과정은 다르며, 고정된 방법은 없고, 문제를 좀 더 명확히 정의하기 위해서 특정 단계가 반복될 수도 있다. 몇몇 단계들은 직면하고 있는 상황에 따라 확장되거나 한 단계가 전체로 없어지거나 다른 단계 안에 포함될 수도 있다. 반성은 단지 '지나온 것을 돌아보는'것만이 아니라 확장된 시간대에서 지속될 수 있는 것이다(곽현주, 2004).

이러한 과정은 자기 인식의 과정이자 교수 방법론으로, 수업 상황에 놓인 학습자에게는 자기를 인식하는 방법이기도 하지만 교수자에게는 교수-학습 방법론이기도 하다.

교수–학습 과정에서의 반성적 사고 과정

학습자의 삶은 문제 사태의 연속이며, 이 속에서 학습자는 자신의 삶을 영위하며, 다양한 문제 상황을 접한다. 가령, '책을 왜 읽어야 하는가'라는 근본적인 독서 목적을 고민할 수도 있으며, 자신의 미래 직업 혹은 진로에 관련한 고민을 할 수도 있을 것이다. 이러한 문제 상황은 학습자가 직면한 상황이나 목적, 가치관, 흥미 등에 따라 다를 수 있다. 특히 수업 상황에서의 독서와 관련하여 능동적인 학습자와 수동적인 학습자의 경우에는 문제 해결 과정으로서의 반성적 사고가 확연하게 차이가 날 수 있다. 가령, 능동적인 학습자라면, 이러한 반성적 사고의 과정이 텍스트와 자신의 삶 속에서 자연스럽게 형성되어 있을 것이다. 그리고 이러한 과정은 습관화되어 긍정적인 독서 태도가 이미 형성되어 있어 평생 독자 혹은 생애 독자로 성장할 수 있을 것이다.

그러나 이것은 가장 이상적인 학습자의 모습일 것이다. 대부분의 학습자들은 반성적 사고 과정이 익숙하지 않을 것이다. 더욱이 독서를 통해 문제를 해결해 본 경험이 없는 학습자라면 더욱 그러할 것이다. 이러한 경우, 반성적 사고 과정을 통해 자신이 독서 경험이 성공적이 되도록 교수자는 위에서 제시한 학습자의 반성적 사고 과정을 안내할 필요가 있다. 특히 교수자는 지식으로서의 반성적 사고가 아닌 학습자가 실제 삶과 연결시켜 관련 문제를 해결할 수 있도록 교수-학습해야 한다.

문제 해결 과정으로서의 반성적 사고 과정을 학습자의 수업 상황에 적용해 보자. 일반적인 수업 상황은 다음과 같다. 교수자는 학습 목표나 성취 기준을 제시한다. 그리고 학습자는 이것을 달성하기 위해 관련 교과서의 읽기 텍스트를 경험해야 한다. 교수자는 학습자가 학습 목표를 달성하기 위해 교수자 자신만의 방법을 가지고 교과서를 읽도록 유도한다. 일부 학습자들은 교과서를 읽되 건성으로 읽거나 심지어 읽지도 않는다. 이에 비해 대다수의 학습자는 교과서를 읽으며, 자신의 성취 기준을 달성하기 위해 학습 활동에 제시된 문제를 풀 것이다. 그러나 교수-학습 현실은 후자보다는 전자의 상황이 발생한다. 이때 교수자는 후자 또는 전자의 경우를 모두 포함하여 학습자가 성취 기준을 달성할 수 있도록 교수-학습한다. 이때 필요한 것이 문제 해결 과정으로써의 반성적 사고 과정을 적용할 수 있다.

학습자가 학습 목표와 관련한 텍스트를 읽을 때, 교수자는 학습자에게 학습자가 읽어야 할 교과서와 학습 목표의 관계를 이해시켜야 한다. 즉, 교과서를 통해 무엇을 달성할 것인지에 대한 안내가 필요하다. 학습자는 이러한 안내를 통해 현재 자신이 학습 목표와 관련하여 무엇이 문제인지를 파악한다. 문제 인식의 단계이다. 통상적인 수업 상황의 학습자라면, 교수자의 안내에 따라 학습 목표와 관련된 자신의 문제를 인식하려 할 것이다. 그러나 이러한 문제 파악은 그저 피상적으로 떠오르는 생각의 파편으로, 학습자의 갈등 혹은 혼란은 계속될 것이다. 이때 교수자는 문제를 야기한 원인이 무엇이며, 그것을 구성하는 조건 혹은 요소가 무엇인지를 명료하게 파악하고 분석해야 한다. 지성화의 단계인 것이다. 그리고 이와 관련한 자료를 수집하여 학생이 문제를 해결할 수 있도록 도와야 한다. 즉, 교과서의 관련 텍스트를 통해 자신의 문제 상황을 해결할 수 있도록 독서 경험을 유도하는 것이다. 이 과정에서 학생들은 자신의 문제를 확실하게 인식하고 교수자의 안내에 따라 독서 경험을 할 것이다. 가령, 학습자들은 해당 단원의 학습 활동을 통해 자신이 설정한 문제를 해결하거나 독서 경험을 통해 구성한 의미를 삶에 적용해 봄으로써 문제를 해결할 수도 있다. 만약 교사의 조력으로 혹은 학생의 독서 경험으로 인해 문제가 해결된다면 다음 단계의 반성적 사고를 진행할 필요가 없다. 그러나 학습자의 혼란 상황이 지속된다면, 교수자는 학습자가 경험한 현재 텍스트와 관련한 다른 텍스트를 활용하여 학습자가 문제를 해결할 수 있도록 조력해야 한다. 그리고 교수자는 자신이 채택한 가설이 타당한가를 확인할 수 있으며, 평가를 통해서도 가능하다. 이러한 과정은 각 단계가 서로 유기적으로 연결되어 있으며, 학습자의 문제가 해결되지 않는다면, 이전 단계로의 회귀를 통해 문제의 원인을 분석하고 다시 문제가 해결될 수 있도록 관련 단계에 해당하는 활동을 할 수 있다. 그러므로 반성적 사고의 과정은 단선적 과정이 아닌 회귀적 과정이기도 하다.

이러한 일련의 과정을 도식화하면 아래와 같다.

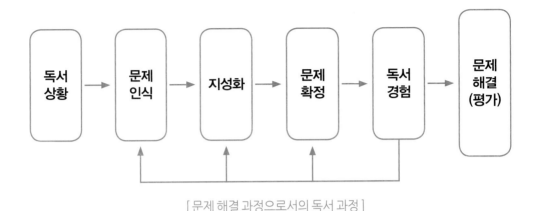

[문제 해결 과정으로서의 독서 과정]

반성적 사고 과정의 실례

『과학자의 서재』 활용해 보기

이번에는 교육과정에 제시되어 있는 성취 기준을 가지고 '독서를 왜 하는가?'라는 문제 상황을 가정하여 교과서에 실린 하나의 텍스트를 가지고 교수-학습 방법론으로서의 반성적 사고의 과정을 고찰해 보자.

대부분의 학습자는 독서를 왜, 해야 하는지에 대한 의문을 가지고 있다. 이때의 의문은 자신의 실생활에서 성공적인 독서 경험을 하지 못했기 때문에 기인하는 것이며, 독서의 목적을 실제 삶이 아닌 학습의 대상으로만 학습한 결과이기도 하다. 교육과정에서는 성공적인 독서 경험을 통해 독서가 개인의 성장 및 삶에 미치는 영향을 이해함으로써 평생 독자로서의 소양을 기를 수 있도록 교육과정의 내용을 명시하고 있다. 그에 따른 성취 기준을 보면, 두 가지가 제시되어 있다. 첫째, 독서 행위에 다양한 요인이 영향을 준다는 것에 대해 설명할 수 있다. 두 번째, 독서의 목적과 상황, 독자의 흥미나 가치관을 고려하여 글을 선택할 수 있다(교육과학기술부, 2012).

이 두 가지의 성취 기준은 학습자가 평생 독자로서의 소양을 기르는 기준이다. 이 중, 두 번째의 성취 기준이 평생 독자로서의 자질을 기르는 데 정초가 될 만한 것이다. 이러한 교육과정의 성취 기준에 따라 교과서가 개발된다. 국가의 검인정을 통과한 고등학교 국어 교과서 중, 한 출판사의 텍스트는 다른 출판사의 텍스트에 비해 성취 기준을 달성할 수 있는 유효한 텍스트가 제시되어 있다. 특히 책을 싫어하는, 아니 책을 전혀 읽으려고 하지 않는 학생들의 독서 성향을 교정하고, 나아가 평생 독자로 기를 수 있는 독서 경험이 담긴 수필이기도 하다. 텍스트의 내용은 이러하다. 한 학자가 책 속에 담긴 짧은 수필을 읽고 의문점을 갖게 된다. 그리고 사회 생물학을 공부하면서 그때의 의문이 풀린다. 이러한 독서 경험 후, 관련 서적을 읽으면서 독서 경험이 앎에서 삶으로 확장된다. 그리고 그 학자는 관련 서적을 탐독하며 자기 인식 나아가 자신과 삶과의 관계 속에서 자신이 어떻게 살아야 하는가에 대한 인식론 나아가 존재론적 성찰을 하게 된다.

　이러한 텍스트를 활용하여 교수 방법론으로서의 반성적 사고 과정을 활용할 수 있다. 먼저, 학습 목표가 주어진다. 이것은 전술했던 독서의 목적과 상황, 독자의 흥미나 가치관을 고려하여 글을 선택할 수 있다는 성취 기준이다. 교수자는 학습자에게 과거 독서 경험을 반추하게 하여 학습자의 과거 경험을 현재의 삶과 연결시킨다. 이 과정을 통해 학습자는 책을 읽는 목적을 자신의 삶과 연결시킬 수 있다. 만약 성공적인 독서 경험의 소유자라면, 자신의 과거 독서 경험에 비추어 해당 텍스트를 읽을 것이다. 그리고 해당 텍스트에 담겨 있는 주인공의 삶처럼, 성공적인 독서 경험의 반복을 통해 자신이 처한 문제 상황의 해결책을 책 속에서 찾으려고 할 것이다. 나아가 자신이 탐구한 지적 가치, 가령, 자신의 문제를 독서 경험을 통해 해결했다거나 책 속에 진리가 있다는 등의 의미를 자신의 또 다른 문제 상황에 적용할 수 있을 것이다. 학습자는 이러한 과정을 통해 긍정적인 독서 습관을 형성할 것이며, 독서의 목적을 지식 학습의 결과물이 아닌 삶의 문제를 해결하는 데 활용할 것이다. 그리고 이렇게 구성된 앎, 나아가 삶과 앎과의 관계는 학습자를 평생 독자로 이어질 수 있는 동력을 제공할 것이다. 이 과정을 통해 학습자의 독서 경험은 결국 앎의 성장 나아가 삶 속에서의 성장, 궁극적으로는 개인의 성장으로 이어질 것이다.

그러나 학습자들 대부분은 독서의 목적을 지식으로만 습득하고 있거나 이것을 삶의 문제와 연결 짓는 것에 익숙하지 않을 것이다. 이때 교수자는 학습자가 책을 읽지 않는 이유에 대해 점검하고 왜, 이러한 문제 상황이 발생했는지에 대한 원인이나 조건 혹은 그것을 구성하는 요소를 명료하게 파악하고 분석할 필요가 있다. 그리고 필요에 따라 다양한 자료를 수집할 수도 있으며, 학습자와의 대화를 통해 문제를 해결하려고 해야 한다. 또한 이러한 과정을 통해 학습자가 책을 읽지 않으려는 이유를 분명하게 진술함으로써 학습자의 현재 상황을 점검해야 한다. 그리고 그에 대한 해결책으로『과학자의 서재』라는 텍스트를 읽을 수 있도록 유도해야 한다. 만약 이러한 과정을 통해 학습자의 독서 경험이 시작된다면, 학습자가 평소 읽었던 읽기 방식이 아니라『과학자의 서재』에 나타난 주인공의 삶에 초점을 맞추어 학습자의 독서를 유도할 필요가 있다. 또한 주인공이 처한 문제 상황이 무엇이며, 그 속에서 수필 속 주인공은 어떠한 선택을 하였는지에 주목할 필요가 있음을 강조해야 한다. 이러한 안내를 통해 학습자는 자신이 처한 문제를 해당 텍스트를 읽음으로써 그리고 그 속에 등장하는 주인공의 삶을 탐구함으로써 자신이 가지고 있었던 문제에 대한 해결책을 마련할 수 있을 것이다.

그러나 이러한 과정이 이 지점에서 그친다면 학습자가 구성한 의미는, 반성적 사고가 지니는 본질적인 의미를 퇴색시킬 수 있다. 왜냐하면 반성적 사고는 지속적인 나선형의 순환 과정이기 때문이다. 그러므로 교수자는 이러한 과정을 통해 구성된 의미를 자신의 현재의 또 다른 갈등 상황이나 문제 사태에 적용시킬 수 있도록 학생의 사고를 유도해야 한다. 가령, 자신의 현재 고민이나 갈등 등을 문제 상황으로 설정하고 이를 해결하기 위해 어떻게 할 것인가에 대해 이번에는 본인 스스로 해결책을 마련해 보게 학생의 경험을 유도할 수도 있을 것이다. 이러한 문제의 설정은 표면적으로는 실용적인 것에서부터 심미적 나아가 본질적인 존재론과 관련된 부분으로까지 전 영역에서 가능하다. 그리고 설정된 문제를 독서 경험을 통해 해결할 수 있도록 관련 도서나 자료를 안내할 수 있을 것이다. 만약, 문제의 내용을 '책의 심미성'으로 설정한다면, 문학 작품이 나에게 즐거움을 줄 수 있는가? 혹은 책은 즐거운 것인가? 등의 가치의 문제로 영역을 확대해야 한다. 이러한 경우 역시 학생의 과거 독서 경험을 반추하게 하여 반성적 사고의 과정을 거쳐 학생 스스로 문제를 해결하고 이것을 삶 속에서 확인하고 탐구할 수 있도록 교사의 안내가 필요하며, 학습자 역시 이러한 심미적인 문제를 해결할 수 있도록 삶에서 그 해결 방안을 찾을 수 있도록 해야 한다.

반성적 사고의 이러한 문제 해결 과정은 교수-학습 과정으로 정립될 수 있다. 이러한 과정을 통해 학습자는 텍스트를 지식으로만 학습하는 것이 아니라 학습자의 문제를 삶 속에서 찾고 삶의 문제점을 독서 경험을 통해 해결할 수 있으며, 나아가 이러한 독서 경험을 자신의 삶의 또 다른 문제 사태에 적용함으로써 자신의 의미 경험을 삶 속에서 내재적 가치로 심리화할 수 있는 것이다. 그 속에서 학습자는 앎의 성장이 삶의 성장으로 나아가고 삶의 성장은 결국 학습자 개인의 성장으로 이어질 것이다. 이러한 독서 경험의 나선형적 순환 과정을 통해 학습자의 성장은 지속적으로 이어질 수 있을 것이다.

III

성장독서 교육의 적용

이번 장에서는 앞의 논의를 토대로 하여 학습자의 성공적인 독서 경험을 이끌기 위해 교수-학습 상황에서 맥락화와 반성적 사고를 어떻게 활용할 수 있으며, 이를 통해 자신의 문제를 어떻게 해결할 수 있는지를 살펴보고자 한다.

이를 통해 현장에서 독서 교육에 전념하는 교사나 예비 교사 나아가 독자들이 성공적인 독서 경험을 위해 어떻게 교수-학습 지도안을 마련할 수 있으며, 이를 위해 어떤 과정이 필요한 가에 대한 단초를 얻을 수 있으리라 기대해 본다.

교수–학습 상황에서 반영해야 할 점

듀이는 학교 교육의 목적을 학생들로 하여금 지속적인 성장을 위해 스스로 교육을 계속해 나갈 수 있도록 하는 것이라고 말한다. 이때 학교의 교수자는 학습자가 스스로 성장할 수 있도록 교수-학습 방안을 구안해야 한다.

독서 경험의 성장 요건 역시 교수자의 교수-학습 과정에 모두 반영되어야 한다. 독서 경험의 성장 요건으로는, 동기화를 위한 맥락화, 그리고 맥락화의 방안으로 '타자화된 나'의 맥락화, 텍스트에 의한 텍스트 맥락화가 있다. 또한 이러한 맥락화는 과거의 독서 경험과 현재의 독서 경험, 그리고 미래의 독서 경험이 현재의 독서 경험 속에 맥락화되며, 현재의 텍스트가 과거 혹은 미래의 텍스트에 의해 맥락화되고, 현재의 학습자 역시 '타자화된 나'에 의해 맥락화가 이루어진다. 더불어 이러한 맥락화는 필연적으로 반성적 사고를 동반하며, 이러한 반성적 사고는 문제 해결의 유목적적 사고 과정이라는 점이다.

이러한 요건들은 모두, 교수자의 교수-학습 과정에 하나의 독서 과정으로 정립되어야 한다.

이를 위해서는 독서 경험의 성장 요건을 학습자의 독서 경험 과정에 모두 녹여야 한다. 그리고 교수-학습 과정이 기존의 인지적 측면을 강조했던 텍스트 중심에서 벗어나 학습자의 과거 경험 혹은 독서 경험 속에서 맥락화되어, 맥락화된 문제를 텍스트를 통해 해결할 수 있도록 학습자의 주체성이 확보되어야 한다. 나아가 맥락화된 그리고 그 속에서 구성된 의미를 삶에 적용하고 실천함으로써 앎의 과정이 삶의 과정의 성장으로 이어져야 한다. 특히 이러한 교수-학습 과정은 교수자의 방법적인 측면이 강하며, 학생의 문제 상황이나 학습 목표 혹은 성취 기준에 따라 달라질 여지가 충분하다.

학습 상황에서 이러한 특징을 반영한 교수-학습 과정을 보면 아래와 같다.

성장독서 교수-학습 과정

학습자는 독서 수업 상황에서 텍스트 혹은 교과서와 만난다. 이는 타의적 만남으로 학습자의 동기가 유발되지 않으며, 읽을 텍스트는 필자가 구성해 놓은 필자의 해석 텍스트로 존재한다. 이때 교수자는 수업 활동 전반에 대한 안내를 통해 학생들의 주의를 환기해야 한다. 그리고 학생들의 독서의 동기를 유발하기 위해서 읽어야 할 해당 텍스트의 내용을 소개할 수도 있다. 독서 동기는 다른 사람을 통해 책 내용을 간접적으로 파악할 수 있고 흥미를 예상할 수 있는 경우에 가장 많이 유발된다는 점을 고려할 활동이다.

다음 단계에서 교수자는 학습자에게 해당 교과서에 수록된 학습 목표나 자신이 재구조화한 성취 기준을 학생들에게 제시할 필요가 있다. 이 과정에서 학생들은 자신의 과거 독서 경험을 성취 기준과 관련하여 맥락화해야 한다. 이 과정에서 문제에 대한 설정이 이루어진다.

학습자가 학습해야 할 성취 기준은 일반적으로 나선형으로 제시된다. 가령, 교육과정의 초등학교 읽기 영역의 성취 기준(교육과학기술부, 2012)을 보면, 초등학교 1~2학년의 읽기의 성취 기준인 '(5) 글의 내용을 자신이 겪은 일과 관련지어 이해한다.'는 3~4학년의 '(3) 읽기 과정에서 지식과 경험을 적극적으로 활용하며 글을 읽는다.'와 연결되며, 이는 5~6학년의 '(7) 다양한 읽을거리를 스스로 찾아 읽고, 자신의 독서 습관을 점검한다.'로 심화 · 확장된다. 이러한 성취 기준의 구성은 중학교와 고등학교도 별반 다르지 않다.

이러한 점을 고려할 때, 학습자의 학습 목표 혹은 성취 기준은 초등학교와 중학교의 국어 관련 교육과정을 거치면서 새롭게 생성된 것이 아닌 반복 혹은 심화 · 확장된 것들이다. 현재 학습자가 달성해야 할, 성취 기준은 텍스트의 난이도나 종류만 달라졌을 뿐 유사하다고 할 수 있는 것이다.

그러므로 학습자가 고등학생이라면, 중학교 때의 학습자의 독서 경험을 학습 목표와 관련하여 맥락화할 필요가 있다. 맥락화는 학습자의 읽기 동기를 유발할 가능성이 크다. 만약 학습자가 자신의 과거 독서 경험을 떠올리지 못한다면, 교수자는 학생들의 반응을 대비하여, 관련 성취 기준에 해당하는 텍스트를 사전에 준비할 필요가 있다. 특히 학습자가 읽어야 할 텍스트에 제시된 준비 학습이 학습자의 과거 독서 경험을 유발할 수 있다면, 이를 적절히 활용할 수도 있다.

이러한 과정을 통해 학습자는 성취 기준을 자신의 과거 독서 경험으로 맥락화할 수 있다. 이때 맥락화란 성취 기준과 관련한 자신의 과거 경험을 떠올리며 자신을 돌아보고 현재 자신의 어떠한 문제인가를 고민하는 독서 활동을 의미한다. 능숙한 학습자라면, 성취 기준과 관련하여 자신이 현재 상태를 정확히 진단할 수 있을 것이다. 가령, '서정 갈래의 특징을 이해할 수 있다.'는 성취 기준이 주어졌을 때, 능동적인 학습자라면, 중학교 때 배웠던 과거의 독서 경험을 떠올리며, '서정 갈래의 특징'을 이해하고 자신이 그동안 경험을 바탕으로 자신이 이해하지 못한 부분을 정확히 진단할 수 있을 것이다. 만약, 이러한 자기 진단 혹은 자신의 과거 경험을 성취 기준과 연결시키지 못하고 계속 갈등하는 학습자가 있다면, 교수자는 학습해야 할 텍스트보다 난도가 낮은 텍스트를 학생들에게 제시하거나 준비 학습에 제시된 자료를 통해 학생들이 자신의 문제를 진단할 수 있도록 관련 자료를 제시하여 학생들의 맥락화를 도와야 한다.

일반적으로 교수자의 수업 형태는 학습 목표를 제시하기보다는 해당 텍스트의 이해에 초점을 맞춘다. 그러나 텍스트에 대한 이해도 중요하지만, 교수자의 학습 목표 설정은 학습자에게 문제를 설정하고 자신이 달성해야 할 성취 기준 및 평가 기준을 제공해 준다는 점에서 반드시 요구되는 활동이다. 특히 '문제'를 인식한다는 것이, 지금 현재 자신이 처해 있는 지점과 도달하고 싶은 목표 지점 사이에서 갈등을 느낄 때만 존재한다(린다플라워, 원진숙·황정현 옮김, 1998:80)는 점을 고려하여 학습자의 과거 독서 나아가 현재의 학습자의 상태 그리고 미래의 독서 경험을 연계할 필요가 있다. 이때, 교수자는 학생들이 학습해야 할 학습 목표를 일방적으로 전달하기보다는 학습자가 경험했던 혹은 경험할 독서 경험을 학습자가 스스로 인지할 수 있도록 학습자의 독서 경험을 활성화할 필요가 있다.

학습자는 이 과정에서 자신이 달성해야 할 성취 기준과 이와 관련한 자신의 문제 상황을 설정할 수 있다. 중요한 것은, 학습자가 자신이 지니고 있는 문제를 인지하여 문제 상황을 설정할 때, 문제의 성격이 수업에서 교수자가 제시한 성취 기준 혹은 학습 목표와 관련된 것이어야 한다. 그리고 만약 설정한 문제가 학습 목표와 관련이 없거나 전혀 동떨어진 내용의 문제라면 교수자는 학습자와 대화를 통해 문제 상황을 재설정할 필요가 있다. 혹은, 능숙한 학습자와 미숙한 학습자 간의 대화를 통해서 이러한 상황을 해결할 필요가 있다. 이 과정이 지성화 단계이다.

교수자는 학습자의 현재 상황을 가급적 존중하되, 해당 수업 시간에 달성해야 할 성취 기준을 고려하여 학습자가 문제를 설정할 수 있도록 도와야 한다. 개별 학생의 문제들을 나열하거나 이들을 유목화 혹은 구조화하여 칠판에 기록하는 활동 등을 통해 관련 문제를 가진 학생들 끼리 소그룹의 모임을 구성할 수도 있다.

우리나라의 수업 현실을 고려할 때, 30명이 넘는 학생들의 개별적 문제 상황을 모두 고려하여 해당 문제를 설정할 수는 없다. 학생들의 문제를 유목화하여 모둠별로 설정할 필요가 있다.

이러한 과정을 통해 학생들은 교수자 혹은 동료 학생 혹은 '타자화된 나'와의 대화를 통해 자신이 달성해야 할 성취 기준을 명확히 하거나 자신의 과거 경험을 고찰하며 스스로를 성찰할 수 있다. 이러한 일련의 과정을 통해 독서 경험의 맥락화가 이루어진다. 즉, 필자에 의해 구성된 해석된 텍스트가 이제는 독자의 의미 구성 안에서 독자의 해석 텍스트로 변화될 준비가 된 것이다. 자신의 해석 텍스트 속에서 필자의 해석 텍스트가 어떤 영향을 미치는 맥락으로 변하거나 그 과정에 있는 상태가 된 것이다.

세 번째, 문제 확정의 단계이다. 이 과정에서 교수자는 학생들의 과거 독서 경험, 현재의 독서 경험, 미래의 독서 경험을 상호 연관시킬 수 있도록 학생들의 독서 활동을 유도해야 한다. 즉, 자신의 현재 문제가 과거에는 어떠했으며, 현재는 이러한 상태고 앞으로는 어떠할 것인지에 대한 인지를 명확히 할 수 있도록 학생들의 사고를 유도해야 한다. 또한 자신들이 설정한 문제를 해결하기 위해 텍스트를 어떻게 읽을 것이며, 어떠한 부분에 집중할 것인지를 명확히 할 필요가 있다. 가령, 교과서에 제시된 텍스트가 소설이라면, 소설 전문을 읽고 모든 내용을 소화할 수도 있지만 소설의 특정 부분을 읽고 자신의 문제를 설정하고 이와 관련된 독서 활동을 통해 자신의 문제를 해결할 수도 있을 것이다. 또한 이러한 독서 활동은 모둠별로 다를 수도 있고, 유사할 수도 있다.

또한 지성화 단계에서 학습자의 독서 수준이 특정 텍스트를 읽기에 부적합하다고 판단되거나 학습자가 설정한 문제 상황을 교과서에 제시된 읽기 텍스트가 적합하지 못하다고 판단한다면, 과거의 독서 경험 속의 텍스트를 다시 제시하거나 학습자의 수준에 맞는 텍스트를 경험할 수 있도록 관련 텍스트를 제공해야 한다. 이러한 점을 고려할 때, 하나의 주 텍스트만으로 학습자의 문제를 해결하는 것은 현실적으로 부족함이 있다. 그러므로 이 경우, 준비 학습에 제시된 텍스트나 학습 활동에 제시된 보충 텍스트를 활용할 수도 있다. 혹은 성취 기준을 달성할 수 있도록 교사가 관련 텍스트를 준비하여 학생의 문제 상황을 확정할 수도 있다.

이러한 일련의 과정은 많은 시간을 필요로 한다. 통상적인 수업 시간의 개념, 즉, 중학교는 45분, 고등학교는 50분이라는 수업 시간에서 벗어날 필요가 있다.

다음 단계는 학생이 해당 텍스트를 읽고 관련 내용을 파악하는 단계이다. 학습자는 자신들이 설정한 문제를 해결하기 위해 자신이 읽을 텍스트를 문제 상황 속에 맥락화할 것이다. 학습자는 '타자화된 자신'과 상호 작용하거나 과거의 독서 경험을 현재 텍스트에 맥락화할 수도 있다. 이때, 교수자는 학습자의 문제를 명확히 인식할 수 있도록 칠판에 기재된, 개별 혹은 모둠별 문제 상황을 학습자가 인지할 수 있도록 지속적인 안내가 필요하며, 모둠별로 해당 활동지를 구안할 수도 있다. 또한 메타인지 능력이 부족한 학습자를 위한 활동지를 구안할 수도 있다. 특히 긴 텍스트를 읽는 데 어려움을 겪는 학습자라면, 텍스트의 종류나 내용 등에 따라 텍스트의 내용을 구조화하여 학습자의 문제 혹은 궁금증이 어느 정도 해결되었는지를 확인하거나 점검할 수 있는 활동지가 필요하다. 그리고 학생들의 의미 구성이 이루어지는 동안 교수자는 학습자의 독서 과정을 확인하거나 안내할 필요가 있다. 다만, 이러한 교수자의 활동지 구안이나 학습자의 의미 구성 과정은, 학습자가 설정한 문제 상황이나 학습자의 과거 경험 및 학습자의 삶과 연관된 것이어야 하며, 기존의 읽기 기능에서 강조하고 있는 읽기 능력을 평가하는 활동지가 되어서는 안 된다. 독서 과정 중, 학생들은 교수자가 제시한 참고 자료를 활용할 수도 있다. 즉, 해당 텍스트가 쓰어진 맥락을 확인하여 자신이 읽고 있는 맥락과 연결시킬 수도 있으며, 해당 텍스트와 관련한 다른 텍스트를 통해 자신의 문제 상황을 해결할 수도 있다. 또한 주어진 텍스트가 아닌 관련 텍스트에 대한 탐구를 통해 의미 구성을 더 풍요롭게 할 수도 있을 것이다.

주의해야 할 점은, 교수자가 학습자들이 자신들이 설정한 문제를 삶에 적용하거나 이를 실천으로 이어질 수 있게 관련 성취 기준에 대한 평가 방안을 마련해야 한다. 이 단계가 검증 혹은 평가의 과정이다. 평가는 학습 활동으로 구안할 수도 있으며, 독서 후, 수행 평가의 형태를 띤 과제로 내줄 수도 있다. 가령, 구성한 의미를 삶에서 찾아보게 하거나, 수업 일기를 작성하게 하여 자신이 설정한 문제를 학습자가 해결하였는지를 확인할 수 있다. 또한 자신의 문제 해결 과정을 학습자가 지식의 습득 과정으로만 파악하는 것이 아니라 삶과 연결된 부분으로 확장했는지를 확인할 수 있는 보고서를 모둠별로 받을 수도 있다.

학습자들은 성취 기준과 자신의 과거 독서 경험을 맥락화했듯이, 자신들이 현재 설정한 문제가 구성된 의미를 통해 해결되었는지를 삶 속에서 확인해야 한다. 나아가 구성된 의미를 확장하여 우리 사회 전반의 문제 혹은 자신의 미래 상황에 부딪히게 될 경험에 대해 현재의 독서 경험을 맥락화할 수도 있다. 이렇게 자신이 구성한 의미를 자신의 문제와 관련시키고 이것을 다시 자신의 삶 속에 확장시키는 과정이 맥락화인 것이다. 이를 통해 학습자들은 자신의 문제 나아가 사회 공동체의 문제까지 자신의 삶 속에서 맥락화할 수 있을 것이다.

이러한 일련의 과정을 거쳐 학습자가 수업 시간에 학습한 독서 경험을 자신이 설정한 문제를 바탕으로 자신들의 삶 속에서 의미를 재구성하고 이를 생활 속에서 다시 실천으로까지 확장할 수 있을 때, 학습자를 평생 독자로 이끌 수 있을 것이다.

교수자와 학습자의 독서 경험에 대한 교수-학습의 모형을 아래 그림으로 종합하여 나타낼 수 있다.

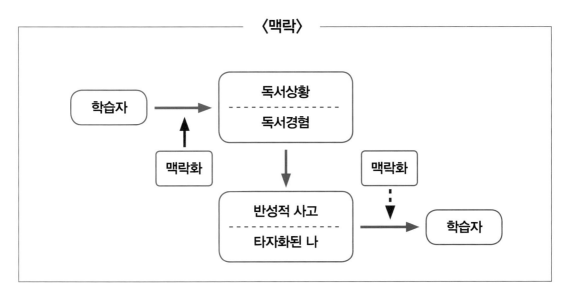

[성장독서 교수-학습 과정]

성장독서 교수-학습 과정의 특징

위에서 제시한 교수-학습 과정은 다음과 같은 특징이 강조되어야 한다. 첫째, 학습자가 텍스트에 흥미를 가질 수 있도록 텍스트를 학습자의 현재 삶 혹은 학습자의 과거 경험이나 과거의 독서 경험 속에서 맥락화해야 한다.

둘째, 많은 양의 지식을 피상적으로 다루기보다는 학습자의 문제 상황을 중심으로 적은 양의 지식을 깊이 탐구할 수 있도록 반성적 사고를 강조해야 한다.

넷째, 반성적 사고의 과정은 문제 해결의 과정으로, 학습자의 문제를 해결할 수 있는 탐구 활동이 강조되어야 한다.

셋째, 교수자는 학습자의 삶의 문제를 해결하기 위해 학습자가 수업 시간에 읽어야 할 텍스트 외의 관련 텍스트나 관련 교육과정의 성취 기준을 위계적으로 제공할 필요가 있다.

다섯째, 교수자는 학습자가 텍스트를 통해 구성한 의미를 삶의 문제와 연결시킬 수 있도록 학습자의 문제 상황을 지성화해야 하며, 학습자는 텍스트를 통해 구성된 의미를 자신의 문제 상황에 적용하여 이것을 삶 속에서 실천할 수 있어야 한다.

여섯째, 학습의 주체는 교수자가 아닌 학습자로, 학습자가 자신의 문제 상황을 성취 기준 혹은 텍스트와 관련하여 설정할 수 있도록 교수자는 안내자의 역할을 해야 하며, 학습 과정을 학습자가 주도해 나갈 수 있도록 관련 활동을 구안하거나 학습자의 학습 단계에 맞는 구조화된 자료를 제시해야 한다.

일곱째, 교수자는 정해진 수업 시간의 개념에서 벗어나 제시된 교수-학습 과정을 운영할 수 있어야 한다.

여덟째, 학생들의 효율적인 활동 방안으로 모둠별 문제 설정하기, 모둠별 토의하기, 동료 학습자의 사고 과정 따라하기, 자신의 수업 활동이나 사고 과정을 볼 수 있는 수업 일기 쓰기, 사례 발표하기 등을 활용해야 한다.

이러한 특징을 반영하여 교수자는 독서 수업 상황에서 학습자의 독서 경험을 맥락화하여 학습자의 반성적 사고 과정을 유도해야 한다. 그리고 이를 삶의 문제에 다시 맥락화하여 이를 적용할 수 있는 활동 경험을 유도해야 한다. 더불어 학습자가 활동 경험으로 구성된 의미 경험이 내면화될 수 있도록 평가 방안도 구안해야 한다.

만약 학생들의 문제가 해결되었다면, 학생들의 독서 경험은 성공적인 독서 경험으로 인식될 것이며, 이러한 과정의 반복을 통해 긍정적인 독서 경험이 형성되어 습관화로 이어질 가능성이 높다. 비록 성취 기준과 관련하여 자신이 설정한 문제가 해결되지 못하더라도 해당 텍스트에 대한 맥락화와 반성적 사고의 과정을 통해 자신의 문제 나아가 스스로의 삶을 성찰했다는 점에서 의의를 지닐 수 있다.

GROWTH Reading HOW

GROWTH Reading		공통 프로세스	탐구형 (주제 탐구형 독서)	성찰형 (인성 독서)	소통형 (진로 독서)
G	Grasp (Grasp problem of life)	파악하기 (삶 속에서 문제 인식하기)	• 삶 속에서 문제 인식하기	• 삶 속에서 문제 인식하기	• 독서의 목적 인식하기
R	Relate (Relate reading experience)	관련짓기 (독서 경험과 연결하기)	• 문제 상황 명료화하기 • 가설 설정하기	• 독서 경험으로 문제 인식 명료화하기	• 독서 경험을 통해 문제 인식하기
O	Organize context	맥락화하기 (독서 맥락 구성하기)	• 텍스트 맥락화 • 독자의 맥락화	• 텍스트 맥락화 • 독자의 맥락화	• 주 텍스트와 소통하기 • 독자의 맥락화
W	Widen (Widen reading experience)	넓히기 (문제 해결하고 독서 경험 확장하기)	• 삶의 의미로 확장하기	• 덕목 찾기	• 가치화하기
T	Try (Try in life)	실천하기 (삶 속에서 실천하기)	• 다음 독서 계획하기	• 삶으로 나아가기	• 삶으로 나아가기
H	Head (Head for growth reader)	나아가기 (성장 독자로 나아가기)			

제 5 장

성장독서 교육의 실제

4장에서는, 성장독서 교육의 원리와 방법, 나아가 교수-학습 방법에 대해 살펴보았다. 즉, 독자가 해석 텍스트를 만드는 과정에서 성장독서 교육의 원리인 상호 작용의 원리, 연속성의 원리, 주체화의 원리가 작용하며, 성장독서 교육의 방법인 맥락화와 반성적 사고 과정이 독자의 성공적인 독서 경험을 위해 어떻게 작용하며, 이들이 교수-학습 상황에서 어떻게 적용될 수 있는지를 알아보았다.

이번 장에서는 4장에서 살펴 본 성장독서 교육의 방법인 맥락화와 반성적 사고를 독서 상황에서 독자가 어떻게 활용할 수 있는지를 보다 구체적으로 살펴볼 것이다. 이를 위해 먼저, 들로르 보고서와 민현식(2014), 2015 국어과 개정 교육과정의 논의를 토대로 하여 성장독서 교육의 유형을 세 가지로 나누고 각각의 특징을 알아볼 것이다. 특히 생텍쥐페리의 『어린 왕자』를 주 텍스트로 맥락화와 반성적 사고가 각 유형별 독서 상황에서 어떻게 활용될 수 있으며, 실제화될 수 있는지를 살펴볼 것이다.

이 과정을 통해 독자는 하나의 텍스트를 통해 맥락화와 반성적 사고 과정을 구체적으로 활용하는 방법을 익힐 수 있을 것이다.

성장독서 교육의 유형

성장독서 교육의 유형화 방안

평생 학습의 근간을 이루는 들로르 보고서(Delors report, 1996)에서는 네 가지 학습 형태를 제시하고 있다. 알기 위한 학습(learning to know), 행위를 위한 학습(learning to do), 더불어 살아가기 위한 학습(learning to live together), 그리고 존재를 위한 학습(learning to be)을 '학습의 네 가지 기둥'으로 제안하고 있다. 특히 이러한 학습 형태는 '학습과 교육은 그 자체로 개인과 사회가 대상으로 삼는 하나의 목적으로 각 개인의 전 생에 걸쳐서 추진되어야 하고 효용성을 지녀야 한다.'라는 일반 원칙을 기저로 하고 있다(김창엽, 2005). 이러한 관점은, 독서 경험의 성장의 준거로 제시한 앎의 지표와 관련되며, 평생 독자를 목적으로 하는 이 책의 목적론과도 상통한다. 그러므로 '삶과 연계된 독서 경험의 성장'을 전제로 한, 독서 교육의 목표를 준거로 삼되, 민현식(2014)의 논의와 평생 학습의 네 가지 형태를 참고하여 성장독서를 유형화할 필요가 있다.

또한 기존 독서 교육의 내용 체계도 참조할 필요가 있다. 독서 교육과정(2015 개정 교육과정)에서 제시하고 있는 '독서의 본질'과 '독서의 방법'은 독서 지식 혹은 독서의 기능과 관련된 내용들이다. 이러한 내용들은 균형 잡힌 지식인으로의 성장을 목표로 하는 독서 과목의 내용 체계들이라 할 수 있다. 또한 이러한 항목은 민현식(2014)이 강조한 지식 교과로서의 국어과의 교과 특성이자 독서 영역의 기능적, 사실적, 역사적 지식과도 연결된다. 나아가 들로르 보고서의 '알기 위한 학습'과도 연결될 수 있다. 즉, 독서의 본질을 이해하고 독서의 맥락과 글의 특성을 파악하며, 적절하고 전략적인 방법을 활용하는 능력은 들로르 보고서에서 제시한 학습 형태와 상통하는 것이다. 가령, '어떠한 상황에서든지 자신에게 필요한 것을 학습할 수 있는 힘을 갖추는 것'이자 '학습할 수 있는 능력을 학습하는 것'이라 할 수 있다.

탐구형

학습할 수 있는 능력으로서의 독서 능력은 앞 장에서 설명한 메타적 성장 역량에서 중요한 부분을 차지한다. 탐구를 목표로 하는 성장독서의 유형은 '탐구형'으로 명명할 수 있다. 그러나 주의해야 할 점은 탐구형이 기존의 텍스트의 구조나 원리를 분석하는 데에 그치는 것이 아니라 독서 경험의 출발점 자체가 텍스트가 아닌 텍스트와 관련된 학습자의 문제 상황에서 출발한다는 점이다. 또한 이러한 독서 경험을 통해 학습독자의 삶 속에서 자신의 지식을 적용하거나 실천하는 부분으로까지 확장되어야 한다. 가령, 복수 텍스트를 읽고 두 텍스트의 관점 등을 비교·분석하여 자신의 삶에서 손쉽게 접할 수 있는 읽기 텍스트를 분석하고 그 자료를 종합적이고 비판적으로 읽을 수 있어야 한다. 그리고 이러한 과정을 통해 자신이 탐구한 지적인 지식을 자신의 삶에 내면화해야 한다. 이 유형은 기존의 독서 교육에서 강조했던 텍스트 중심의 독서 원리 및 독서 방법 등을 맥락화한 지식으로 습득하고 다시 이것을 맥락이 존재하는 실제 삶에 적용해 본다는 점에서 기존의 독서 기능을 성장독서로 연결한 유형이라 할 수 있다.

성찰형

두 번째, 성찰형을 설정할 수 있다. 독서 교육에서 추구하는 '독서의 본질'과 '독서의 태도'가 이에 해당한다. 즉, 바람직한 독서는 자신에게 필요하고 좋은 글을 스스로 찾아 읽는 것이다. 또한 독서 활동을 통하여 다른 사람과 교감하며 자신의 삶을 성찰하거나 자신의 독서 이력을 성찰하고 독서 계획을 세워 실천하도록 하는 독서 경험과 관련된 유형이다. 좁게는 자신의 독서 활동에 대한 메타 행위를 통해 독서 경험 자체를 성찰할 수 있으며, 넓게는 자신의 삶 나아가 사회 공동체의 다른 사람들과 인간적 관계를 깊이 있게 하는 데에 일조할 수 있는 유형이다. 특히 이러한 활동을 통해 바람직한 독서 문화 형성에 참여할 수 있을 것이다.

성찰의 범위를 자신의 독서 활동에 놓는다면, '독서의 본질'과 '독서의 방법' 역시 여기에 포함될 수 있다. 가령, 독서 수업 시간에 자신의 독서 경험이 '독서의 본질'과 관련이 된다면, 자신의 독서 경험을 메타 행위를 통해 성찰할 수 있으며, 이를 기반으로 하여, 관련 내용을 자신의 삶 속에서 성찰할 수 있다.

이 유형은 민현식(2014)이 제시한 도구(기능) 교과로서의 국어과의 교과 특성이자 통합과 균형적 사고를 강조하는 사고인(생각하는 인간)과 연결된다. 나아가 들로르 보고서의 '존재를 위한 학습'과도 연결될 수 있다. 즉, 자신의 독서 경험을 통해 '개인의 독특한 상황과 요구에 따라서 자신의 성장을 도모하고 임파워링할 수 있는 개별적 특수성이 고려'된다는 점에서 '개별적인 자아실현을 돕는 것'(김한별, 2010:52)이기 때문이다.

이 유형은 생애 독자로 나아가는 단초를 제공해 주는 유형으로, 현재적 삶과도 연결되지만 미래 사회의 생활 생태와도 관련된다. 즉, 다른 유형에 비해 독서의 가치를 자신의 현재 가치를 돌아보는 것에서 찾을 수 있으며 미래 사회가 요구하는 바람직한 삶과도 연결되는 것이다. 이것은 개인의 실용적인 삶의 적용이라는 부분부터 인간의 본질적인 존재에 대한 물음까지 통괄하는 것이다.

소통형

세 번째, 소통형을 설정할 수 있다. 독서 행위는 개인의 독서 행위로 그치지 않는다. 독서는 사회 · 문화적인 실천행위이며 상호 교섭적인 의미 구성 행위이다. 독서 교육에서 강조하는 '독서의 본질'과 '독서의 방법', '독서의 태도' 역시 궁극적으로 소통을 목표로 하는 독서 과목의 내용 체계들이다. 즉, 독서 교육에서 제시하는 '독서의 본질' 자체가 '자신에게 필요한 좋은 글을 찾아 읽는 행위'를 강조하고 있으며, '독서의 방법' 역시 독서의 맥락과 글의 특성을 바탕으로 하는 텍스트 혹은 필자와의 소통을 전제로 하고 있다. 가령, '독서의 맥락'과 '글의 특성을 이해하는 것'은 독자 자신 나아가 글쓴이의 사고가 확장 · 전개되는 과정을 통해 자신에 대한 이해, 나아가 글쓴이의 사고 전개의 특징 및 표현 전략을 이해하는 것으로, 이는 자신과의 소통 나아가 텍스트 혹은 필자와의 소통을 목적으로 한다. 또한 '독서의 방법' 역시, 중심 내용을 파악하고, 필자의 의도 등을 추론하며, 필자의 생각을 비판하고 나아가 작품을 감상하거나 문제를 창의적으로 해결 하는 방법을 탐구하는 것 역시 텍스트와의 소통, 텍스트 외적 맥락과의 소통을 목표로 하는 독서 경험이다. 또한 '독서의 태도' 역시, 독자 스스로 자발적인 독서 계획과 실천을 바탕으로 바람직한 독서 문화에의 참여를 유도하고 있다. 이는 문화적 다양성, 인간과 삶에 대한 이해와 안목을 높이는 것을 목표로 하는 독서 활동이자 더불어 살아가기 위한 학습과 관련되는 독서 경험들이다.

이 유형은 민현식(2014)이 제시한 도구(기능) 교과로서의 국어과의 교과 특성이자 의사소통 나아가 문화에 대한 이해를 강조하는 사회인(사회적 인간)과 연결된다. 나아가 들로르 보고서의 '더불어 살아가기 위한 학습'과도 연결된다. 즉, 자신의 독서 경험을 통해 '문화적 다양성에 대한 감각을 도야함'과 동시에 이를 '수용'하는 태도를 기르고 나아가 '공동의 과제를 수행함으로써 서로 간의 차이를 포용하고 조정할 수 있는 기회'를 갖는 것(김한별, 2010:52)이 중시되기 때문이다. 이는 독서 교육에서 강조하는, 텍스트 나아가 텍스트를 둘러싼 주변 맥락과의 소통과 관련되는 독서 활동이자 독서 교육을 통해 독자에게 바라는 궁극적인 변화라 할 수 있다. 또한 세상과의 소통을 통해 자신의 찾아보거나 자신의 적성과 흥미를 고려한 진로 선택에도 유용할 수 있다.

위의 내용을 종합하여 성장독서 교육의 유형과 방법을 정리하면 아래와 같다.

이론적 기반			성장독서 유형	성장독서 방법
목표인간	독서 교육의 내용 체계	학습 형태		
지식인 (지식적 인간)	독서의 본질 독서의 분야	독서의 방법 / 알기 위한 학습	탐구형	주제 탐구 독서
사고인 (생각하는 인간)		독서의 태도 / 존재를 위한 학습	성찰형	인성 독서
사회인 (사회적 인간)		독서의 방법 독서의 태도 / 더불어 살아가기 위한 학습	소통형	진로 독서

[성장독서 교육 유형]

성장독서 교육의 유형별 실제

성장독서 유형을 크게 세 가지로 제시하였다. 첫째, 탐구형, 둘째, 성찰형, 셋째, 소통형이다. 각 유형별 대표적인 독서 방법으로는 탐구형에는 탐구 독서, 성찰형에는 인성 독서, 소통형에는 진로 독서가 있다.

다만, 이러한 성장독서 유형은 학생의 목적, 흥미, 가치관 등에 따라 그 유형이나 과정이 변용될 수 있다. 가령, 학습자의 문제 상황에 따라 교수-학습 과정은 달라질 수 있으며, 학교의 수업 상황에서 제시된 학습 목표 및 성취 기준에 따라서도 달라진다. 그러므로 학습자의 개별화된 문제 상황에 맞는 유형의 변용이 요구된다. 주의해야 할 점은, 유형의 차이가 곧 종류의 차이라기보다는 무엇을 부각하여 교수-학습할 것인가, 학생의 문제 상황이 무엇인가, 교수-학습의 목적 등에 따른 정도의 차이라는 점이다. 즉, 어떤 경험 상황에서 지배하고 있는 양상이 무엇이냐에 따라 달라진다. 가령, 연구실에서 일어나는 과학자의 경험을 지적 활동으로, 피아노곡을 연주하는 음악가의 활동을 예술적 경험으로, 무엇을 제작하거나 실제적인 결과를 가져오는 데에 관심을 두고 있는 활동을 실제적 활동으로, 어떤 도덕적인 판단이 두드러지는 경험을 도덕적 활동으로 명명할 수 있듯이, 특수한 영역에 속하는 것으로 분류된 그 경험은, 작용하고 있는 양상의 면에서 비교한다면, 단지 '정도'에 있어서만 차이가 있을 뿐이지, 특정한 경험의 양상만이 작용하는 의미의 차이 즉 '종류'에 있어서의 차이가 있다는 것은 아니다(박철홍, 1995). 그러므로 성장독서의 유형 역시 탐구형이라고 하여 지식만을, 성찰형이라고 하여 반성적 사고만을, 소통형이라고 하여 대화만을 강조하는 것이 아니라 학습자의 흥미, 동기, 맥락 등에 따라 어떤 유형을 선택하여 어디에 중점을 둘 것인가 하는 정도의 차이인 것이다. 나아가 독자 역시 자신의 처한 문제 상황이나 상황 맥락에 따라 독서 유형을 선택할 수 있을 것이다.

1. 탐구형: 주제 탐구 독서

탐구형 독서는 문제 해결 과정으로서의 독서가 강조되는 유형이다. 우리의 삶은 끊임없는 문제 해결의 과정이라고 할 수 있다. 같은 일을 무한 반복하는 로봇이 아닌 이상 우리는 삶의 여러 장면에서 다양한 문제들을 만나게 되고 그러한 문제들을 해결하는 노하우를 축적하면서 전문성을 쌓게 된다. 문제 해결의 방법을 익히고 적용하는데 가장 효과적인 방법은 전문가에게 그 노하우를 전수받는 것이지만 전문가를 통한 전문성의 향상에는 시간적, 공간적, 경제적 제약이 존재한다. 우리가 보편적으로 전문성을 향상할 수 있는 가장 유용한 방법은 독서를 하는 것이다. 그것이 설명서이든 책이든 아니면 논문이나 블로그 등의 형태이든 관계없이, 우리는 필요한 정보나 모르는 내용을 글이나 책을 통해 찾아 읽고 문제 해결을 위한 방법을 파악하게 된다. 그리고 이렇게 습득한 지식은 다시 배경지식이

되어 자연스럽게 전문성이 향상으로 이어진다. 즉, 독서는 삶의 문제를 해결하고 전문성을 확보해 나가기 위한 가장 기본적인 방법이 된다. 탐구형 독서는 이러한 문제 해결을 위한 독서의 방법이라고 할 수 있다.

삶의 장면에서 만나게 되는 여러 문제를 독서를 통해 해결하기 위해서는 반성적 사고와 텍스트에 의한 텍스트의 맥락화가 중요하다. 문제를 해결하기 위해서는 먼저 문제가 무엇인지, 어떤 지점에서 문제가 발생하는지를 명료하게 파악해야 한다. 또한 그 문제의 원인은 무엇이며 해결 방안은 무엇인지를 판단해야 한다. 문제의 지점을 파악하기 위해서는 유사한 문제 상황을 접하거나 반대로 문제가 없는 상황, 내지는 다른 문제 상황과 비교를 하는 것이 유용하다. 원인을 진단하고 해결 방안을 모색하기 위해서는 추가적인 정보를 수집하고 평가하는 작업이 필수적이다. 이러한 모든 과정은 자신의 문제 상황과 해결 과정을 점검 및 조정할 수 있는 상위인지 능력이 필수적인데, 이러한 상위인지 능력의 핵심은 반성적 사고에 있다.

반성적 사고를 통해 문제를 해결하기 위해서는 해결 방법에 대해 가설을 설정하고 일련의 독서 경험을 통해 그 가설의 타당성을 검증해 가는 탐구 과정이 필요하다. 하나의 텍스트를 이해하기 위해서는 자신이 설정한 문제를 분명히 하여 탐구의 방법을 활용하여 자신의 문제를 해결한다는 점에서 반성적 사고가 강조되며, 하나의 텍스트를 다른 텍스트를 맥락화함으로써 자신이 읽어야 할 텍스트의 의미를 구성한다는 점에서 텍스트 맥락화가 강조된다. 나아가 지식 탐구의 내용 및 성격에 따라 '타자화된 나'와의 대화로 강조될 수 있다.

또한 독서 경험 중, 의미 경험이 강조되며, 의미 경험이 독서 경험의 구심점 역할을 한다. 이때 의미 구성의 구심력은 텍스트에 놓는다는 점에서 텍스트 중심의 독서 교육과 유사하다고 할 수 있다. 그러나 이때 작용하는 구심력은 독자의 삶의 맥락 혹은 삶 자체에 대한 원심력을 전제로 한다는 점에서 텍스트 중심의 이해와는 다르다고 할 수 있다.

탐구형 독서는 독서를 통해 인지적 성장을 이루는 독서의 유형이다. 이러한 성장은 단순히 많은 양의 책을 읽는 것이 아니라 문제를 인식하거나 발견하고 이를 독서를 통해서 해결해가는 과정을 통해 총체적으로 이루어진다. 특정 분야 또는 시사 상식 등의 배경 지식을 확보하는 폭넓은 독서에서부터 구체적이고 특정한 정보를 찾는 독서에 이르기까지 독서의 기본은 문제를 인식하고 해결 방안을 예측하고 독서를 통해 그것을 확인하고 조정해 가는 과정이라고 할 수 있다. 이는 비단 탐구형 독서뿐만이 아니라 하향식 또는 상호작용식 독서 모형에서도 알 수 있듯이 독서 과정의 일반적인 과정에 해당한다. 독서는 독서의 목적과 책 또는 글의 성격을 고려하여 내용을 예측하거나 가설을 설정하고 독서의 과정을 통해 이러한 가설을 검증해 나가는 심리학적 게임의 성격을 갖는다.

탐구형 독서는 전문적인 독서 능력을 갖춘 지식인 양성에 초점을 맞춘 유형이라 할 수 있다. 지식을 창출하고 자신의 앎의 지평을 확장하는 것은 미래 사회가 요구하는 능동적이고 주체적이며 창의적인 독자가 갖추어야 할 전문적 능력이다. 즉, 삶에서의 다양한 지적인 탐구활동을 통해 삶을 영위해 가기 위해서 학습 독자들에게는 인문학, 사회학, 자연과학, 예술 등 다양한 분야의 지식이 요구되고 있으며, 나아가 다양한 관점의 독서 자료들을 종합적이고 비판적으로 읽을 수 있는 독서 능력이 필수적이다.

무엇이 전문적인 독서 능력인가에 대해서는 논자마다 논의의 종류마다 다를 수 있으며, 독서 교육 나아가 국어 교육 내에서의 합의가 이루어지지 않은 실정이다. 그러나 분명한 것은 유사한 난도를 지니는 텍스트일 경우, 하나의 현상을 단일한 시각으로 바라보는 것보다는 다양한 시각으로 바라본 텍스트가 의미를 구성함에 있어 어려울 수 있으며, 단일 텍스트를 읽고 이해하는 것보다 복수 텍스트를 비교·분석하는 것이 고급 독서의 수준이라 할 수 있다. 즉 앞 장에서도 언급한 주제 통합적 독서 활동, 즉 엮어 읽기를 통해서 우리는 문제를 해결하고 새로운 통찰을 만들어 갈 수 있게 된다.

엮어 읽기 방법은 일상적인 글 읽기에서 자연스럽게 수행하게 된다. 어떤 물건을 사고자 한다거나 여행을 떠나는 상황을 가정해 보자. 우리는 해당 상품의 홈페이지는 물론 블로그, 카페, 뉴스 등 다양한 경로를 관련된 정보를 가급적 풍부하게 찾아 보고 그 중에서 유용한 정보를 선택한다. 이처럼 삶 속에서 만나는 다양한 문제들을 해결하기 위해서는 문제를 구체화하고, 문제를 해결하기 위한 가설을 설정한 후, 다양한 자료를 탐색하여 구체적인 정보를 찾아내고 탐색한 정보의 가치를 판단하며, 유용한 정보를 선별하고 종합하여 새로운 가치를 창출하게 되는데, 이러한 활동은 많은 경우 엮어 읽기의 독서 활동을 통해 수행된다. 특히, 전문적 문식성을 길러 나가야 하는 성인기 이후의 시기에는 이렇게 통합적으로 엮어 읽는 능력이 전문성을 향상시킬 수 있는 유용한 방법이 된다.

학습 상황에서도 마찬가지이다. 가령, 보고서나 논설문을 쓰는 필자가 하나의 주제를 놓고 무엇을 쓸 것인가 하는 고민을 할 때, 하나의 주제에 해당하는 관련 서적을 탐독한다. 그리고 이러한 읽기를 바탕으로 글에서 자신만의 주장을 펼친다. 이러한 모습은 학습 독자의 학습 상황에서도 발견된다. 가령, 교수자가 A라는 주제로 수행평가 과제를 제시할 경우 학습자들은 하나의 텍스트만을 경험하지 않는다. 복수 텍스트 그 이상의 텍스트를 읽으며 자신의 과제를 해결해간다.

특히 초·중·고 학령기의 학습자들은 텍스트의 주제를 파악하고, 작가의 의도를 추론하며, 사회문화적인 맥락을 바탕으로 텍스트의 가치를 평가하는 상황을 자주 접하게 된다. 학교를 비롯하여 수많은 기관에서 이른바 필독 도서 목록을 제시하고 있으며, 학교생활기록부에는 독서 상황을 빠짐없이 기록하도록 하고 있다. 따라서 학습자들은 읽어야 하는 수많은 목록 중에서 읽을 가치가 있는 글을 선별하고 글의 주제와 작가의 의도를 비판적으로 이해하며 이를 통해 책의 가치를 판별할 수 있어야 한다.

작품의 주제 및 가치 탐구라는 문제를 해결하기 위해서는 글에 담긴 내용과 정보를 정확하게 이해하고 그 가치와 목적을 판단할 수 있는 능력이 필수적이다. 그러나 책 속의 정보만으로는 책의 가치를 제대로 평가하기가 힘들다. 해당 책과 관련된 다양한 글이나 설명, 분석, 평가, 감상 등의 글을 함께 엮어 읽으면서 책의 가치를 총체적으로 평가해야 한다. 그런데 이렇게 내용을 파악하고 가치를 판단하는 일은 모든 독서 활동의 기본이 된다. 이러한 활동의 범위를 조정하여 정보의 범위를 한정하면 구체적인 정보를 찾는 독서가 되는 것이다. 즉 글의 내용과 주제, 그리고 목적과 가치를 판단하는 주제 탐구 독서가 탐구형 중 대표적인 독서 방법이라고 할 수 있다.

그렇다면 주제 탐구 독서를 실제로 수행하기 위해서는 어떻게 해야 할까? 주제 탐구 독서의 첫 단계는 자신의 문제 상황을 인식하는 것이다. 여기에서 제시된 문제 상황은 작품의 주제와 가치를 분명하게 파악하는 데 어려움이 있는 경우이다. 독서 상황과 문제에 대해 인식하고 나면 그 문제를 해결하기 위한 가설을 설정하게 된다. 여기서의 가설은 작가가 전하고자 하는 메시지가 있으며, 그것이 보편적인 가치를 지닌다는 것이다. 설정된 가설은 독서 경험을 통해서 검증되고 명료화된다. 즉 독서를 통해서 인지적인 문제를 해결하게 되는 것이다. 특히 지식 탐구형 독서는 다른 책과 엮어 읽는 주제 통합적 독서를 통해 문제 해결에 보다 쉽게 접근할 수 있다. 지식 탐구형 독서를 통한 문제 해결 과정에서 독서 경험은 삶과 연결되며 다른 텍스트로 확산된다. 이러한 지식 탐구형 독서 경험은 다음과 같이 구성될 수 있다.

탐구형: 주제 탐구 독서

문제 인식하기

삶 속에서 문제 인식하기

문제 상황 명료화하기

문제 해결을 위한 가설 설정하기

문제상황의 해결을 위한 가설 설정하기

가설 검증을 위한 독서 계획 세우기

맥락화를 통해 가설 검증하기

텍스트 맥락화: 다양한 요소와 기준에 따라 엮어 읽기

독자의 맥락화: 나의 경험과 연결하기

문제를 해결하고 확장하기

삶의 의미로 확장하기 1: 주제 확산적 엮어 읽기

삶의 의미로 확장하기 2: 독서 방법 적용하기

다음 독서 계획하기

이 장에서는 어린 왕자를 주 텍스트로 하여 책에 담긴 작가의 목적이나 주제, 그리고 작품의 가치를 파악하는 데 어려움이 있는 학습자의 문제 상황을 해결하기 위한 주제 탐구 독서의 예를 제시하고자 한다.

문제 인식하기

지식 탐구형 독서는 삶이나 독서의 과정에서 여러 가지 문제에 봉착하고, 이를 독서를 통해 해결하여 지적인 성장을 이루도록 하는 독서의 유형이다. 이를 위해서는 문제를 명료화하고 이를 지적인 탐구를 통해 해결해나가는 과정이 필요하다. 이러한 지식 탐구형 독서의 첫 단계는 해결해야 할 문제가 무엇인지를 인식하는 것이다.

삶 속에서 문제 인식하기

독서의 맥락은 진공 속에 존재하는 것이 아니다. 글이나 책에서 이야기하고자 하는 바는 그 글이나 책을 쓴 사람의 삶과 맞닿아 있고 또한 그러한 문제는 독자인 우리와 학습자들의 삶과도 결코 무관하지 않다. 이 상황에서 독자가 만나게 되는 문제 상황은 '어린 왕자'라는 작품을 자신의 삶에 유의미한 작품으로 받아들여야 하는 것이다. 어린 왕자는 거의 모든 청소년 필독서 목록에 들어 있으며, 학생들에게 반드시 읽어야 하는 작품 가운데 하나로 제시된다. 그런데 정작 어린 왕자를 읽고 난 후에 그 작품에서 작가가 하고 싶은 이야기가 무엇인지, 그 작품은 어떤 가치가 있는지를 분명하게 알게 되지 못한다면 이는 그 자체로 하나의 문제 상황이라고 할 수 있다. 책이나 글을 읽고 주제나 창작 의도 등을 파악하는 능력은 독서를 통한 삶의 문제 해결을 위해 반드시 갖추어야 할 역량이라고 할 수 있다.

『어린 왕자』를 읽기 전에 다음 활동을 통해 가치 평가의 다양성을 이해하도록 안내할 수 있다.

■ 다음 글을 읽은 기억을 떠올려 봅시다. 이 글을 읽은 후 자신의 감상을 말해 봅시다.

[『꽃들에게 희망을』책 소개]

『꽃들에게 희망을』은 '삶의 의미'를 찾아가는 여정에 관련된 이야기이다. 애벌레들은 하늘을 향해 오르기 위해 서로를 밟아가며 맹목적으로 움직인다. 이러한 맹목적 움직임은 애벌레로 뭉쳐진 거대한 탑을 만들게 되는데 그러나 정작 탑의 꼭대기에는 아무것도 없이 그저 애벌레만 더해질 뿐이다. 이러한 거대한 애벌레탑은 우리 삶의 모습을 상징적으로 보여준다. 영문도 모른 채 남을 짓밟고 올라가려고 발버둥치는 우리의 삶은 그 너머에 무엇이 있는지 알려지지 않았지만 그 자체로 하나의 당위이자 희망으로 치환된다. 그러나 남들이 오르니까 혹은 저 뒤에는 분명 새로운 세상이 있으니까 올라가야 한다는 명제는 그러나 삶의 본질을 흐리게 한다. 왜 오르고 싶고 올라야 하는지의 이유가 자신에게 있는 것이 아니기 때문이다. 이 책은 무작정 탑을 오르고 있는 수많은 애벌레들의 모습과 탑 너머의 삶에 대한 미련을 버리지 못하는 주인공, 그리고 결국 나비가 되어 새로운 삶을 살게 되는 노랑 애벌레 등의 모습에서 진정한 삶의 모습과 가치에 대한 깊이 있는 통찰을 이끌어 낸다. 이 책은 수많은 사람들에게 희망을 전해 온 명작으로, 짧은 이야기를 통해 삶의 의미와 진정한 행복이 어디에 있는지 진지한 질문을 독자에게 선물한다.

－ ○○문고 제공

이 활동은『어린 왕자』의 주제를 탐구하는 활동을 하기에 앞서 작품의 가치는 매우 다양하게 형성될 수 있으며 독자에 따라 파악하는 내용이 상이할 수 있다는 일반적인 독서 원리를 깨닫게 하기 위하여 설정하였다.『꽃들에게 희망을』이라는 작품은 초등 고학년이나 중학교 1학년 정도에서 쉽게 접할 수 있는 글이므로, 제시된 안내문 외에 직접 해당 작품을 찾아서 읽도록 지도하면 뒤에 이어지는 활동을 더 효과적으로 수행할 수 있을 것으로 예상된다.

다음으로『꽃들에게 희망을』을 읽고 작성한 독서 감상문 두 편을 제시하였다. 이 두 편은 모두 중학교 1학년 학생이 작성한 것인데, 동일한 작품을 읽고 난 후의 감상이 판이하게 다르다. 이러한 감상문 두 편을 읽으면서 자신의 감상 및 평가와 유사한 점과 차이나는 점을 비교하도록 함으로써, 작품에 대한 판단과 평가가 매우 다르게 이루어질 수 있다는 것을 자연스럽게 깨달을 수 있도록 안내할 수 있다.

■ 다음은『꽃들에게 희망을』을 읽은 후 독자가 적은 감상문 두 편이다. 두 학생의 감상이 어떤 점에서 차이가 나는지, 자신의 관점과는 어떤 점에서 유사하거나 다른지 말해 봅시다.

날기 위한 노력『꽃들에게 희망을』을 읽고(중1 회원 글)

나는 이 이야기를 읽으며 석가모니가 떠올랐다. 애벌레가 고치를 만들어 하늘을 날 수 있는 나비가 된다는 점이 석가모니의 수행과 유사하기 때문이다. 그런데 왜 하필 나비일까? 하는 의문이 들었다. 하늘을 날 수 있는 생물은 나비 외에도 많은데 말이다. 그러나 나비는 많은 사람들이 아름다운 존재라고 생각한다. 또 사람들은 하늘을 나는 존재를 부러워한다. 여기서 나는 '영혼'과 '초월'이라는 두 단어로 이 이야기의 주제를 나누어 보았다.

영혼은 날 수 있으며 대부분 아름답게 묘사되었다는 점에서 나비와 비슷하다. 애벌레가 이승에서 살아있는 사람이라고 한다면 고치는 죽음이라고 할 수 있다. 늙은 애벌레가 고치가 되려고 하면서 '너의 겉모습은 죽어 없어지더라도 너의 참모습은 여전히 살아 있을 것이다'라고 한 걸로 보아 고치는 죽음이라고 볼 수 있을 것이다. 그렇다면 나비는 애벌레의 아름다운 영혼이라고 볼 수 있지 않을까?

초월은 이러한 과정을 의미하는데, 석가모니가 수행을 통해 부처가 되는 과정과도 유사하다. 애벌레는 사람의 모습이고 고치는 힘든 수행, 나비는 초월을 한 존재로 연결될 수 있다. 불교에서 초월을 하면 신이라고 할 수 있는데, 신도 나비와 비슷한 공통점이 있다. 하늘을 날 수 있으면서 아름답게 묘사되기 때문이다.

이 초월이라는 주제에서 애벌레 탑은 헛된 노력이라고 느껴진다. 이 애벌레 탑은 여러 많은 애벌레들이 서로가 올라간다고 달라붙어서 만들어진 탑이지만 정상에는 아무 것도 없다는 점에서 나는 아무 성과도 없지만 무조건 하게 되는 노력이란 생각이 들었다. 예를 들어 달리기 연습을 하려면 길을 달려야지 제자리에서 계속 달리는 연습을 하면 아무 의미가 없는 것처럼 말이다.

이 글을 읽는 이도 자신이 미로에서 나가려고 하는지, 아니면 길을 잃어버려서 돌고 있는 사람들을 보면서 자신도 그렇게 돌고 있지는 않는지 생각해 보는 것이 좋겠다.

철학자와 영화, 그리고『꽃들에게 희망을』(중1회원 글)

『꽃들에게 희망을』이라는 책은 어려운 책이 아니지만 읽는 사람에 따라서 각자 다르게 읽힐 수 있다. 이 책의 작가는 다른 사람들을 짓밟으며 살기 보다는 진정한 자유의 삶을 택하라는 주제를 가지고 있다고 말했으며, 이러한 해석이 일반적으로 알려져 있기도 하다. 하지만 나는『꽃들에게 희망을』에서 조금 다른 것을 보았다. 나는 이 책을 읽으며 두 가지를 떠올렸는데, 하나는 사람과 관련된 것이고 다른 하나는 영화이다. 좀더 구체적으로 말하자면 철학자 니체와 영화 〈매트릭스〉이다.

우선 첫 번째로, 니체 이야기를 먼저 해 보자. 작품 속의 애벌레들은 하늘로 올라가려고 하는 수만 마리의 애벌레들로 만들어진 애벌레 탑을 보고 그 수만 마리 애벌레들의 대열에 합류한다. 그 탑 위에 무엇이 있는지에 대한 궁금증과 동시에 기대감이 그들을 이끈 것이다. 하지만 그 끝으로 향하는 과정은 험난하고 또 잔인하다. 그들은 서로를 짓밟고, 또 서로에게 짓밟히며 탑의 끝으로 향한다. 보통은 이러한 맹목적인 오르기를 비판하지만, 나는 이러한 광경을 보면서 철학자가 진리를 추구하는 모습이 이와 유사할 것이라는 생각을 하게 되었다. 물론 진리를 추구하는 과정이 상대를 짓밟으면서 진행되지는 않는다. 그러나 여하튼 애벌레들의 모습을 진리라는 것을 위해 맹렬히 달려것으로 볼 수는 있지 않을까? 이렇게 진리를 향해 달려가던 애벌레들은 탑의 꼭대기에 다다라서야 그 꼭대기에 사실은 아무것도 없다는 사실을 깨닫게 된다. 철학자들이 추구하는 진리도 역시 실체가 없다. 니체는 그동안 철학이 추구해 온 진리를 부정하였다. 그리고 그는 신은 죽었다고 선포하였다. 즉, 진리의 죽음을 선언한 것이다. 이것이 바로 내가 『꽃들에게 희망을』을 읽으며 니체를 떠올린 이유다. 탑의 꼭대기에는 아무것도 없지만, 그 사실은 그 끝에 도달한 극소수의 애벌레에게만 허락되는 비밀이다.

그다음, 〈매트릭스〉 이야기를 해 보자. 〈매트릭스〉의 주인공 네오는 호랑애벌레와 연결된다. 가상의 세계, 즉 허상을 위해 잔인하게 달려가는 자들에게서 빠져 나와 새로운 삶- 혹은 나비의 삶-을 살아가기 때문이다. 허상에서 빠져 나오기 위해서는 죽음을 각오하는 선택을 해야 하지만 그로 인해 자유를 추구할 수 있는 새로운 삶을 살 수 있게 된다. 『꽃들에게 희망을』에 빗대자면 나비가 되어 꽃들에게 희망을 가져다 주는 삶인 것이다. 이러한 삶은 진리에 얽매이는 삶보다는 자유로운 삶이라는 점에서 니체의 선언과도 연결된다.

내용상 직접적으로 관련이 있는 작품은 아니지만, 유사한 수준의 글을 읽으면서 작품에 내제되어 있는 다양한 가치를 확인하도록 활동을 구성하였다. 이러한 활동을 통해 '어린 왕자'의 가치와 창작 의도를 탐구 문제로 설정하도록 할 수 있다.

■ 문제 인식하기:

『어린왕자』는 매우 유명한 작품이며 꼭 읽어야 할 필독서인데,

왜 유명하며 어떤 가치가 있을까?

『어린왕자』의 주제와 창작 의도는 무엇일까?

문제 상황 명료화하기

삶의 장면에서 만난 문제를 독서를 통해 해결하기 위해서는 문제 상황을 명료하게 정리할 필요가 있다. 물론 독서의 과정에서 문제 상황에 봉착하게 된 경우도 마찬가지이다. 해결해야 할 문제가 명확해지면 문제를 해결하기 위한 방법을 탐색하고 그 방법의 적합성을 검증하는 과정을 통해 문제를 해결해 나갈 수 있게 된다.

■ 문제 상황:

『어린왕자』를 읽고 글의 주제와 창작 의도를 정확하게 파악하지 못함

■ 문제 발생 이유:

글의 주제를 파악하는 방법을 제대로 알지 못함

문제 해결을 위한 가설 설정하기

『어린왕자』를 읽으면서 봉착하게 되는 문제 상황은 이 작품이 도대체 무엇을 위해 쓰여졌는가 하는 것을 파악해야 한다는 점이다. 이것은 글이나 작품을 심도 깊게 이해하고 작가의 작품 세계, 작품이 창작될 당시의 시대적 배경, 그리고 작품과 함께 읽을 수 있는 다른 작품이나 글들을 통해서 단계적으로 구체화할 수 있다.

문제 상황의 해결을 위한 가설 설정하기

작품의 주제 또는 작품을 통해 작가가 말하고자 하는 바를 이해하기 위해서는 작품의 의도와 관련된 가설을 설정할 수 있다. 『어린왕자』 작품에 대해서는 다음과 같은 인지적인 가설을 설정할 수 있다.

[문제 상황에 대한 가설 설정]

작가가 작품을 통해 전달하고자 하는 메시지가 있을 것이다.

작품이 널리 사랑받는 이유가 있을 것이다.

[해결 방법에 대한 가설 설정]

글의 내용을 사실적으로 이해하기 위한 방법이 있을 것이다.

글의 내용을 비판적으로 이해하기 위한 방법이 있을 것이다.

가설 검증을 위한 독서 계획 세우기

해결 방법에 대한 가설을 검증하고 그 방법을 적용하면 문제 상황을 해결할 수 있다. 작품의 주제와 가치를 판단하는 문제를 해결하기 위해서는 해당 작품만을 읽는 것으로는 부족하다. 작품과 관련된 다른 작품들을 엮어 읽으면 해당 작품의 가치를 더욱 분명하게 파악할 수 있다. 그러기 위해서는 엮어 읽기를 위한 선택의 기준을 선정할 필요가 있다.

이를 위해 문학 작품을 감상 및 비평하는 방법을 활용할 수 있다. 일반적으로 문학 작품을 감상하는 관점은 절대주의적 관점(메시지 중심), 표현론적 관점(발신자 중심), 반영론적 관점(맥락 중심), 효용론적 관점(수신자 중심)으로 나뉘는데, 이러한 관점은 엮어 읽기의 대상 텍스트를 선정하는 기준으로도 적용할 수 있다. 주제 탐구 독서는 문학 감상 방법을 활용하여 텍스트의 주제 및 가치를 판단하기 위한 가설 검증 계획을 총 다섯 단계로 구성해 보았다. 이러한 단계는 과제의 목적이나 대상 텍스트의 종류에 따라 얼마든지 조정이 가능하다.

작품 또는 텍스트의 주제 및 가치를 탐사하는 첫 단계는 작품을 충실하게 읽어내는 것이다. 작품에 집중하여 내용과 구조를 파악하는 활동은 모든 읽기의 시작이자 기본에 해당한다. 과제 상황으로 제시된 작품이 『어린왕자』이므로 소설 작품의 특성을 고려하여 인물을 중심으로 내용을 파악하는 활동을 기획하였으나, 작품의 종류에 따라 이러한 활동은 다르게 재구성될 수 있다. 가설 검증 계획 2단계는 유사하거나 대비가 되는 주제의 작품들을 비교하며 읽음으로써 작품의 내용적 가치를 확장한다. 작품의 내용적 측면에 대한 이해가 심화되면 작품의 창작 의도를 추론하는 3단계로 넘어갈 수 있다. 작가의 다른 작품들 및 작품 창작 시기의 다른 작품들과 비교하여 읽는 활동을 통해 작품의 창작 의도를 판단할 수 있다. 해당 작품을 읽은 다른 독자들의 반응을 확인하는 작업은 작품의 가치와 다양한 해석 가능성을 확장적으로 이해할 수 있는 과정이다. 4단계 독자 반응 중심 엮어 읽기라고 명명된 활동에서는 작품에 대한 출판사의 서평과 다른 독자들의 반응을 다양하게 접함으로써 작품에 대한 가치 판단을 심화한다. 마지막으로 이러한 읽기의 결과로 얻은 결론을 자신의 삶에 적용하여 확장함으로써 작품의 가치를 내면화하고 탐구 독서의 방법을 활용하는 방법을 익힐 수 있다. 여기서는 이러한 확장적 읽기 방법을 내용 중심적 엮어 읽기, 작가 중심적 엮어 읽기 그리고 독자 반응 중심 엮어 읽기라는 용어를 사용하여 설명하고자 한다.

한편 가설 검증을 위한 독서 계획은 엮어 읽는 것만으로 완료되지는 않는다. 심화하고 확장하여 읽은 내용은 자신의 독서 경험과 통합되어 맥락화되어야 한다. 주제 탐구 독서는 내용 측면과 방법 측면에서 학습자의 지난 독서 경험과 각각 연결될 수 있다.

[가설 검증 계획 - 1 텍스트 맥락화] 내적 요소 분석하기
　　　각 인물의 특징 파악하기
　　　각 인물이 상징하는 바를 파악하기

[가설 검증 계획 - 2 텍스트 맥락화] 주제 관련 엮어 읽기
　　　삶에서 중요한 것에 대해 언급한 글 찾아보기
　　　어른과 아이를 대비한 글 검색하기

[가설 검증 계획 - 3 텍스트 맥락화] 작가 관련 엮어 읽기
　　　작가의 작품 세계 살펴보기

작품에 대한 작가의 언급 찾아보기

작품 창작의 시대적 배경 살펴보기

[가설 검증 계획 - 4 텍스트 맥락화] 독자 관련 엮어 읽기

해당 글을 소개하는 전문적인 소개 글 찾아보기

해당 글을 읽은 다른 독자들의 감상 찾아보기

[가설 검증 계획 - 5 독자의 맥락화] 나의 경험과 연결하기

이전에 내가 읽었던 글 또는 책과 연결지을 수 있는 지점 살펴보기

이전의 나의 경험과 연결지을 수 있는 지점 살펴보기

이 작품을 읽은 다른 사람들의 반응 살펴보기

맥락화를 통해 가설 검증하기

가설 검증을 위한 독서 경험은 앞에서 세웠던 독서 계획에 의해 진행된다.

텍스트 맥락화 1 – 내적 요소 분석하기

내적 요소는 책이나 글에 제시된 내용과 관련된 요소들을 의미한다. 우리가 흔히 글을 읽고 내용을 파악해야 한다고 할 때 그 내용에 해당하는 것들이다. 기본적으로 사실적 사고와 관련이 되지만 추론이나 비판적 사고 역시 글의 내용을 기반으로 한다는 점에서 내적 요소 분석은 글을 이해하는 핵심적인 단계가 된다. '어린 왕자'는 소설 작품이므로 내적 요소를 분석하기 위해서는 소설 구성의 요소

인 등장 인물과 사건, 그리고 상징물이나 소재 등을 분석하는 것이 내적 분석의
방법이 된다.

---

1. 『어린왕자』에서 제시한 '어른들'의 모습은 어떠한가요?

   - "어른들"에 대해서 진술하고 있는 부분을 모두 찾아서 적어봅시다.

   - 거기에서 느껴지는 어른들에 대한 나의 평가가 어떠한지 적어봅시다.

   - 왕, 허영꾼, 술꾼, 상인, 점등인, 지리학자가 각각 강조하는 내용과
   그것을 통해 작가가 비판하고자 하는 측면을 적어봅시다.

등장인물	행동/특징	상징성	살정의도
왕			
허영꾼			
술꾼			
상인			
점등인			
지리학자			

2. 『어린왕자』에서 제시된 '여우'는 어떤 존재인가요?

3. 『어린왕자』에서 제시된 '여우'와의 대화를 통해 깨달은 것은 무엇인가요?

4. '어린왕자'가 '장미'를 통해 깨달은 내용은 무엇인가요?

---

5. '어린왕자'는 어떤 인물인가요?

6. '어린왕자'에 대한 진술을 하고 있는 나는 어떤 인물인가요?

7. 내가 '어린왕자'와 만난 경험을 통해 깨달은 내용은 무엇인가요?

8. 작품에 등장하는 인물, 사건, 배경을 분석하여 봅시다.
   - 전체적인 줄거리를 인물을 중심으로 간단하게 정리해 봅시다.

◼ [문제 해결을 위한 질문]
  텍스트 내적 분석을 통해서 파악한 글의 주제는 무엇입니까?

텍스트 맥락화 2 – 주제 관련 엮어 읽기
  내용 중심적 엮어 읽기 단계에서는 책의 주제나 중심 소재, 또는 화제와 관련된 글을 함께 읽으면서 다른 책과의 차별점을 파악하는 활동을 한다.

◼ "어린왕자"와 관련된 책은 『어린왕자』 이후에 많이 출간되었습니다. 아래 책을 찾아서 읽고 삶에서 중요한 것이 무엇인지에 대해 생각해 봅시다.

전 세계 250여 개 언어로 번역되어 1억5천만 부 이상 팔린 최고의 베스트셀러이자 세상에서 가장 아름다운 동화『어린왕자』! 사실 『어린왕자』를 제대로 읽어내지 못한다면, 그저 현실적이지 않은 우화 혹은 간단하고 쉬운 이야기쯤으로 생각할 수 있다. 하지만 어린왕자가 여러 별을 여행하며 만난 다양한 어른들의 모습은 현재 우리들의 자화상이다. 또한 어린왕자 속 등장인물들이 처한 위기와 딜레마는 현대인이 겪고 있는 문제와 다르지 않다.

홍콩중문대학 교수이자 정치철학자 저우바오쑹은『어린왕자의 눈』에서『어린왕자』속 삶의 중요한 문제들을 철학적으로 깊이 있게 분석해냈다. 철학자는 이 책에서 지금 이 시대에 잃지 말아야 할 본질과 가치에 대해 질문을 던지며, 어린왕자와 함께 그 답을 찾아 나선다. 특히 "왜 지금, 어린왕자인가"라는 물음에 "세상이 암울하고 사람들이 무력감을 느낄수록 꿈과 신념이 필요하며 가치가 필요하다"고 말하며, 그럴수록 '어린왕자의 눈'으로 세상을 바라보아야 한다고 역설한다. 무엇보다 꿈, 사랑, 우정, 관계, 죽음 등 인류 보편의 고민을 '어린왕자의 눈'으로 재해석하여 따뜻하고 쉬운 언어로 설명한다. 더 나아가 헛된 가치를 좇아 시간을 허비하고 있는 현대인에게 어떻게 살 것인가에 대한 구체적인 길을 제시한다.

삶에서 종종 무언가를 놓치고 있다면, 행복해지기 위해 부단히 애쓰지만 여전히 행복하지 않다면, 꿈과 현실 사이에서 방황하고 있다면, 인간관계에 지쳐 어려움을 겪고 있다면『어린왕자의 눈』은 당신에게 지혜로운 해답이 될 것이다. 이 책의 마지막 장을 덮으면, 코끼리를 삼킨 보아구렁이를 알아보았던 어린왕자처럼 눈에 보이지 않지만 무엇보다 중요한 삶의 본질적인 진실을 알아보게 될 것이다.

◁ 도서자료 제공
저우바우쑹/
최지희 옮김,
〈어린왕자의 눈〉,
블랙피쉬 책소개

여기에 제시된 책은 『어린왕자』의 메타 텍스트라고 할 수 있다. 『어린왕자』 작품에 제기하고 있는 삶의 문제에 대한 통찰을 깊이 있게 분석한 책을 비교하여 읽음으로써 작품의 주제와 관련된 사고의 폭을 확장할 수 있도록 유도할 수 있다. 제시된 책이 중학교 1학년 수준에서 어렵게 느껴진다면 책에 대한 안내 글을 읽는 정도로도 작품의 주제를 심층적으로 이해하는 데 도움을 줄 수 있다.

■ 『어린왕자』에는 어른과 아이를 대비한 표현이 자주 등장합니다. 다음 두 편의 작품을 찾아 읽고 어린왕자를 통해서 작가가 하고자 하는 이야기가 무엇일지 생각해 봅시다.

◈ 왕자와 거지

[마크 트웨인Mark Twain]

『왕자와 거지』는 서로 모습이 닮은 왕자와 거지가 장난삼아 옷을 바꾸어 입고 신분과 역할 등 모든 것이 완전히 바뀌면서 벌어지는 사건을 내용으로 하고 있다. 왕자와 거지가 각자 다른 삶을 체험하는 장면을 그려서 이상과 현실의 차이, 겉모습과 실제의 차이를 잘 보여준다. 특히 『왕자와 거지』는 어린 아이들의 순수한 눈에 비친 왕궁의 모습과 어른들의 허례허식, 부당한 권력과 그로 인해 희생되는 백성들의 모습 등을 통해 당시 사회의 불합리한 현실을 풍자한다. 『왕자와 거지』는 헨리 8세의 뒤를 이어 영국을 통치한 에드워드 6세의 소년 시절을 다루고 있는데, 마크 트웨인은 문학적 상상력을 가미해 역사적 사실을 자유롭게 변형시켰다.

여기에 제시된 작품은 『어린왕자』의 전반부, 즉 어른들을 비판하는 내용과 관련지어 읽기에 적합한 작품이다. 『어린왕자』의 주제 측면에서 학습자들이 삶의 소중한 것들에 대해 생각할 수 있도록 할 수 있다.

■ 『어린왕자』에서 제시된 '소중한 것'처럼 삶에서 소중한 것에 대해 이야기하고 있는 글을 더 찾아서 읽어 봅시다.

세상을 두루 여행하기 위해 양치기가 된 청년 산티아고의 '자아의 신화' 찾기 여행담. '나르키소스'에 대한 오스카 와일드의 멋진 재해석으로 시작되는 이 소설은, 자칫 딱딱하게 보일 수 있는 제목과는 달리 간결하고 경쾌한 언어들로 쓰여 있어서 물이 흘러가듯 수월하게 읽히는 작품이다.

자신이 진정으로 원하는 것이 무엇인지 아는 사람이 세상에 얼마나 될까? 또 안다고 해도, 그 꿈을 포기하지 않고 끝까지 밀고 나갈 수 있는 의지와 끈기를 지닌 사람은 몇명이나 될는지. 지은이는 이 책 안에서, 사람이 무엇인가를 간절히 바라고 또 바라면 반드시 그 소망이 이루어진다고 확신에 찬 어조로 말하고 있다.

주인공 산티아고는 동방박사 한 사람이 건네 준 두 개의 표지를 길잡이 삼아 기약없는 여정에 뛰어들고, 마침내 자신이 바라던 것을 손에 넣는다. 결국 이 책에서 연금술의 의미는, 우리 모두 자신의 보물을 찾아 전보다 더 나은 삶으로 전화하는 것, 바로 그 과정을 가리키는 것이다.

◁ 도서자료 제공
알라딘 인터넷 서점

이 작품은 『어린왕자』를 읽은 후 비교하여 읽기에 적합한 작품이다. 소중한 것과 원하는 것의 공통점과 차이점에 대해 생각하도록 함으로써, 『어린왕자』의 주제를 보다 선명하게 부각할 수 있다.

■ [문제 해결을 위한 질문]

다른 글과 비교해 볼 때『어린왕자』의 주제는 무엇이라고 생각합니까?

텍스트 맥락화 3 – 작가 관련 엮어 읽기

작가와 작품 창작의 맥락을 이해하는 것은 책을 폭넓게 이해하고 창작의 의도를 파악하는 데 큰 도움이 된다. 작가의 다른 작품들을 통해서 작가가 지속적으로 드러내고 싶어하는 관심사나 주제를 파악할 수 있다. 또한 책이 어떤 시대 상황에서 만들어졌으며 누구를 대상으로 집필되었고 어떤 경로를 통해 알려지게 되었는지와 관련된 자료들을 찾아 읽는다면 책의 주제와 창작 의도를 보다 분명하게 이해할 수 있다.

■『어린왕자』를 지은 작가는 어떤 삶을 살았나요?

작가인 생택쥐페리의 삶에 대한 글을 찾아서 읽고『어린왕자』를 창작할 시기의 시대적 특징을 적어 봅시다.

"마음에 담아 가지고 다니는 한 어린 녀석"

< 1939년 '바람.모래.별'의 영문판이 발간된 직후 뉴욕 맨해튼을 방문한 생택쥐페리 >

1942년 초 뉴욕의 어느 식당에서 점심을 먹고 있던 생택쥐페리는 흰 냅킨에 장난 삼아 그림을 그렸다. 식당 종업원이 옆에서 유심히 들여다보고 있었다. 함께 식사하던 출판업자 커티스 히치콕이 생택쥐페리에게 뭘 그리는 것

인지 물었다. 생텍쥐페리가 답했다. "별거 아닙니다. 마음에 담아 가지고 다니는 한 어린 녀석이지요."

히치콕이 그림을 살펴보며 말했다. "이 어린 녀석 말입니다. 이 아이에 관한 이야기를 써보시면 어떨까요. 어린이용 이야기로 말이지요. 올해 성탄절 전에 책을 낼 수 있으면 참 좋겠는데 말입니다." 며칠 뒤 생텍쥐페리는 친구 레옹 원체슬라스에게 이렇게 말했다. "날보고 어린이 책을 써보라는데, 날 문방구에 좀 데려다 주시오. 색연필을 사야 하니 말입니다." 생텍쥐페리는 자신의 착상을 색연필로 그려보았지만 신통치 못하다고 생각했고, 〈전시 조종사〉의 삽화를 그린 베르나르 라모트의 도움을 요청했지만 라모트의 데생에도 만족하지 못했다. 생텍쥐페리는 점점 더 이 일에 몰두했다.

1942년 여름 생텍쥐페리 부부는 뉴욕에서 기차로 45분 거리에 있는 롱아일랜드 노스포트 근처 이튼 네크에서 식민지풍의 하얀 삼층집을 세내어 살았다. 이 집이 『어린왕자』의 사실상의 산실이 되었다. 그리고 1943년 4월 6일 레이널앤히치콕(Reynal & Hitchcock) 출판사에서 영어와 불어로 출간되었다.

하늘을 나는 작가로서 대륙간 비행에 연거푸 도전하다

생텍쥐페리가 처음으로 하늘을 난 것은 1912년 12살 때였다. 조종사 베드린이 모는 비행기를 타고 앙베리외 공항에서 처음 이륙했던 것. 1921년 생텍쥐페리는 공군에 소집되어 전투비행단 제2연대 소속으로 스트라스부르에서 근무했다. 처음에는 정비부대 소속이었지만 개인교습을 받은 후 조종사가 되었고 1922년 전투 중대 중위로 파리의 주 공항인 부르제에서 공군 2년차를 마쳤다. 1926년부터 항공사에 취업하여 프랑스의 툴루즈와 서아프리카 세네갈 다카르 항로 우편기를 조종하고, 다카르 항로상의 아프리카 기항지인 모로코 남부 캅 쥐비의 항공기지 착륙장 지점장으로 18개월 간 일하기도 했다. 사막 지역에서 보낸 이 시기가 〈인간의 대지〉, 〈어린 왕자〉, 〈성채〉 등 여러 작품에 큰 영향을 미쳤다. 1929년에는 아에로포스탈 아르헨티나 영업부장이 되었고, 과테말라 출신 문인 엔리케 고메즈 카리요의 미망인 콘수엘로와 만나 1931년 4월 12일에 결혼했다. 이 해 〈야간비행〉이 출간됐고 페미나상을 수상했다. 1934년에는 에어프랑스사에 입사해 사이공에서 활약했고 이듬해에는 파리−사이공 비행기록을 세우기 위해 이집트로 출발했지만, 12월 30일 카이로에서 200킬로미터 떨어진 지점, 리비아 사막에 불시착해 5일간 걸어가다가 극적으로 구조됐다. 1938년에도 뉴욕에서 이륙해 비행하다가 과테말라에서 추락하여 심각한 부상을 당했다. 이듬해 1939년에는 〈인간의 대지〉가 출간됐고 같은 해 6월 미국에서 〈바람과 모래와 별〉이라는 제목으로 번역 출간되어 '이달의 책'으로 선정되고 아카데미 프랑세즈 소설 대상을 수상하는 등, 작가로서 최전성기를 맞이했다. 전쟁이 임박했음을 예감하고 미국 여행 중 8월 말에 귀국했다.

- 『어린왕자』의 작가가 지은 다른 작품들의 내용을 찾아서 정리해 봅시다.

■ 다음 책을 읽고 '어린왕자'가 창작될 시기의 시대상은 어떠했는지 찾아서 적어 봅시다.

네버랜드 Picture Books 세계의 걸작 그림책 시리즈 238권. 2012년 한스 크리스티안 안데르센 상 수상 작가 피터 시스의 작품으로, 〈어린 왕자〉의 작가 앙투안 드 생텍쥐페리의 삶과 모험을 담은 그림책이다. 작가이자 조종사였던 생텍쥐페리의 드라마틱한 삶의 이야기는 그림책 거장의 손을 통해 우리를 모험과 도전의 세계로 이끈다.

1900년 프랑스 리옹에서 태어나 1944년 하늘 위에서 홀연히 사라져버리기까지, 생텍쥐페리는 유능한 조종사이자 문학가로 많은 사람들의 주목을 받았다. 생텍쥐페리는 늘 생기가 넘치고, 영리했으며 미지의 세계에 대한 열정이 가득했다.

44년이라는 짧은 생을 살면서 생텍쥐페리가 보고, 듣고, 경험한 것들이 이 책 안에서 생생하게 재현된다. 아울러 〈남방 우편기〉, 〈전시 조종사〉, 〈야간 비행〉, 〈어린 왕자〉 등 생텍쥐페리의 문학 작품들이 나오게 된 배경과 책에 얽힌 소소한 에피소드들까지 풍성하게 들어 있어 문학가로서의 생텍쥐페리의 위상을 다시 한번 확인할 수 있다.

'공부하는 아티스트'라 불리는 피터 시스는 오랜 시간 수많은 고증들과 참고 문헌들을 통해 수집한 생텍쥐페리의 집안 내력, 성장, 과정, 모험 중 겪었던 에피소드들을 책 안에 담았다. 피터 시스의 독창적인 작품 세계는 물론 위인을 기리고자 하는 그의 신념, 그리고 생텍쥐페리의 특별한 삶의 이야기까지 동시에 감상할 수 있는 그림책이다.

- 『어린왕자』의 작가가 자신의 작품에 대해서 언급한 내용이 있는지 검색해 봅시다.

◁ 도서자료 제공
　알라딘 인터넷 서점

◼ [문제 해결을 위한 질문]

시대상과 작가의 삶을 고려할 때, 작가가 『어린왕자』를 통해 하고자 하는 말은 무엇이라고 생각합니까?

텍스트 맥락화 4 – 독자 관련 엮어 읽기

작가의 삶과 생각이 우리 삶과 연결되어 있듯, 우리가 읽고 있는 글이나 책 역시 다른 글과 밀접한 관계를 맺고 있다. 그러한 연결은 내용이나 주제 측면에서의 연결일 수도 있지만 작가에게 영향을 주었을 법한 사상이나 사건, 또는 해당 글을 읽고 난 후에 다른 사람들이 보인 반응까지 폭넓게 존재할 수 있다.

■ 서평 비교하며 읽기

다음은 『어린왕자』를 소개하고 있는 국내 서점의 서평 또는 소개 글입니다. 어린왕자의 서평을 더 찾아 읽고 각기 책의 어떤 부분을 강조하고 있는지, 책의 서평이 책의 가치를 잘 드러내고 있는지 비교해 봅시다.

[yes24]

tu도 '너', vous도 '너'
Bonjour도 '안녕', Bonsoir도 '안녕'
기존 번역은 정말 맞는 것이었을까?

『성경』 다음으로 많이 읽힌, 세상에서 가장 아름다운 이야기로 손꼽히는 생텍쥐페리의 『어린 왕자』. 사람들은 먼 별에서 지구를 찾은 어린 왕자가 전하는 짧은 메시지들에 가슴을 적신다.

"사막이 아름다운 것은 우물을 숨기고 있기 때문이야."
"네가 네 시에 온다면 나는 세 시부터 행복해지기 시작할 거야."

그러나 『어린 왕자』가 지구인들에게 전하는 메시지는 그 정도를 훨씬 뛰어넘는다. 그런데 지금까지의 『어린 왕자』 번역이 그 소중한 메시지를 누락시켰다면, 우리가 읽어온 『어린 왕자』 번역에 숱한 오류가 있다면 어떻게 받아들여야 할까?

2014년 알베르 카뮈 『이방인』, 2017년 스콧 피츠제럴드의 『위대한 개츠비』를 번역하면서 출판계와 학계에 자성의 목소리를 이끌어 냈다는 평을 받은 번역가 이정서. 그는 얼마 전 『어린 왕자』 불어·영어·한국어 번역 비교를 최초로 시도한 바 있으며, 이번에 새롭게 출간되는 이 책은 『어린 왕자: 불어·영어·한국어 번역 비교』의 압축인 동시에 정수다. 역자는 원작에 없는 부사와 형용사, 접속사 등을 임의로 넣지도 빼지도 않고 쉼표까지 맞추려고 노력했다. 생텍쥐페리의 숨결까지 살리고자 했다. 이제 그의 고전 번역은 '또 하나의 번역'이 아닌 '전혀 새로운 번역'으로 독자들에게 읽히고 있다.

『어린 왕자』는 하나하나의 문장이 시(詩)만큼 간결하고 정교하게 구축된 작품이다. 작품 전체가 주는 감동과 여운은 생텍쥐페리의 그 같은 시적 정서에 크게 의존한다. 이정서는 불어·영어·한국어 번역 비교를 통해 『어린 왕자』의 세계를 정밀하고 섬세하게 파고들었다. 기존 역자들이 tu와 vous의 구분을 무시한 채 임의로 번역했던 것을 바로잡아 불어의 뉘앙스를 그대로 살렸으며, 아침의 'Bonjour'도 '안녕' 저녁의 'Bonsoir'도 '안녕' 하는 식으로 번역함으로써 작품의 시간적 배경을 배제시켜온 기존 번역의 오류도 바로잡았다. 이제 바르고 정확한 문장들로 쓰인 번역을 통해 생텍쥐페리가 『어린 왕자』를 통해 지구인들에게 선사하려던 메시지와 감동을 온전하게 파악하고 깊게 느낄 수 있다.

◁ 도서자료 제공
생텍쥐페리/
이정서 옮김,
〈어린 왕자〉,
새움출판사보도자료

[알라딘]

"그 밤하늘에서 가장 빛나는 별"

『어린 왕자』는 인기있는 책이다. 그 인기에 부끄럽지 않을 만큼 좋은 책이기도 하다. 얼마만큼 좋은가 하면 〈인간의 대지〉나 〈야간 비행〉처럼 생텍쥐페리의 다른 아름다운 산문들이 『어린 왕자』의 빛에 가려 제대로 보이지 않을 정도다. 그의 다른 아름다운 글들에는 아무런 문제가 없다. 다만 그 글들은 더 먼 곳에 있는 별들처럼, 밤하늘을 오래 바라보는 이들에게만 모습을 드러낼 수 있다. 『어린 왕자』는 광활하고 어두운 세계를, 삶의 미스터리를 직접적으로 주시하는 생텍쥐페리의 다른 작품들 위에서 보름달처럼 반짝인다. 『어린 왕자』는 금방 눈에 띄는 천체다. 이해하기 쉬운, 직관적인 우화다. 이 동화는 꿈꾸는 이들을 위한 잠언이며 몽상가들을 위한 탈무드다. 쉬운 이야기들 속에 (때로는 너무) 많은 것들이 들어있다. 사람들은 아직도 『어린 왕자』를 읽으면서 놀라곤 한다.

이 아름다운 작품을 황현산이 번역했다. 믿을 수 있는 역자다. 그는 권말에 어른들을 위한 해설을 썼다. 이 해설이 또 성실하고 예쁘다. 그중 일부를 전하는 것으로 이 책의 분위기를 전달하고자 한다. "세상은 사랑으로 가득 차 있는 것이 아니라, 사랑이 요청되는 사막이며, 그 사랑은 긴 시간을 거쳐 공들여 만들어져야 한다는 깨달음이, 그가 긴 편력 끝에 순진함을 지불하고 얻은 소득이었다. 그는 줄로 엮은 철새들에 매달려 별들 사이를 이동하여 지구에까지 왔지만, 이미 세상의 물정을 아는 그에게 이 불확실한 목가적 여행 수단이 더 이상 가능한 것일 수 없었다. 그는 뱀에게 물리기로 결심했다. 극단적으로 과격한 이 귀향의 방법은 분석적인 만큼 확실하고 효과적이다..."

서평은 출판사 혹은 비평가 등이 작성한 글로서, 메타 텍스트이자 대상 작품과 상호 텍스트성을 가지고 있는 대표적인 글이다. 학습자는 서평을 통해서 대상 작품에 대한 정련된 분석과 비평 내용을 접할 수 있다. 특히 서평은 작품의 특정 부분을 강조하는 경우가 많으므로 그 부분에 주목하여 서평을 읽게 함으로써 작품의 다양한 가치를 파악하는 방법을 익힐 수 있다.

■ 독서 감상문 비교하며 읽기

다음은 『어린왕자』에 대한 감상문의 일부입니다. 여러 사람들의 감상문을 더 찾아 읽고 자신의 감상과 비교해 봅시다.

[감상문 1]

어린왕자를 읽고……

나는 어렸을 때부터 읽어왔던 어린왕자를 다시 한번 읽어보았다. 솔직히 읽기 전에는 무척 어색했다. 하지만 어린왕자가 원래 부모들을 위해 만들어진 책이라는 것을 알고서 다시 읽어보게 된 것이다.

일단 어린왕자란 인물은 정말 비현실적이고 무감각하다. 살고 있는 별의 이름도 그렇고, 그 별의 상황이나, 그럼에도 지구인의 옷을 입고 있다거나 모 하나 현실적인 면이 없다.

무감각하다고 생각하는 이유는 어린왕자의 태도 때문이다. 예를 들어 사막에 떨어진 비행사가 비행기를 고치려고 끙끙대고 있는데 양을 그려달라고 하다니, 역시 어린아이와 같이 무감각하다고 할 수 있다.

처음엔 그 비행사도 얼떨떨하긴 했으나 열심히 그려주었다. 그래도 어린 왕자는 여러 번 다시 그려달라고 하였다. 결국 마지막엔 상자에 구멍이 세개 있는 그림을 그려주니 그제서야 만족하는 어린왕자였다.

나는 여기서 어린아이의 호기심과 비행사의 배려심이 보였다.

배려심이란, 상자에 구멍을 세 개나 그려주었기 때문이다. 그 덕에 어린왕자는 양의 모습을 마음껏 상상할 수가 있었다.

나는 이 책에서 사람은 뭐든지 자기 마음대로 하고 싶어하는 마음이 있지만 다른 사람이 조금만 방향을 틀어준다면 올바르게 나아갈 수 있다는 사실을 깨달았다.

또한, 어린아이의 상상력을 본받아야겠다고 생각했다. 어리다는 말은 반대로 어른들이 자신들도 모르게 만들어 놓은 제한에서 벗어나 자유롭게 생각할 수 있다는 의미이기도 하다. 그리고 그 자유로움은 때때로 본질과 맞닿아 있기도 하다.

다른 사람에게도 다시 한 번 이 책을 권해보고자 한다.

[감상문 2]

어린 왕자를 보면서 얇은 책이라도 여러 번 읽으면 더욱 많은 것이 보인다는 사실으 깨달았다. 한때 어린이였던 어른들에게 바쳐진 이 책은 정말 간단해 보이면서도 이해하기 힘든 내용들로 가득했다. 평소라면 책이 너무 애매하게 쓰였다며 불평할 나였지만 이번에는 그럴 수가 없었다. 그도 그렇게 처음에 등장한 '코끼리를 삼킨 보아뱁'의 이야기가 내 머리를 '딱!'하고 내려쳤기 때문이다. 어려운 표현을 좋아하는 어른들, 복잡한 숫자를 좋아하는 어른들, 알록달록한 옷보다 어두운 정장을 즐겨 입는 어른들, 나 역시 어른이 되어가며 이것들이 당연하며, 아이들은 그것을 이해하기에는 너무 어리다고 생각하고 있었다. 과연 어른들이 보는 세상과 그들의 현실적인 판단만이 이 세상의 전부인 것일까?

나는 이 감상문을 쓰기 위해 어린 왕자를 4번이나 읽었다. 한두 번 본 것으로는 이 책이 어째서 그렇게 유명해졌는지 도무지 알 길이 없었기 때문이다. 그렇게 4번을 읽고 나서 느낀 점은 '어린 왕자'는 어른의 시선으로는 이해하기 힘든 책이라는 것이다. 나는 주인공과 어린 왕자의 대화를 보면서 이것이 무엇을 의미하는지 알아내는 것에 주목했다. 실제로 어린 왕자에는 현실의 상황을 비유나 상징으로 표현한 것이 많았기 때문에 그럴만한 가치가 충분히 있었다. 하지만 어린 왕자는 어디까지나 '동화'이므로 어린아이의 시각으로도 읽어볼 필요가 있다. 물론 대부분의 어른들이 이미 동심과 멀어졌겠지만, 오히려 그 덕분에 어린 왕자라는 소설이 빛을 발할 수 있었다고 생각한다.

나는 우리가 지극히 현실적이며 이성적이라고 여기는 행동들이 어린아이에게는 우스꽝스러울 수도 있다는 내용이 크게 와닿았다. 물론 지구의 어른들이 하는 행동은 작은 별에서 홀로 살아가던 사람들과는 달리 그 의미와 타당한 목적이 있을 것이다. 하지만 우리는 그 의미와 목적이라는 녀석을 어린아이들에게 강요하지는 말아야 할 것이다. 가정을 예로 들자면, 부모는 어른의 막대한 경험과 지식(한국은 여기에 권위까지 추가한다)을 이용해서 어떻게든 자식을 바꾸려고 한다. 하지만 그들이 아무리 떠들어도 자식들은 속으로 이렇게 생각하지 않을까. '어른들은 정말 이상해!'라고. 부모와 자식 사이에서도 그렇지만 어른들은 어린아이들을 존중할 필요가 있다. 그들의 잘못된 행동은 바로잡아주되 생각의 여지가 있는 것은 충분한 대화를 통해 설득하거나 인정해주어야 한다는 말이다. 어린아이를 무시하기만 하는 어른들은 어른이 된 어린아이들에게 결코 존중받지 못할 것이다.

주인공과 어린 왕자 다음으로 눈에 띄는 캐릭터는 장미와 여우였다. 겉으로는 강한 척하지만 속은 여린 장미와 길들인다는 것이 어떤 것인지 알려준 여우. 우리는 둘의 모습을 통해 타인과의 관계에 대해서 생각해볼 수 있다. 중요한 것은 겉으로 드러나지 않는 법이라는 여우의 가르침은 우리가 관계를 맺을 때 결코 잊어서는 안 되는 마법의 주문과도 같았다. 우리는 주변 사람들에 대해 아는 것이 거의 없음에도 그들에 대해서 잘 안다고 여긴다. 확실한 것은 우리는 결코 상대방이 어떤 인물인지, 자신이 어떤 인물인지 완전히 알 수는 없다. 그저 서로 나누는 몇 마디의 말과 상대방이 내가 보는 앞에서 보여준 몇 가지 행동만이 그 평가 기준이 될 뿐이다. 이런 점만 감안하더라도 우리는 훨씬 안정적으로 서로를 길들일 수 있을 것이다. 물론 장미처럼 자신의 마음을 너무 숨기는 것도 문제가 있을 수 있으니 좋은 감정은 확실히 표현해주는 것이 중요하다는 점도 기억하자.

어린 왕자와의 만남은 나에게 정말 특별한 기억으로 남을 것이다. 그가 하는 말은 이해하기 힘들면서도 순수함이 묻어났고, 그가 보는 세상은 우스워 보이면서도 정확했다. 만약 어른들이 어린 왕자와 같은 생각을 하게 된다면 이 세상은 더 살기 좋은 곳으로 변하게 될까? 물론 이 생각은 100가지 말로 반박이 가능하겠지만 그것은 우리가 어른이기 때문일 것이다. 어린아이들이 순수함이 더 좋은 세상을 만드는데 꼭 필요한 것일지 누가 알겠는가?

감상문은 서평과 마찬가지로 대표적인 메타 텍스트이지만 서평과는 달리 독자들의 개인적인 느낌과 체험이 반영되어 있다. 따라서 학습자는 보다 친숙하고 편안한 마음으로 감상문을 읽을 수 있다. 학습자들에게 다양한 감상문을 더 찾아 읽도록 지도하여 작품이 독자에게 주는 감동의 유형화하도록 지도하면 작품의 가치를 더 심도 있게 이해할 수 있게 된다.

독자의 맥락화 – 나의 경험과 연결하기

독자의 맥락화 단계에서는 '어린왕자'를 읽은 자신의 독서 경험을 이전의 독서 경험과 연결하는 활동을 한다. 이러한 작업은 두 가지 층위에서 가능하다. 먼저 주제 층위이다. 삶에서 소중한 것이 무엇인지, 그 소중한 것을 지키기 위해서는 무엇을 해야 하는지 등 작품의 내용과 관련하여 자신의 경험을 떠올리도록 한다. 두 번째는 방법 층위이다. 독서의 방법과 관련하여 자신의 경험과 연결할 수 있다. 작품의 내용을 깊이 있게 분석하여 내용을 충실하게 파악했던 기억, 다양한 방향으로의 엮어 읽기 방법을 통해 작품을 이해하는 폭을 확장했던 기억, 작품을 통해 깨달음을 얻었던 기억, 교훈이나 감동을 받았던 경험, 다양한 가치관과 생각을 접함으로써 자신의 사고가 확장되었던 경험 등을 떠올리면서 작품의 가치를 찾아내는 활동을 이해할 수 있도록 지도할 수 있다.

1. 『어린왕자』에서 말하고자 하는 내용을 정리해 봅시다.

　- 『어린왕자』를 통해 작가가 강조하고자 하는 바를 문장으로 적어 봅시다.

　- 작가의 생각에 대한 자신의 생각을 적어 봅시다.

2. 『어린왕자』를 읽고 무엇을 생각했나요?

　- 이 책을 통해서 새로 하게 된 생각을 말해 봅시다.

　- 『어린왕자』를 읽으면서 감동을 받은 내용을 말해 봅시다.

　- 『어린왕자』를 읽으면서 새롭게 깨달음을 얻은 내용을 말해 봅시다.

　- 이전에 읽었던 글이나 책과 연결될 수 있는 내용을 적어 봅시다.

　- 이전에 자신이 했던 경험과 연결할 수 있는 내용을 적어 봅시다.

3. 『어린왕자』는 왜 좋은 작품이라고 생각했나요?

　- 『어린왕자』가 세계적으로 사랑받는 이유가 무엇이라고 생각하나요?

◆ 방법 층위

1. 『어린왕자』를 이해하기 위해 사용했던 독서 방법을 순서대로 정리해 봅시다.
   그 독서 방법이 문제를 해결하는 데 적절했는지 평가해 봅시다.

2. 자신이 읽은 책 중에서, 유명한 책이지만 자신에게는 그다지 흥미롭지 못했던 책이나 나중에 다시 읽어보고 싶었던 책을 선택하여, 문제 해결적 읽기를 적용해 봅시다.

   - 책의 내용 요소를 시각화하여 정리해 봅시다.

   - 책의 주제와 유사하거나 반대되는 주제의 책들을 찾아서 읽고 비교해 봅시다.

   - 책의 저자는 어떤 사람인지, 어떤 배경으로 그 책을 쓰게 되었는지 찾아봅시다.

   - 그 책을 읽은 다른 사람들의 감상과 후기를 검색해 봅시다.

   - 책의 주제와 가치를 재평가해 봅시다.

■ [문제 해결을 위한 질문]
   『어린왕자』는 어떤 가치가 있는 책이라고 생각합니까?
   책의 주제과 가치를 파악하기 위한 읽기 방법에는 무엇이 있습니까?

문제를 해결하고 확장하기

이 단계에서는 앞에서 설정한 문제 상황 및 가설에 대한 해결 방안을 마련하고 이를 검증한다. 또한 내용과 주제, 방법 측면에서 학습한 독서법을 확장하여 적용해 보는 연습을 한다.

삶의 의미로 확장하기 1 - 주제 확산적 엮어 읽기

주제 확산적 엮어 읽기는 다양한 읽기 방법을 통해 주제를 심화할 수 있는 활동으로 구성하였다. 동일한 작품이 다양한 매체로 변용되는 사례를 찾아보면 변화된 부분을 통해 작가가 강조하고자 하는 내용을 보다 분명하게 이해할 수 있다.

---

1. '알라딘의 요술 램프'라는 작품을 찾아서 읽은 후 다양한 방법으로 작품을 감상해 봅시다.
   - 작품의 줄거리를 정리해 봅시다.
   - 작품의 주제와 교훈을 적어 봅시다.

2. '알라딘의 요술램프'를 바탕으로 하여 만들어진 애니메이션과 영화, 연극, 뮤지컬 등을 찾아서 감상해 봅시다.
   - 내용 측면에서 달라진 부분이 있는지 적어 봅시다.
   - 표현 방법의 측면에서 다르게 제시된 부분을 찾아서 적어 봅시다.
   - 에니메이션이나 영화에 대한 관객들의 평을 찾아서 읽어 봅시다.

---

3. 작품 한 편을 읽을 때와 다른 글을 엮어서 읽을 때의 차이에 대해서 말해 봅시다.

　- 내가 하지 못했던 생각들을 알게 될 수 있었는지 말해 봅시다.

　- 작품의 다양한 측면을 알게 될 수 있었는지 말해 봅시다.

　- 작품에 대해서 더 깊이 있게 이해할 수 있게 되었는지 말해 봅시다.

삶의 의미로 확장하기 2 – 독서 방법 적용하기

이 활동은 주제 탐구형 독서 방법을 다른 글의 이해에 확장하여 적용함으로써 탐구형 독서 방법을 익숙하게 활용할 수 있도록 하기 위하여 설정하였다. 다음 글의 필자는 〈이기적 유전자〉라는 책을 통해 삶에서 봉착한 문제를 해결하였지만 이내 다른 문제에 봉착하게 된다. 그리고 독서의 폭이 넓어지고 그 책과 관련한 지식이 깊어지면서 새로운 이해의 경지에 들어서게 된다. 이러한 독서의 과정은 탐구형 독서를 통해 새로운 깨달음을 얻는 탐구형 독서의 실제 과정과 의의를 잘 보여준다고 할 수 있다.

과학자의 서재

최재천

문학이 이끌어 준 나와 과학의 첫 만남

해마다 노벨 문학상 수상집이 출간되면 한 권씩 사다가 '노벨상 문학 전집'에 끼워 넣곤 했다. 그중 하나가 솔제니친의 작품이었다. 솔제니친은 『수용소 군도』라는 작품에서 옛 소련의 인권 탄압을 폭로했다 하여 반역죄로 추방된 작가이다. 이후 20년간이나 미국에서 망명 생활을 했으며 '러시아의 양심'으로 불린다. 그는 1970년에 『이반 데니소비치의 하루』, 『암 병동』 등으로 노벨 문학상을 받았다. 그의 작품을 읽는 내내 러시아의 침울한 분위기가 느껴졌다. 그런데 정작 내 관심을 끈 것은 소설보다 책 뒷부분에 실린 〈모닥불과 개미〉라는 수필이었다. 반 쪽짜리 그 짧은 수필이 내 머릿속에 이토록 강렬한 인상을 남길 줄은 미처 몰랐다. 활활 타오르는 모닥불 속에 썩은 통나무 한 개비를 집어 던졌다. 그런데 미처 그 통나무 속에 개미집이 있다는 것을 나는 몰랐다. 통나무가 우지직, 소리를 내며 타오르자 별안간 개미들이 떼를 지어 쏟아져 나오며 안간힘을 다해 도망치기 시작했다. 그들은 통나무 뒤로 달리더니 넘실거리는 불길에 휩싸여 경련을 일으키며 타 죽어 갔다. 나는 황급히 통나무를 낚아채서 모닥불 밖으로 내던졌다. 다행히 많은 개미가 생명을 건질 수 있었다. 어떤 놈은 모래 위로 달려가기도 하고 어떤 놈은 솔가지 위로 기어오르기도 했다. 그러나 이상한 일이었다. 개미들은 좀처럼 불길을 피해 달아나려고 하지 않았다. 가까스로 공포를 이겨 낸 개미들은 다시 방향을 바꾸어 통나무 둘레를 빙글빙글 돌기 시작했다. 그 어떤 힘이 그들을 내버린 고향으로 다시 돌아오게 한 것일까? 개미들은 통나무 주위에 모여들기 시작했다. 그리곤 그 많은 개미가 통나무를 붙잡고 바둥거리며 그대로 죽어 가는 것이었다. 동물학자가 된 이후에야 비로소 이해하게 되었지만, 당시에는 나도 솔제니친과 마찬가지로 개미들이 왜 그렇게 행동하는지 정말 궁금했다. 생물학자가 아니라 문학가인 솔제니친은 그 상황을 과학적으로 설명하지 못하고 철학적으로 받아들인 듯하다. 당시의 나 역시 개미의 행동을 설명할 길이 없었으나 그 작품은 묘하게도 내 머릿속에 깊이 박혔다. 그러다가 훗날 미국 유학을 가서 꽂혀 버린 학문, 사회 생물학을 접했을 때 순간적으로 솔제니친의 그 수필이 생각났다. 그간 수많은 문학 작품을 읽고 고독을 즐기는 속에서 점점 더 많은 삶의 수수께끼들을 껴안고 살았는데, 사회 생물학이라는 학문이 그것들을 가지런히 정리해서 대답해 주었다. 〈모닥불과 개미〉 속의 개미도 내가 안고 있던 수수께끼 중 하나였다. 그 개미들을 이해하게 된 순간, 나는 이 학문을 평생 공부하겠다고 결정했다. 인생의 수수께끼를 말끔히 풀어 준 책 유학을 떠나면서 내심 기대했던 '동물의 왕국' 장면과는 달리 나는 3년 동안 기생충 연구에 매달렸고, 공부하는 과목도 수학 생태학과 같은 학술적인 분야가 많았다. 아프리카 평원에서 기린을 만나는 것과는 너무나 동떨어진 연구였다. 그래서 혹시 그 비슷한 수업이 없나 하고 이리저리 찾아보았다. 그러다가 우리로 치면 '축산학과' 같은 과에서 어떤 교수님이 사회 생물학을 가르친다는 것을 알고 즉시 수강 신청을 했다. 그 수업 시간에는 『사회 생물학』이라는 엄청나게 두꺼운 책을 주 교재로 활용했다. 하버드 대학교에 계신 에드워드 윌슨 교수의 저서로, 사회 생물학과 관련하여 일대 논쟁을 불러일으킨 유명한 책이라는 것을 나중에 알게 되었다. 그걸 몰랐을 때에도 책을 읽는 내내 '세상에 이런 학문이 있구나.'하는 강렬한 느낌을 받았다. 그런데 『사회 생물학』을 읽으며 발견한 또 다른 책이 바로 『이기적 유전자』다. 이미 『사회 생물학』을 읽으며 그 매력에 빠져들고 있었으므로 관련된 책들을 모두 읽어 보고 싶었다. 우선 영국 옥스퍼드 대학교의 리처드 도킨스 교수가 쓴 『이기적 유전자』를 사서 읽었다. 세상을 살면서 한 권의 책 때문에 인생관, 가치관, 세계관이 하루아침에 바뀌는 경험을 하는 이들이 과연 몇이나 될까?

대부분은 아마 단 한 번도 그런 짜릿한 경험을 못 하고 생을 마칠 것이다. 그런데 나는 『이기적 유전자』를 읽으면서 그런 엄청난 경험을 했다.

그 책을 읽을 때만 해도 나의 영어 실력이 그렇게 출중하지 못했다. 미국에 간 지 얼마 되지 않았을 때니까. 그럼에도 그 책을 손에서 내려놓지 못했다. 점심때부터 읽기 시작한 것이 다 읽고 난 뒤에 눈을 들어 보니 날이 밝아 오고 있었다. 밤을 새운 것이다.

나는 붕 떠 있는 기분을 느끼며 밖으로 나왔다. 해가 막 뜨려는 뿌연 새벽이었는데, 내 눈에 보이는 세상은 어제 점심 이전과 완전히 달랐다. 오랫동안 의문이었던 많은 문제가 서서히 답을 보여 주는 듯했다.

나는 그날 그 새벽에 바라본 세상의 모습, 그 순간을 잊지 못한다. 그 순간부터 내 삶은 그 전과 후로 완벽하게 갈라졌다. 그전에는 여러 가지 삶의 의문에 이렇게도 생각하고 저렇게도 생각하면서, 그때마다 다른 답을 내곤 했다. 그러나 『이기적 유전자』를 읽고 난 그 새벽부터는 모든 것이 가지런해졌다. 한길로 나란히 늘어선 것처럼. 그저 유전자의 관점에서 세상을 다시 분석하면 모든 것이 명쾌하게 설명되었다. 그때 느낀 기쁨과 즐거움은 말로 표현하기가 쉽지 않다.

'아, 이제야 찾았구나. 내가 그동안 쇼펜하우어로 갔다가 동양 사상에 빠졌다가, 혼자서 애를 쓰면서도 못 찾았던 답을 드디어 찾았구나.'

어려서부터 유난히 삶의 여러 문제와 관련된 의문에 사로잡혔던 나는 내 나름대로 여러 가지 방법을 찾곤 했었다. 재수 시절 니체니 쇼펜하우어니 하는 철학자들의 책을 파고든 것도 그 때문이었다. 어느 해 여름에는 일부러 걸어서 몇 군데 절을 찾아다니며 스님들과 이야기를 나눠 보기도 했다. 삶 자체와 삶에서 만나는 근원적인 의문을 풀어 보겠다고 까불어 댔으며, 글 쓴답시고 원고지 붙들고 끙끙댄 것도 다 그 맥락이었다. 그런데 어느 날 갑자기 한 권의 책으로 모든 것이 설명되는 기분이었으니 얼마나 황홀했겠는가?

그런데 그 황홀감은 시간이 지나면서 좌절감으로 변하기 시작했다.

드디어 발견한 행복한 과학자의 길

처음 읽었을 때는 답을 얻은 기분에 세상이 달라 보였는데, 그 단계가 지나니 시간이 지날수록 만사가 시시하게 여겨졌다.

'그래, 무엇 때문에 난 그렇게 애를 썼나? 저 사람은 무엇 때문에 저렇게 기를 쓰나? 모든 것이 유전자 때문인데, 유전자가 계획한 대로 움직이는 것뿐인데……'

이런 생각이 드니까 모든 것에서 맥이 풀렸다. 열심히 사는 것, 노력하는 것이 말짱 헛일이고 인생사 일장춘몽(一場春夢)이라는 말이 떠올랐다.

'그럼, 지금 내가 사라져도 별것 아니겠네? 어차피 세상은 유전자 덕에 탈 없이 유지될 테니……'

책을 읽고 몇 달이 지난 시기였다. 그렇게 아무것도 할 수 없는 상태로 잠시 살았다. 하지만 다행히 방황이 길지는 않았고 재해석을 통해 세상의 의미를 정리했다.

'이러면 안 돼. 미국까지 공부하러 와서 드디어 내가 기다리던 기회까지 찾았고 이제 막 시동을 걸었잖아. 그 책이 말하려는 건 이게 아닐 거야.'

긍정적이고 낙천적인 성격 덕분에 금방 추스를 수 있었으며 새로운 가치관으로 세상을 보려고 노력했다. 그러면서 내가 할 일, 해야 할 일을 찾아가기로 마음먹었다.

가장 먼저 한 일은 학문적으로 더 깊이 이해하기 위해 그 책과 같은 주제를 다루는 책들을 닥치는 대로 읽은 것이다.『이기적 유전자』가 나온 뒤에 그 아류의 책들이 나오기 시작했는데 무조건 다 읽었다. 그뿐 아니라 그 주제를 다루는 토론회가 있으면 모두 참여했다. 몇 년 동안 내가 토론한 주제는 오로지『이기적 유전자』에서 다룬 주제와 비슷한 것뿐이었다. 그러다 보니 어느 순간부터 굉장히 편안해졌다.

지금도 나는 가끔 수업 시간에『이기적 유전자』를 이야기한다. 그런데 그러고 나면 책을 읽은 학생 중 두세 명 정도가 꼭 나를 찾아온다.

"이 책을 읽고 너무나 혼란스러워서 어떻게 하면 좋을지 모르겠습니다. 좌절감이 너무나 큽니다."

그 말을 나는 이해한다. 나도 그랬으니까. '지금까지 나는 내가 알던 내가 아니구나. 내 안의 유전자가 나를 이렇게 하는구나.' 이런 생각을 자꾸 했었다.

그런 느낌을 겪어 보았기 때문에 나는 이렇게 조언해 준다.

"나도 얼마 동안은 그랬다. 하지만 계속 깊이 파고들다 보면 자기 나름대로 정리가 될 것이다. 나도 죽어라 하고 파고들었더니 어느 순간 편안해졌다. 이게 포기를 뜻하는 염세적인 상황을 말하는 게 아니다. 너무 거창한 표현일 수도 있지만 불교에서 말하는 해탈과 비슷한 느낌이 들게 되었다. 그러니 조바심 내지 말고 더 깊이 공부하고 생각해 봐라."

해탈이라는 표현을 함부로 쓰면 안 되겠지만, 정말이지 나는 웬만한 일은 초월한 느낌으로 한다. 분명히 포기는 아닌데 손을 다 놓고도 마음이 편안한 상태로 넘어 가게 된 것이다.

'그래. 나는 아무것도 아니야. 지금 없어져도 세상에 아무런 변화를 일으킬 수 없는 그런 존재야. 그렇지만 그렇다고 해서 굳이 없어질 필요는 없다. 내가 존재하는 이유는 따로 있다. 이 세상에 태어났으니 나의 모든 상황에 온 힘을 다하고 즐기며 사는 것이다. 나에게 주어진 삶의 길을 아름답게 가면 된다.'

자칫하면 운명론자처럼 보일 위험이 있지만 운명론자와는 다르다. 내가 가야 할 길을 담담히, 최선을 다해 아름답게 가면 세상도 나도 의미 있는 존재가 된다고 생각한다. 그런데 내게 주어진 것보다 더 많은 무엇을 해 보겠다고 욕심을 부리며 아등바등 살 필요는 없다. 내가 할 수 있고 해야 할 일들은 어떻게 보면 내 유전자가 나한테 허락한 범주 내에서의 일들이다. 그러므로 할 수 있다는 자신감을 갖고 최선을 다하면 내가 하고자 한 일을 모두 이룰 수 있다고 믿는다.

나는 특별한 사람은 아니다. 하지만 하고 싶은 학문을 하면서 그 학문을 통해 깨달은 대로 살아가고, 그 삶에서 행복과 만족을 느끼고 있다. 단적으로 표현하자면 삶의 모든 부분에서 무척 여유로워졌고 무슨 일을 하든 초조해하지 않는다. 그냥 내가 할 수 있는 일을 다 한 다음에는 마음을 편히 먹고 살아간다. 이제야 드디어 삶을 즐길 줄 알게 된 것이다.

　여기에 이르기까지 가장 큰 영향을 준 책이 바로『이기적 유전자』와『사회
생물학』이었다. 이 두 권의 책 덕분에 학문적으로 내가 걸어가야 할 길이 정
해 졌을 뿐만 아니라 나의 개인적 삶의 태도에도 명확한 기준이 생겼다.

- 최재천,『과학자의 서재』, 움직이는 서재, 2015.

- -

1. 작가에게『수용소 군도』와『이기적 유전자』,『사회 생물학』이라는 책이 어떤
영향을 주었는지 설명해 봅시다. 또한 작가가 이 책들을 어떻게 읽었는지
말해 봅시다.

2. 작가가『이기적 유전자』라는 책의 문제를 해결할 수 있었던 이유에 대해 이
야기해 봅시다.

3. 이 글의 지은이와 같이, 자신에게 큰 영향을 준 책이 있는지 이야기해 봅
시다.

4. 한 권의 책을 읽으면서 그 책을 보는 관점이나 책의 내용을 이해하는 깊이
가 달라진 경험이 있는지 말해 봅시다.

5. 책을 깊이 있게 읽기 위해서는 어떻게 읽어야 하는지 말해 봅시다.

6. 글이나 책을 읽고 그 글이 의미하는 바나 작가가 이야기하고자 하는 바가
명확하게 이해되지 않지만 다시 읽어 보고 싶은 책이 있는지 말해 봅시다.

다음 독서 계획하기

엮어 읽는 활동은 단순한 독서 활동으로 그치는 것이 아니라 자신의 읽기 경험과 연결함으로써 독서 경험을 더욱 풍성하게 할 수 있다. 자신의 독서 경험을 되돌아 보면서 재평가하거나 다시 읽어보는 활동을 하도록 안내할 수 있다.

■ 읽고 싶은 책과 함께 엮어 읽을 수 있는 책이나 글을 찾아봅시다.
  - 유사한 주제를 다루고 있는 책들을 찾아 봅시다.
  - 작가의 작품 세계와 다른 작품들을 검색해 봅시다.
  - 작품이 창작된 시대적인 배경을 탐구해 봅시다.
  - 작품에 대한 서평이나 안내 자료를 모아 봅시다.
  - 작품에 대한 다른 사람들의 감상이나 평가를 살펴 보고 나의 의견과 비교해
    봅시다
  - 작품의 주제와 가치에 대해 재평가해봅시다.

---

2. 성찰형: 인성 독서

성찰형은 자신의 독서 경험과 삶을 성찰하며 사회 공동체 내에서의 바람직한 삶을 실현 하도록 돕는 유형이다. '성찰'은 '자기의 마음을 반성하고 살피는 것'으로 독서에서 '성찰'은 자신의 삶의 문제를 독서 경험을 통해 비판적으로 평가하고 검증하는 의식적 탐구 과정이다. 성찰형 '독서 경험'은 독자가 책과 상호 작용하

며 겪는 경험이자 독자가 독서 상황에 작용하는 다양한 맥락을 통해 의미를 구성하고 자신이 처한 문제를 해결하는 과정으로 이루어지는 성장독서 방법으로 타인과 교감하며 삶을 성찰하거나 자신의 독서 이력을 성찰하고 독서 계획을 세워 실천하는 과정을 포함한다. 성찰형은 생애 독자로 나아가는 계기를 마련해주는 유형으로 현재는 물론 미래의 삶과도 연관된다. 독서의 가치는 자신의 현재 가치를 돌아보는 것뿐만이 아니라 미래 사회가 요구하는 바람직한 삶과도 연결되기 때문이다.

성찰형은 독서 행위가 텍스트의 의미 구성 그 자체에 있기보다는 텍스트를 통해 구성된 의미에서 자신의 독서 경험을 돌아보거나 자신의 삶을 성찰하는 것이다. 이 과정에서 텍스트는 텍스트 자체로서의 가치보다는 독자의 의미 구성 과정에서 하나의 도구 역할을 한다. 독자가 서로 같은 목적으로 동일한 텍스트를 접하더라도 각 개인의 독특한 상황과 요구에 따라 구성되는 의미는 다를 수 있다. 성찰형 독서는 독자에게 개별적 특수성이 고려되는 독서 활동의 기회를 제공해 주기도 하고, 독자의 존재 혹은 개별적 삶이 부각된 경험을 제공하기도 한다.

성찰형은 독서 경험의 성장 요건 중, '타자화된 나'와의 대화와 문제 해결 과정으로서의 '반성적 사고'가 다른 유형에 비해 부각된다. 성찰의 범위가 자신의 독서 활동에 놓인다면, 학습자는 자신의 독서 경험을 되돌아볼 것이다. 또한 자신이 설정한 문제가 자신의 삶, 나아가 사회 공동체와 관련이 있다면 독서 경험을 통해 구성된 의미를 자신의 삶에 맥락화하고 관련 문제를 해결하거나 해당 공동체 속에서 그 문제를 해결하려 할 것이다. 여기에서 독서 경험은 성찰을 위한 계기이자 도구이다.

성찰형은 특히 탐구형에 비해 의미 경험보다는 의미 경험을 기반 한, 활동 경험이나 정서적 경험이 부각된다. 주 텍스트를 깊이 읽는 것이 강조되기는 하지만 의미 구성의 구심력이 텍스트에 놓이기보다는 독자에게 놓인다는 점에서 탐구형과 차별이 된다. 그러나 탐구형의 의미 구성이 학습자의 삶을 전제로 한다는 면에서 이 두 유형은 서로 결합될 수 있다. 즉, 탐구형을 기저로 하고 성찰형의 적용·확산을 통해 학습자의 독서 경험을 텍스트에서 학습자의 삶으로 확장시킬 수 있다.

의미 구성의 주체가 독자인 성찰형의 독서 경험은, 인문학, 사회학, 자연과학, 예술 등의 전 분야의 독서 경험과 관련이 있지만 예술, 문학과 관련성이 깊다. 문학은 기본적으로 작가 혹은 필자의 해석 텍스트이다. 문학텍스트를 수용하는데 있어 독자는 주관적인 판단과 다양한 해석의 순환 과정을 통해 문학텍스트를 자신의 해석 텍스트로 만든다. 이 과정에서 자신을 되돌아보는 활동을 하게 된다. 문학은 기본적으로 인지적 경험보다는 정서적 경험의 범주가 부각되는 독서 경험으로 독자의 자아성찰의 계기를 만들어 줄 수 있다. 정서적 경험은 공동체가 추구하는 삶의 가치, 나아가 인류의 보편적 삶의 가치와도 맥을 같이 한다. 여기에서 문학은 시대 혹은 맥락이 반영된 산물로 당대 사람들의 문화가 녹아 있으며, 나아가 시대를 초월한 삶의 본질적인 의미와도 맞닿아 있다. 문학은 다른 영역의 독서 경험보다 자신을 성찰할 수 있는 중요한 기능을 지닐뿐만 아니라 문학 자체만으로도 가치가 있다.

성찰형은 문학 작품에 대한 독서 활동뿐 아니라 자신을 되돌아볼 수 있는 전 분야의 독서 활동을 통해 정신적으로 풍요롭고 윤택한 삶을 살아갈 수 있는 힘을 제공해 줄 수 있는 유형이다. 이것은 개인의 실용적인 삶의 적용에서부터 인간의 본질적인 존재에 대한 물음에 까지 다다르며 생애 독서로 이어진다. 자신의 현재 가치를 돌아봄으로써 대인관계나 정체성에 관한 갈등이나 혼란뿐만 아니라 자신이 희망하는 직업, 학업, 관심 분야 등으로의 확장적 독서가 가능하다는 면에서 독자를 성장 독자로 이끌 수 있다. 성찰형 독서 중 인성 독서는 자신의 삶을 되돌아 보고 공동체적 삶을 지향한다는 점에서 성찰형의 대표적인 독서 방법이라 할 수 있다.

인성 독서는 세 단계의 과정으로 이루어진다. 첫 번째 단계는 자신의 문제를 인식하는 일이다. 자신의 경험과 읽기 자료를 토대로 맥락을 조성하며 문제를 인식하게 된다. 두 번째 단계는 독서 경험을 통해 이루어진다. 이때 '타자화된 나의 대화와 반성적 사고의 과정을 거친다. 세 번째 단계는 공동체 활동과 내면화를 통해 자기 성찰에 이르게 된다. 이와 같이 인성 독서를 통한 문제 해결 과정에서 독서 경험은 자기 성찰에 이르게 되고 이는 삶에 녹아들고, 또 다른 텍스트를 통해 확장된다.

인성 독서는 실제로 다음과 같은 일련의 과정으로 이루어질 수 있다. 인성독서를 위해 독자는 삶과 사회 공동체 내에서 인간적 관계를 성찰하며 독서를 통해 인성을 도야할 수 있다.

성찰형: 인성 독서

문제 인식하기

삶 속에서 문제 인식하기

독서 경험으로 문제 인식 명료화하기

맥락화하기

텍스트 맥락화

타자화된 나와의 대화

청소년기는 정체성과 대인관계, 그리고 학업과 진로에 관한 문제가 중요한 발달과업인 시기이다. 이러한 시기에 적절한 성찰형 독서가 이루어지면 정체성 확립, 바람직한 인간관계 형성, 그리고 인성을 갖추도록 도와 성공적으로 청소년의 성장에 기여할 수 있다. 다음은 성찰형 독서 경험이 이루어지는 과정의 예로 원만한 대인관계를 위한 인성독서가 이루어지는 일련의 과정이다. 주 텍스트는『어린 왕자』를 중심으로 구성하였다.

문제 인식하기

인성 독서는 자신의 독서 경험과 삶을 성찰하며 사회 공동체 내에서의 바람직한 삶을 실현해 나가도록 하는 유형이다. 성공적인 인성 독서가 이루어지기 위해서는 우선 자신의 문제를 인식할 수 있어야 한다.

인성 독서에서 '문제 인식'의 '문제'는 광범위하다. '친구들과 바람직한 관계는?', '부모님과 원만한 관계가 이루어지기 위해서는?' 등과 같이 삶에서 부딪히는 대인 관계 문제에서부터 '나는 누구인가', '나는 주변 사람들한테 어떤 사람인가?', '나는 무엇을 위해 살아야 하나?' 등 자아 정체성에 관한 문제, '사람은 왜 더불어 살아가야 하는가?', '진리도 변할 수 있는가?' 등과 같은 인간의 아주 근본적인 문제에 천착하는 철학적인 질문까지 확장될 수 있다.

삶 속에서 문제 인식하기

삶 속에서 문제 인식하기는 자신의 삶과 공동체의 삶의 성찰로 이루어진다. 문제 인식하기 단계에서 필요한 요인은 현재 자신이 처한 상황에서 무엇이 문제가 되고 있는지 알아차리는 일이다. 만약 청소년 독자가 부모, 친구, 교사 등 삶에서 부딪히는 인간관계에 대해 갈등하고 고민한다고 했을 때 독서 경험의 목표를 '바람직한 인간관계를 위해 필요한 덕목을 알고, 이를 실천하는 태도를 갖도록 한다.'고 설정하고, 이를 실현할 수 있는 성찰형 독서 과정이 이루어질 수 있을 것이다.

이 단계에서는 주 텍스트인 『어린왕자』를 읽기 전에 자신의 문제 인식을 돕기 위한 다양한 매체가 자료로 제공될 수 있다. 다음은 친구, 혹은 부모와의 관계에 대해 고민하는 학생이 쓴 상담 글과 문제 인식을 위한 질문으로 구성된 활동이다.

■ 다음 글을 읽고 물음에 답하십시오.

(가)
친구 관계에 자꾸 매달리고 있어요, 어떻게 해야 하나요?

저는 중학생입니다. 요즘 친구 때문에 자존심이 심하게 상해서 글을 씁니다.
저는 작년에 같은 반 친구들과 잘 지냈어요. 그런데 몇 번 싸웠는데요. 그 뒤부터는 다른 반 친구들과 다니거나 놀았어요. 그런데 한 학년 올라와서 그 친구

들과도 사이가 완전히 멀어졌어요. 친구들과 자주 싸우게 되었는데요. 그렇게 되니까 소문이 안 좋게 났어요. 그래서 지금 반 친구들과도 친해지는 게 점점 더 어려워졌고, 멀어지게 되었습니다.

저는 반 애들이 저를 비웃는 느낌이 들어서 하고 싶은 말도 제대로 못하고 묵묵히 지내고 있어요. 그러는 제가 너무 답답하기도 하고, 친구가 없으니 인생이 허무하고 무의미하다는 느낌밖에 안 들었어요.

방학 동안에는 학교 애들을 만날까봐 두려워서 숨어 다니기도 했어요. 이제 개학이 얼마 안 남았는데 학교에 다시 간다는 생각만 들어도 두려워요. 자신감도 없고, 자존감도 갈수록 낮아지는 것 같아서 너무 걱정됩니다. 어떡해야할까요?

– 청소년 고민 상담소

(나)

선생님, 안녕하세요?

제가 문제가 좀 있어요. 저는 부모님과 대화하기가 겁나고 싫어요. 부모님은 처음에는 웃으면서 말씀을 시작하시거든요. 그런데 조금 지나면 대화가 아니고 일방적으로 뭐라고 하세요. 그러면 그때부터 저는 아무 말도 하지 않아요. 왜냐하면 제가 부모님께 그게 아니라고 옳지 않다고 하거나 억울하다고 말씀 드리면 말대꾸한다고 저를 꾸짖으시거든요.

저는 부모님 말씀이 전부 잔소리 같아요. 어떻게 보면 제가 말대꾸 하는 것일 수도 있어요. 그렇지만 저는 제 생각을 정확하게 전달하려고 말씀드리는 거예요. 하지만 이제는 가만히 듣고만 있어요. 솔직하게 말하면 저만 계속 더 힘들어지니까요. 부모님께서 말씀하시면 억울해도, 할 말이 있어도 참고 듣기만 해요. 안 그러면 금방 끝이 날 이야기가 한없이 길어지거든요. 그리고 아무리 속상해도 부모님 앞에서는 울지 않아요. 울면 더 화 내시니까요. 그래서 꾹 참고 있다가 방에 들어와서 혼자 울곤 해요.

선생님, 저는 부모님 때문에 공부에 집중도 안 되고 너무 힘든 상태랍니다. 부모님이 저를 위해 이런저런 말씀을 해주시는 것도 알고, 그러니까 불만이 있어도 좀 참아야 하는 것도 알아요. 그런데 아무리 좋게 생각하려고 해도 자꾸 화가 나요. 선생님, 부모님이 잔소리하고 꾸짖을 땐 어떻게 해야 하나요? 저는 지금 마음이 꽉 눌린 것 같아요.

– 청소년 고민 상담소

- -

1. (가)에서 글쓴이의 고민은 무엇인가요?

2. (나)에서 글쓴이의 고민은 무엇인가요?

3. (가)와 (나)의 상담 글을 쓴 학생에게 어떤 조언을 해주고 싶은가요?

4. 나도 이와 비슷한 경험이 있나요? 부모, 형제, 친구 등의 관계에서 갈등이 일어났던 적이 있다면 그때 일을 떠올려 봅시다.

5. 그런 일이 일어난 이유는 무엇입니까? 그때 마음이 어떠했는지 이야기해 봅시다.

이 활동은 사람들과의 관계 속에서 겪게 되는 갈등에 대한 문제를 인식하도록 돕는 활동의 예이다. 제시된 글은 청소년의 상담 내용으로 (가)는 친구 문제이고, (나)는 부모와의 관계에 대한 문제이다. 학습자는 제시된 또래의 고민들을 보고 친구나 부모 등 여러 사람들과의 관계에 대한 경험을 떠올릴 수 있다. 그리고 질문들을 통해 자신을 돌아볼 수 있다.

삶에서 문제를 인식한 다음으로는 제공된 텍스트를 통해 인식한 문제를 명료화하는 활동을 이어갈 수 있다

독서 경험으로 문제 인식 명료화하기

'삶 속에서 문제 인식 하기'를 토대로 현재의 상황 맥락을 조성한 학습자는 자신의 독서 경험을 성찰하며 인간관계와 관련된 텍스트를 떠올릴 수 있다. 독서 경험이 연속적으로 이루어지는 상황이라면 독서 경험에 기반 하여 배경지식을 활성화 할 수 있다. 하지만 학습자의 독서 경험이 충분하지 않다면 읽기 자료를 제공하여 맥락화를 도울 수 있다. 읽기 자료를 통한 독서 경험은 삶 속에서의 문제인식을 명료화하면서 주 텍스트의 맥락화를 위한 배경지식으로 작용하게 된다.

다음은 문제인식의 명료화를 위한 독서 경험의 예시이다. 주 텍스트인 『어린왕자』에서 다루어지는 등장인물들과의 관계에 대한 문제 인식을 명료화하기 위해 『연어』의 일부분을 읽게 하고, 질문할 수 있다.

『연어』

『연어』는 주인공 '은빛연어'가 바다에서 초록강으로 회귀하는 과정에서 만남들

을 통해 정체성을 찾아가는 내용이다. 은빛연어는 보통 연어들과는 다르다. 등쪽이 은빛이기 때문에 적의 공격에 쉽게 노출되어 늘 보호를 받는다. 그리고 다르다는 이유로 친구들로부터 따돌림을 당한다. 외로운 은빛연어는 바다에서 초록강으로 거슬러 올라가는 길에 자신을 늘 감싸주던 누나를 잃게 된다. 실의에 빠져있을 때 '눈맑은연어'를 만나게 되고, 눈맑은연어를 통해 자신의 삶의 궁극적인 의미를 알게 된다. 초록강이 해준 이야기를 통해 은빛연어는 인간이 만들어 놓은 쉬운 길이 아닌 폭포를 뛰어 넘어야 한다는 사실을 깨닫고 다른 연어들에게도 그 뜻을 전한다. 힘겹게 초록강을 거슬러 오르며 진정한 연어의 삶을 다한 은빛연어는 초록강 상류에 알을 낳고 눈맑은연어와 함께 조용히 눈을 감는다.

『연어』의 주인공인 은빛연어는 누나에 대해 불만스럽게 생각한다. 은빛연어는 연어 무리에게 따돌림 당한다는 생각에 무리를 떠나고 싶어 한다. 누나는 이런 은빛연어에게 그것은 따돌림이 아니라 보호라고 말해주면서 걱정스럽게 바라보고 조언해준다. 하지만 정작 은빛연어는 이러한 누나의 말을 받아들이지 않는다. 누나는 자신을 옆에서 바라보는 게 아니라 위에서 내려다보는 것이고, 걱정하는 척하지만 그것은 사랑이 아니라 간섭이라 생각한다. 은빛연어는 누나가 자신을 지켜주기 위해 물수리의 밥이 되는 사건이 있고난 후에야 누나의 진정한 사랑을 느끼게 된다.

누나를 잃고 난 후 은빛연어는 강을 거슬러 오르는 여정에서 눈맑은연어를 만나고 헤어지고, 다시 만나는 일을 겪게 되는데 그런 과정에서 큰 변화를 맞이한다. 은빛연어는 눈맑은연어를 다시 만나게 되면서 평범했던 일들이 예사롭지 않게 느껴지고, 무심코 지나쳤던 일들을 소중하게 느끼게 된다. 그리고 세상에 존재하는 모든 것들 모두가 나름의 의미가 있고, 존재의 이유가 있다는 생각을 하게 된다. 그러면서 은빛연어는 눈맑은연어가 자신의 가슴을 가득 채우고 있고, 그녀는 자신의 의미있는 현재라고 생각에 이른다.

이와 같이 『연어』에 등장하는 '은빛연어'와 '누나', '은빛연어'와 '눈맑은연어'의 갈등과 화해의 장면이 나타난 부분을 읽고 나서 다음 질문들에 대해 생각해 볼 수 있다.

■ 다음 물음에 답하십시오.

1 은빛연어가 누나에 대해 가지고 있는 불만은 무엇입니까?

2. 은빛연어와 누나는 서로에 대해 어떤 관점으로 바라보고 있습니까?

3. 은빛연어는 자신을 대신해서 물수리의 밥이 된 누나에 대해 어떤 생각을 하고 있을까요?

4. 은빛연어와 눈맑은연어는 서로에게 어떤 존재입니까?

---

5. 은빛연어와 누나, 은빛연어와 눈맑은연어가 서로를 위해 갖추어야 할 덕목은 무엇이라 생각합니까?

이 독서 활동은 『연어』의 독서 경험을 통해 삶에서 관계를 이루며 더불어 살아가는 문제에 대한 인식을 명료화하고 필요한 덕목에 대해 살펴보는 활동이다. 이는 삶에 대한 문제인식을 명료화하면서 주 텍스트의 맥락화를 견인할 수 있는 여지를 제공한다. 『연어』에 등장하는 '은빛연어'와 '눈맑은연어', '은빛연어'와 '누나' 등 여러 인물들의 관계는 주 텍스트인 『어린왕자』에 등장하는 '꽃'과 '어린왕자', '여우'와 '어린왕자'의 관계나 여러 별들에 등장하는 각각의 특성을 지닌 인물들을 이해하고 어린왕자와 그들과의 관계에 대한 배경지식으로 맥락화를 이룰 수 있다.

맥락화하기

문제 인식 과정 후 주 텍스트 읽기를 통해 학습자는 책과의 대화, 타자화된 나와의 대화로 맥락화를 이룰 수 있다. 여기에서 맥락화란 주 텍스트와 읽기 자료의 맥락화, 텍스트와 자신의 맥락화를 말한다. 맥락화를 위해 주 텍스트의 인상적인 부분을 파악하고 그것에 대한 생각과 느낌을 떠올릴 수 있다. 또한 읽은 텍스트를 기반으로 타자화된 나와의 대화를 통해 자신의 문제를 명료화하며 문제를 해결할 수 있는 단계를 마련해 볼 수 있다.

텍스트 맥락화

텍스트 맥락화는 『어린왕자』를 읽고 알게 된 내용이 중심이 되는 의미 경험과 의미를 통해 깨닫게 되는 정서 경험을 위한 활동이다. 여기서는 인간관계에 중심을 두었으므로 주 텍스트의 주요 인물들의 관계를 중심으로 독서 활동을 이어갈 수 있다. 앞서 『연어』에서 발췌한 내용을 통해 등장인물들 사이에 필요한 덕목들에 대해 살펴보았으므로 『어린왕자』도 서로의 관계에 필요한 덕목을 생각하며 읽도록 안내할 수 있다.

■ 꽃과 어린왕자의 대화 내용을 통해 꽃과 어린왕자의 서로의 마음을 짐작해 봅시다.

꽃과 어린왕자의 대화 내용	어린왕자의 마음	꽃의 마음
꽃이 여우에게 여러 가지를 요구를 하고, 어린왕자는 이런 요구를 들어줄 때		
어린왕자가 별을 떠나려고 꽃에게 작별을 말할 때		

■ 어린왕자가 여우를 만나 '길들이기'에 대한 이야기를 듣고 장미꽃에 대한 인식이 어떻게 변화했는지 살펴봅시다.

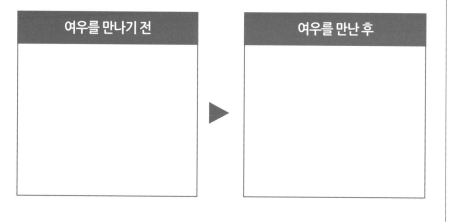

여우를 만나기 전	여우를 만난 후

■ 어린왕자와 꽃이 서로를 위해 갖추어야 할 덕목은 무엇인지 이야기해 봅시다.

　　첫 번째 활동은 어린왕자와 꽃의 대화를 통해 어린왕자와 꽃의 갈등을 느껴볼 수 있다. 장미꽃이 처음에는 어린왕자에게 계속 요구하기만하지만 어린왕자가 별을 떠나려고 할 때는 떠나도록 해주는 마음을 알 수 있다. 두 번째 활동은 책을 읽으면서 어린왕자와 여우와의 대화 내용을 짚어보고, 어린왕자가 꽃에 대한 심경의 변화를 알 수 있는 활동이다. 어린왕자는 여우를 만나기 전에는 꽃에 대한 마음을 잘 알 수 없었지만 여우와의 대화를 통해 자신이 꽃에 대한 생각이 특별한 것은 오랜 시간을 통해 길들여졌고, 이는 곧 관계를 맺었다는 것이며, 여기에는 책임이 따른다는 사실을 알게 된다. 이 같은 두 가지 활동을 통해 텍스트의 내용을 이해하고 소중한 사람과의 관계에서 지속할 수 있는 중요한 덕목에 대해서도 생각해 볼 수 있다.

타자화된 나와의 대화

성찰형은 독서 경험의 성장 요건 중, 타자화된 나와의 대화와 문제 해결 과정으로서의 '반성적 사고'가 다른 유형에 비해 부각된다. 학습자는 '타자화된 나', 즉 자기 자신과의 대화를 통해 자신의 독서 경험을 되돌아보고 자신이 설정한 문제가 자신의 삶, 나아가 사회 공동체와 관련이 있다면 독서 경험을 통해 구성된 의미를 자신의 삶에 맥락화하고 관련 문제를 해결하거나 해당 공동체 속에서 그 문제를 해결하려 할 것이다.

텍스트를 이해하고 텍스트 안에서 자신을 들여다 볼 수 있는 활동으로 다음과 같은 활동이 이어질 수 있다.

■ 어린왕자는 여우와의 대화를 통해 자신의 별에 두고 온 장미꽃이 특별하다는 생각을 하게 됩니다. 여러분에게도 장미꽃과 같은 존재가 있나요? 있다면 특별한 이유는 무엇이고, 그 존재를 위해 해 할 수 있는 일은 무엇인가요?

■ 『어린왕자』에 등장하는 다음 인물들이 그들의 삶에서 중요하게 생각하는 것은 무엇인가요?

허영꾼	"숭배한다는 게 뭐예요?" "숭배한다는 것은 이 별에서 가장 잘났고, 가장 옷을 잘 입고, 가장 돈이 많고, 가장 똑똑하다는 것을 인정하는 것이지." "그렇지만 이 별에는 아저씨 외에는 없잖아요?" "나를 즐겁게 해다오. 어떻든 나를 숭배해 다오. " "나는 아저씨를 숭배해요. 그렇지만 이것이 아저씨한테 무슨 도움이 되죠?" **[중요하게 생각하는 것]**
상인	"응? 너 아직 거기 있었니? 오억 일백만...... 잊었다......하도 바빠서! 나는 성실한 사람이야. 쓸데없는 짓은 하지 않지! 둘에다 다섯을 더하면 일곱......" **[중요하게 생각하는 것]**
점등인	'...우스꽝스럽게 생각되지 않는 사람은 이 사람 하나뿐이야, 그건 아마 이 사람이 자기 일이 아닌 다른 일을 보살피기 때문일 거야.'(어린왕자) **[중요하게 생각하는 것]**
지리학자	"꽃은 기록하지 않는 단다." "왜요? 제일 예쁜데요." "꽃은 순간적이니까 그렇단다.' "'순간적'이란 무슨 뜻이죠?" ... "그건 오래지 않아 사라질 염려가 있다는 것이란다." "내 꽃도 오래지 않아 사라질 염려가 있나요?" "그럼." '내 꽃은 순간적이다. 단지 외세를 막기 위하여 네 개의 가시가 있을 뿐이지. 그런데 나는 그 꽃을 별에 혼자 두었어!' 이것은 그가 처음으로 느끼는 후회의 감정이었다. **[중요하게 생각하는 것]**

이 활동은 텍스트에 나타난 다양한 등장인물들의 모습을 통해 자신을 들여다보고, 공동체의 삶 속에서 자신과의 대화를 통해 객관적 자아를 발견하며 자아 성찰로 이끌 수 있는 활동이다.

다음은 정신과 의사인 스캇 펙이 열다섯 살에 친구와 대화를 하면서 자신을 돌아보고 깨달은 경험을 적은 글이다. 청소년기 발달심리 특징 중 하나가 자기중심적 사고이다. 스캇 펙은 자기중심적 사고 안에서 이루어진 친구와의 대화 상황에서 자신의 잘못에 대해 알아차리고 일찍이 그러한 깨우침이 있어서 다행이었다고 말한다.

■ 다음 글을 읽고 물음에 답해 봅시다.

열다섯 살이 되던 어느 날 아침 나는 기숙학교를 향하여 걸어가고 있었는데, 50야드쯤 떨어진 곳에 있는 반 친구를 보았다. 그는 나를 향하여 걸어오고 있었다. 우리가 나란히 걷게 되었을 때 5분 정도 서로 이야기를 나누다가 헤어져 각자의 길로 걸어갔다. 길을 따라 50야드쯤 걸어가다가 나는 신의 은총으로 갑자기 계시를 받았다. 내가 그 친구를 처음 본 순간부터 바로 이 순간까지 총 10분 동안 나는 완전히 내 생각에만 빠져 있었다는 것을 깨달았다. 우리가 만나기 전 2-3분 동안 나는 그 친구에게 강한 인상을 심어줄 멋진 말을 생각하는 데 완전히 몰두해 있었다. 우리가 이야기를 나눈 5분 동안 나는 멋진 말을 응수하기 위해서 그의 말을 듣고 있었다. 내가 그의 얼굴을 쳐다본 것은 내 말이 그에게 어떤 효과가 있었는지 알아보기 위한 것이었을 뿐이다. 우리가 헤어지고 난 후 2-3분 동안에도 내 생각은 오로지 그에게 좀 더 강한 인상을 심어줄 말이 어떤 것일까 이었다.

나는 내 친구에 대한 생각은 조금도 하지 않았다. 그 친구에게는 어떤 기쁨이, 혹은 어떤 슬픔이 있을까 라든가. 내가 무슨 말을 하면 그 친구의 어려움을 덜 수 있느냐는 문제에 대해서는 전혀 관심이 없었다. 오직 관심이 있었다면 그것은 다만 나의 재치를 빛내줄 조연으로 그리고 나의 영광을 비춰줄 거울로서의 그였다. 그러나 신의 은총으로, 나는 내가 얼마나 자기중심적이었는가에 대한 계시를 받았을 뿐 아니라, 내가 만약 지금까지 그런 의식으로 살아왔다면 얼마나 공허하고 외로운 '성인기'를 맞았을까 하는 두려운 사실도 깨닫게 되었다. 결국, 나는 열다섯 살 때 자기도취 증세를 극복하기 위한 싸움을 시작했다.

- M. 스캇 펙, 최미양 역, 『아직도 가야 할 길』, 2011.

- -

1. 글쓴이가 자신을 자기중심적이라고 생각한 이유는 무엇인가요?

2. 글쓴이가 깨달은 두려운 사실은 구체적으로 무엇인가요?

3. 나도 이와 같은 경험이 있는지 생각해 봅시다.

■ 스캇 펫의 글은 대화 중 친구의 이야기에 집중하지 않고 자신의 생각에만 빠져 있던 일화를 소개하고 있습니다.『어린왕자』에서도 이와 비슷한 상황을 찾아볼 수 있습니까? 어린왕자가 여러 별에서 만난 인물과의 대화를 떠올려 봅시다.

1. 어린왕자가 별에서 만난 인물 중 글쓴이처럼 자기중심적이라 생각되는 인물은 누구입니까?

2. 어린왕자와 그 인물의 유사점과 차이점은 무엇입니까?

3. 이들의 문제점은 무엇이고, 이들에게 필요한 덕목은 무엇입니까?

위 활동은 학습자가 독서 경험의 목표와 관련하여 친구와의 바람직한 관계를 위해 필요한 덕목이 무엇인지 인식할 수 있게 하고, 자신을 돌아볼 수 있게 하는 활동이다.『어린왕자』의 내용을 중심으로 여러 행성에서 만난 사람들과의 대화, 어린왕자와 여우와의 대화를 통해 인간관계에서 중요하게 작용하는 덕목을 인식하게 하는 인성독서 경험을 제공한다.

다음은 지금까지 활동을 바탕으로 자신을 성찰할 수 있는 활동으로 구성되어 있다.

■ 나와 주변 사람들의 관계를 떠올려 봅시다.

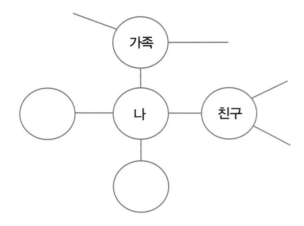

1. 이들 중 자기중심적이라고 생각되는 사람들을 누구입니까? 그렇게 생각하는 이유는 무엇입니까?

2. 그들은 나에게 어떤 사람들입니까? 그들은 나에 대해 어떻게 생각하고 있을까요?

3. 내가 주변 사람들과 긍정적인 관계를 유지하고 소통하기 위해 필요한 것은 무엇일지 생각해 봅시다.

문제 해결하고 심화하기

이 과정은 독서 후에 이루어지는 독서 경험으로 문제 해결을 위한 구체적인 실천 방법을 수행하는 과정이다. 주 텍스트에 대한 의미, 정서, 활동 경험을 바탕으로 앎을 삶으로 이끌기 위한 활동이라 할 수 있다.

덕목 찾기

문제 인식과 주 텍스트를 통한 맥락화 과정을 거친 학습자들은 바람직한 인간관계를 실현하기 위한 문제 해결 방법의 일환으로 덕목을 설정할 수 있다.

학습자들은 최대한 많은 덕목을 찾아 볼 수 있는데 브레인스토밍이나 덕목이 적힌 어휘 카드를 활용하여 덕목 꾸러미를 마련해 본다. 그런 다음 각각의 관계에서 중요하다고 생각하는 덕목과 그 이유를 적어볼 수 있다.

■ 바람직한 관계를 위한 덕목

1. 사람들과의 관계에서 중요하다고 생각되는 덕목은 무엇인지 생각해 봅시다.

예시 - 책임, 존중, 배려, 소통, 공감, 기다림……

---

2. 제시된 덕목을 사전적 의미가 아닌 자기 말로 정의하여 봅시다.

책임   존중   배려   소통   공감   겸손   사랑

예시)

책임 - 맡은 일을 잊지 않고, 포기하지 않고 끝까지 해내는 것.

존중 - 친구가 나하고 생각이 달라도 인정해 주는 것.

배려 - 공부를 다 끝내지 않은 친구를 기다렸다가 함께 가는 것.

3. 다음 사람들과의 관계에서 중요하다고 생각되는 덕목과 그 이유에 대해 떠올려 보고 모둠끼리 이야기해 봅시다.

	중요한 덕목	모둠 결과
친구 (동성친구, 이성친구)		
부모님		
선생님		

■ 덕목과 관련하여 자신을 돌아봅시다.

내가 가지고 있는 덕목	
나에게 부족한 덕목	
내가 갖추고 싶은 덕목	

■ 작품의 주제 (관심 있는 덕목)를 한 문장으로 나타내 봅시다.

> 가까운 사람들과의 관계를 위해서 갖추어야 할 덕목은 _____ 이다.

이 활동을 통해 학습자는 주변 사람들과의 관계에서 필요한 덕목, 대상에 따라 중요하게 생각되는 덕목, 자신이 부족한 점 등을 인식할 수 있게 한다. 이러한 일련의 과정을 통해 맥락화와 반성적 사고가 일어나게 된다. 이와 같은 활동으로 학습자는 주 텍스트를 통한 의미, 정서 경험을 실제 삶에 실천할 수 있는 기반을 마련할 수 있다.

삶으로 나아가기

이 활동은 학습자가 실제 삶에 적용할 수 있는 계기를 마련하는 활동이다. 문제 해결의 구체적인 실천 방법을 수행하기 위해 다양한 활동을 펼칠 수 있다. 또한 『어린왕자』를 통해 성찰한 덕목을 다루고 있는 텍스트, 혹은 또 다른 덕목을 다루고 있는 텍스트를 선정하여 다음 독서 계획을 설정할 수 있다. 또한 지식 탐구, 성찰 일기 쓰기, 편지 쓰기, 진로 탐색 등의 활동이나 지속적인 독서와 의미 확장을 위한 엮어 읽기 등의 상호텍스트를 실천하기 위해 다음 독서 계획을 설정할 수도 있다.

표현 및 전달 – 소통원리 이해하기

■ 명확히 표현하는 의사전달

1. 『어린왕자』에서 다음 등장인물 들은 자신이 원하는 것을 얻기 위해 어떤 요구를 했습니까?

어린왕자 -> 조종사	
장미꽃 -> 어린왕자	
여우 -> 어린왕자	

2. 자신의 마음을 상대방에게 구체적으로 표현하는 일은 어떤 의미가 있다고 생각하는지 모둠원들과 이야기를 해 봅시다.

3. 명확하게 표현하는 의사전달 방식의 장단점을 모둠원들과 이야기해 봅시다.

■ 배려하는 의사전달

다음 상황에서 어떻게 표현할지 모둠원들과 이야기해 봅시다.

1. 친구와 약속을 했는데 갑자기 급한 일이 생겨 약속을 못 지킬 상황이 생겼을 때.

2. 친구나 가족이 생일 선물을 주었는데 선물이 마음에 썩 들지 않았을 때.

3. 어머니가 반찬을 해주셨는데 입맛에 맞지 않았을 때.

위에 제시된 상황 외에 배려가 필요한 또 다른 경우를 떠올려 봅시다.

바람직한 덕목 실천하기

감사하거나 사과하고 싶은 사람에게 자신의 마음을 솔직하게 표현하면서도 상대방을 배려할 수 있는 내용의 편지글을 써 봅시다.

3. 소통형: 진로 독서

소통형은 텍스트나 저자, 자신과의 대화를 넘어 세상과의 소통을 목적으로 하는 유형이다. 소통형은 현재는 물론 미래의 삶과도 직접적인 관련을 맺는다. 즉, 자신과의 소통을 기반으로 현재 자신의 문제를 해결함으로써 자신의 미래 삶을 개척할 수 있기 때문이다. 그러므로 자신의 문제 상황을 인식하여 타자화된 나와의 대화를 통해 문제 해결 과정으로 나아가는 것이 중요한 성장독서 방법이라 하겠다.

소통은 '소통'이라는 말 자체가 지니는 '의사를 주고받는다.'의 의미보다 좀 더 광범위한 개념으로 쓰인다. 즉, '막힘이 없이 서로 통함'이라는 사전적 의미는 '무엇'이라는 의미를 내포하고 있다. 그래야 '의사소통'이라는 말도 가능하고, 다른 수식어를 붙이는 것도 가능하기 때문이다. 또한 소통 관계에 놓인 대상 자체도 중요하지만 그 대상의 맥락 혹은 주변 환경 역시 소통을 가능하게 하는 주요 요인이 된다. 특히 대상 자체에 대한 특성보다 오히려 대상을 둘러싸고 있는 상황 맥락 등에 대한 이해가 소통을 원활하게 할 수 있다. 가령, 우리가 어떤 사람과 대화를 한다고 할 때, 화행을 통한 그 사람 자체와의 소통일 수 있지만 조금 더 그 사람과 소통을 잘하기 위해서는 그 사람의 주변 환경, 성장 배경 등 그 사람을 둘러싼 과거, 현재, 미래의 상황 맥락에 대한 이해가 중요하다. 특히 자신이 문제 상황이나 상황 맥락을 이해하는 것도 소통을 원활하게 하기 위한 전제 조건이 될 수 있다.

소통형에서의 소통은 그 범위가 필자와 독자 간, 독자와 독자의 객관화된 자아와의 소통, 그리고 개인과 개인의 소통 나아가 개인과 사회와의 소통임을 고려할 때, 텍스트를 읽는 독자의 메타 인지가 강조되어야 한다. 그러므로 독서 경험의 성장 요인 중, 학습자의 또 다른 주체인 타자화된 나와의 대화가 중요한 성장 요인이라 하겠다.

　우리가 소통했다고 말할 때에는 최소한 두 가지 면에서 일정한 변화를 이끌어 낼 수 있어야 한다. 첫째, 소통하는 당사자가 내적으로 변화를 겪어야 한다. 가령, 무엇에 대해 더 알게 되었거나, 사고의 폭과 깊이가 달라졌거나, 어떤 깨달음을 얻게 된 경우이다. 둘째, 소통하는 대상과의 관계나 당사자의 환경 또는 대상자가 속한 공동체 나아가 사회 구성원들 서로 간에 변화가 있어야 한다. 가령, 대상과의 관계에 어떤 변화가 있거나 자신이 처한 환경이나 상황이 변화되거나, 자신이 속한 공동체의 문제가 개선되거나 해결되거나 하는 것들을 포함해야 한다. 이러한 측면이 소통의 결과로 반영되어야 개인적 소통에서 사회적인 소통으로 나아갈 수 있으며, 개인적 성장은 물론 사회 구성원들을 서로 통합하고 문명과 문화를 유지·발전시키는 역할을 할 수 있다.

　이러한 점을 고려할 때, 소통은 무엇 즉, 어떠한 대상과의 소통인가, 소통을 잘하기 위해서는 무엇이 중요한 요인으로 작용하는지 그리고 소통을 통해 어떠한 변화를 이끌어 내어야 하는가의 문제와 결부된다.

　이것은 독서 교육을 통해 독자가 성취해야 할 독서 교육의 지향점이며, 소통형의 특징을 잘 드러내 준다. 가령, 문학작품과 소통할 경우를 생각해 보자. 독자는 '무엇'에 해당하는 텍스트, 텍스트를 생성한 필자 나아가 필자가 속한 사회와 소통한다. 그리고 필자가 구성해 놓은 문학 작품과 소통하기 위해 텍스트의 의미를 구성한다. 그리고 문학 작품을 필자의 상황 맥락 즉, 전달하고자 하는 의미가 구성되는 데 기여한 필자의 삶, 그리고 당대의 사회적 배경이나 당대의 현실 등의 맥락적인 요소 등을 고려한다. 그리고 자신의 삶과 연결시켜 자신만의 해석 텍스트를 만든다. 그리고 해석 텍스트를 만드는 과정은 여기서 멈추지 않는다. 문학 작품과의 만남 혹은 소통을 통해 구성된 의미를 삶에 적용하여 실천의 부분까지 이를 수 있다. 이를 통해 개인의 성장 나아가 사회 구성원 간에 문제나 갈등 요인을 해결하거나 새로운 지식을 창출하여 사회·문화 전반에 기여할 수 있다.

소통형은 타자화된 나와 독자의 대화도 중요하지만 현재 읽고 있는 텍스트와 관련한 학습 목표 중, 자신의 과거 경험과의 관계 속에서 주체적인 문제 상황의 설정 또한 소통과 관련하여 부각할 필요가 있다. 나아가 현재 텍스트에 대한 자신의 과거 경험이나 미래의 독서 경험에 대한 맥락화가 소통과 관련되어 강조되어야 한다.

또한 소통이라는 것이 현재 독자 자신의 문제일 수도 있지만 독자의 미래 삶과도 연결될 수 있다는 점에서 삶에서의 적용 및 삶으로의 실천도 간과해서는 안 된다. 특히 독자가 청소년기의 학생이거나 취업을 준비하고 있다면 자신이 과연 어떤 진로를 선택하여 미래에 어떤 삶을 살아야 할 것인가의 문제와 직결된다는 점에서 독서 경험을 삶에 적용하거나 실천하는 것은 매우 중요한 일이라 하겠다. 이렇게 자신의 현재, 나아가 미래의 삶과 직결된 진로 독서는 자신과의 소통 나아가 자신의 미래 삶을 준비하고 개척한다는 점에서 소통형 중, 대표적인 독서 방법이라 할 수 있다.

자신의 진로를 준비하거나 개척하기 위해서는 단지 돈이나 명예를 위해 직업을 갖는 삶보다는 자신에게 보다 솔직해질 필요가 있다. 가령, '도대체 무엇이 나를 행복하게 하는지', '사회에서 일반적으로 전해 놓은 성공의 기준 말고 내 안에서 뭘 원하는지' 등에 대한 고민을 우선시 할 필요가 있다.

이러한 점을 고려하여 진로 독서의 단계를 세 단계로 설정할 수 있다. 첫 번째는 자신의 문제를 인식하는 것이다. 우선 읽기 자료를 통해 진로 독서의 목적을 인식할 필요가 있다. 또한 독서 경험을 통해 자신의 삶을 이해하고 이를 토대로 자신의 문제를 인식할 필요가 있다. 이 과정을 통해 '나는 무엇을 좋아하는가?',

'나는 어떻게 살고 싶은가?', '나는 어떤 사람이 되고 싶은가? 등의 질문에 대해 자신, 나아가 세계와 소통하며, 자신이 진로 독서를 통해 어떤 삶을 살 것인가에 대한 해답의 실마리를 찾을 수 있다. 두 번째 단계는 『어린 왕자』를 읽으면서 다양한 활동 경험을 통해 책이나 저자와 소통하면서 타자화된 나와의 대화를 통해 맥락화와 반성적 사고의 과정을 거치게 된다. 세 번째로 내면화를 통해 자신이 처한 상황을 해결하거나 자신의 독서 경험을 삶에 적용하여 실천하는 단계이다. 이 과정을 통해 삶에서 시작된 문제가 텍스트를 거쳐 자신의 삶으로 다시 순환하거나 확장될 수 있다. 이러한 진로 독서 과정은 다음과 같이 구성될 수 있다.

소통형: 진로 독서

문제 인식하기

독서의 목적 인식하기

독서 경험을 통해 문제 인식하기

맥락화하기

주 텍스트와 소통하기

타자화된 나와의 대화

문제 해결하고 나아가기

가치화하기

삶으로 나아가기

문제 인식하기

진로 독서는 자신 나아가 세계와 소통하며, 독서를 통해 자신의 문제를 인식하고 이를 해결하여 미래를 준비하거나 개척하는 독서 방법이다. 자신의 진로를 설정하기 위해서는 우선 진로 독서의 목적을 인식할 필요가 있으며, 자신이 진로를 선택하기 위해 고려해야 하는 것 등에 대한 보다 진지한 고민이 선행되어야 한다.

독서의 목적 인식하기

자신의 진로를 선택하기 위해서는 우선, 어떤 관점으로 진로의 방향을 정할 것인가에 대한 고민이 필요하다. 이를 위해서 자신의 과거와 현재의 삶을 이해할 필요가 있으며, 미래의 삶을 준비하기 위해 어떤 책을 어떻게 읽을 것인가에 대한 문제가 우선시 되어야 한다. 따라서 독서의 목적을 이해하는 것이 문제 상황을 인식하는 첫 단계가 된다.

아래 제시된 텍스트를 통해 진로 독서의 목적을 이해시킬 필요가 있다.

첫째, 자신과 세상에 관심을 두고 호기심을 발전시키는 것입니다. 먼저 자신이 흥미를 두는 것에 어울리는 책을 골라 읽는 것으로 진로 독서를 시작합니다. 예를 들어 도구를 이용하는 것에 흥미가 있다면 마술이나 미용, 분장, 조립, 만들기에 관한 책을 찾아 읽는 것입니다. 또 이러한 분야에서 본보기가 될 만한 사람이 쓴 책을 읽고, 그 사람이 어떻게 자신의 흥미를 키워서 직업으로 발전시켰는지를 알아봅니다.

둘째, 자신의 개성과 가능성을 발견하고 인성과 가치관을 고찰하여 진로를 설계하고 준비하는 것입니다. 특정 분야에서 활동하는 사람이 쓴 책을 읽으면서 어떤 마음가짐으로 일을 선택했고, 어떤 태도로 일했는지 알아봅니다. 여기서 마음가짐이란 그가 인생에서 가장 중요한 가치로 여긴 것, 즉 일에 대한 가치관이라고 할 수 있습니다. 그다음은 '나에게 진정한 성공이란 무엇인가?'를 두고 진지하게 이야기를 나눌 차례입니다. 이 질문은 '나는 어떻게 살고 싶은가?', '나는 어떤 사람이 되고 싶은가?'를 묻는 것이기도 합니다. 만약 창의적이고 자유로운 분위기에서 일하고 싶다면 왜 그렇게 살고 싶은지를 생각해 보아야겠지요. 또 그런 삶을 사는 사람이 쓴 책을 찾아서 읽고, 어떤 노력을 해야 할지 알아보아야 할 것입니다. 한편 책을 읽고 책 속 인물의 성격을 파악한 뒤 자신의 성격을 탐구하여 진로 탐색을 꾀할 수도 있습니다. 책을 읽고, 책 속 인물의 말과 행동을 바탕으로 성격을 알아보고, 그러한 성격의 장점은 무엇이며, 그 장점을 살릴 수 있는 직업은 무엇인지 알아보는 것입니다. 이 방법을 활용하면 장점을 키우기 위해 어떤 노력을 해야 하는지도 배울 수 있습니다.

셋째, 삶의 기초 능력을 배우는 것입니다. 타인에 대한 공감 능력, 다른 사람을 설득하는 의사소통 능력, 문제 해결 능력, 창의력 등은 살아가는 데 꼭 필요한 기초 능력들입니다. 이런 것들은 본보기가 될 만한 인물의 이야기를 읽으면서 탐색할 수 있습니다.

진로 독서는 자기 인생을 위한 독서입니다. 우리는 책에 담긴 성공담이나 역경을 이겨낸 경험을 통해 아름다운 신념과 가치에 깊이 공감하고, 자신도 행동에 옮길 결심을 하게 됩니다. 진로 독서는 '되고 싶다, 하고 싶다, 할 수 있다'와 같은 마음을 들게 하고 앞으로 나아갈 용기를 줍니다.

- 임성미, 『중고등 아침 독서』, 2014.

1. 진로 독서의 목적을 이야기해 봅시다.

2. 자신이 좋아하는 것, 자신이 잘할 수 있는 것, 관심 있는 분야에 대한 질문에 설명해 봅시다.

질문	답변
자신이 좋아하는 것	
자신이 잘할 수 있는 것	
관심 있는 분야	

독서 경험을 통해 문제 인식하기

독서 경험을 통해 자신의 진로나 미래의 삶을 개척하기 위해서는 자신의 문제를 보다 명료하게 인식하고 이를 해결하기 위한 준비 과정이 필요하다. 이를 위해 진로 독서의 목적을 자신의 상황 맥락으로 조성해야 한다.

아래 활동은 자신의 문제로 상황 맥락을 조성하기 위한 독서 활동이다. 진로 선택을 단순히 경제적인 부분을 만족시키거나 단순히 직업을 선택하기 위한 하나의 방편으로 여기는 자세가 미래의 삶을 위해 스스로 피해야 할 진로 선택의 자세라는 점을 이해할 필요가 있다.

청소년기에 인생의 목표를 명명백백히 깨닫고 있는 사람이 몇이나 될까? 요즘 젊은이들에게 꿈이 무엇이냐고 물으면 의사, 변호사, 언론인, 공무원, 교사 등 직업을 말하는 경우가 많다. 그러나 지금처럼 급변하는 세상에서 평생 몸담을 직업을 찾는 일은 점점 더 어려워진다. 인생의 목표는 직업으로 수렴되지 않으므로 의사나 공무원이 되는 것 자체가 꿈인 인생은 궁색하다. 그 직업을 얻고 나면 더 이상 추구할 꿈이 없어지기 때문이다. 한국의 많은 대학생이 혼란과 방황에 빠져드는 것도 마찬가지다. 대학 입학을 목표로 삼고 열심히 공부하던 고등학생들이 그 목표를 이루고 나면 이후에 무엇을 해야 할지 갈피를 잡지 못하고 불안해한다. 차라리 목표가 뚜렷했던 수험생 시절이 행복했다고 한다. 그래서 일단 또다시 취직을 겨냥해 공부를 시작하는 것이다.

　그렇다면 꿈은 무엇이어야 하는가? 그것은 궁극적으로 이루고 싶은 그 무엇이다. 예를 들어 공무원이 되고자 한다면, 직업 그 자체를 꿈으로 삼기보다 장차 공무원으로서 어떤 정책을 실현하여 지역 사회와 시민 생활을 어떻게 디자인하고 싶다는 이상을 품어야 한다. 똑같은 의사라 해도 오로지 돈벌이에만 혈안이 된 의사와 환자들의 마음을 살피면서 그들의 삶의 질에 관심을 쏟는 의사는 전혀 다른 인생을 살고 있다고 할 수 있다. 가치 있는 삶을 꿈으로 갖기 위해서는 '진정 중요한 것과 중요하지 않은 것'을 분간하는 기준을 정해야 한다. 이는 청소년기에 적성 검사 못지않게 중요하다. 그 푯대를 확인했다면 전공이나 직업에 대한 확신이 다소 불투명해도 크게 상관이 없다. 이미 우리의 꿈은 어떤 전공이나 직업에 머무르지 않으며 그 꿈을 실현하는 길은 여러 갈래로 나 있기 때문이다. 삶의 궁극적인 목표가 분명한 사람은 얼핏 눈에 잘 띄지 않는 비좁은 샛길을 찾아내고, 없는 길도 뚫을 수 있다. 그 과정에서 부딪히는 난관에 좌절하지 않고 실패를 무릅쓰고 계속 전진하는 힘도 바로 그러한 열정에서 솟아오른다.

- 김찬호, 『생애의 발견』, 2009.

1. 꿈과 관련하여 새롭게 알게 된 점을 이야기해 봅시다.

2. 자신이 가지고 있던 생각과 달라진 점이 있다면, 그 이유를 말해 봅시다.

3. 나는 어떤 사람이 되고 싶은지 자유롭게 말해 봅시다.

독자는 윗글을 통해 현재 자신이 가지고 있는 꿈이나 진로에 대해 조금 더 색다른 고민을 시작할 수 있다. 진로를 단순히 직업과 연결하던 과거의 태도에서 벗어나 '되고 싶은 것, 하고 싶은 것' 등으로 접근할 수 있을 것이다. 이를 통해 자연스럽게 자신의 문제를 인식하면서 상황 맥락을 자신의 문제로 조금씩 맥락화할 수 있을 것이다.

만약 '꿈이 없거나', '꿈이 자주 변하는' 독자라면 아래 글을 통해 자신의 현재 상황을 맥락화할 수 있을 것이다.

한 학생이 "왜 꿈을 가져야 합니까?"라고 묻습니다. 꿈이 왜 필요한지 말하기 전에, 꿈이 있는 학생의 모습부터 살펴볼까요? 꿈이 있는 학생은 눈이 빛나고 밝은 표정을 띠며 매사에 자신감이 묻어납니다. 꿈을 향해 적극적으로 나아갑니다. 꿈은 바로 목표이자 방향입니다. 꿈이 있는 사람은 목표가 분명해서 망설이고 방황하느라 아까운 시간을 흘려보내지 않습니다.

또 다른 학생이 "꿈이 자꾸 변해요. 이렇게 우왕좌왕하다가 시간만 보내는 게 아닌지 불안해요."라며 고민을 털어놓습니다. 꿈이 없는 것도 고민이지만, 꿈이 너무 많아서 혹은 자꾸 바뀌는 것도 고민이 될 수 있습니다. 이럴 때에는 구체적으로 꿈을 정하기보다 관심 있는 큰 줄기, 큰 방향을 따라가는 것이 좋습니다. 꿈꾸는 방향으로 열심히 걸어가면서 흥미 있는 일, 기분 좋아지는 일의 목록을 써 보세요. 관심이 가는 분야를 알아 가다 보면 자연스레 어떤 것은 취미로 남고, 어떤 것은 더 큰 꿈으로 자라게 됩니다.

꿈이 있는 사람이라면 무엇을 해야 할까요? 꿈을 이루기 위한 준비를 지금부터 시작해야 합니다. 최고의 준비는 바로 기본기를 다지는 것입니다. '책은 한 권 한 권이 하나의 세계다.' 시인 윌리엄 워즈워스의 말입니다. 이는 우리가 책을 통해 시간과 공간을 넘어 다양한 세계를 경험할 수 있음을 일깨우는 말입니다. 열심히 책을 읽고 열심히 글을 쓰는 것은 여러분의 꿈을 키워 나가는 데에 중요한 기본기가 될 것입니다.

- 고도원, 『위대한 시작』, 2013.

1. 꿈을 가져야 하는 이유는 무엇인지 말해 봅시다.

2. 꿈과 관련하여 자신의 현재 상황을 말해 보고, 앞으로 어떤 노력을 해야 하는지를 이야기해 봅시다.

위의 독서 활동들은 독자가 독서 경험의 목표인 '자신의 진로와 관련된 글을 찾아 읽고, 문제 상황을 해결하는 태도를 지닌다.'와 관련하여 자신의 꿈이나 진로 선택에 있어 자신의 문제 상황이 무엇인지를 인식할 수 있게 하고, 저자 혹은 타자화된 나와의 대화나 반성적 사고 과정을 경험하기 위함이다. 이러한 독서 경험은 주 텍스트인 『어린 왕자』에서 어린 왕자가 여러 행성에서 만난 사람들과의 대화 속에서 자신이 바라는 직업 혹은 자신이 하고 싶은 일과 관련하여 어떤 것이 과연 가치로운 것이며, 진정 독자가 원하는 것이 무엇인지에 대한 맥락으로 작용할 수 있을 것이다. 특히 자신의 꿈이나 진로를 선택할 때, 필요한 가치, 직업에서 진정 중요하게 생각해야 하는 것, 자신이 추구했던 것들에 대한 변화 과정 등을 인식할 수 있을 것이다. 이러한 독서 경험을 통해 독자는 맥락화와 반성적 사고의 과정을 경험할 수 있을 것이다.

문제 인식 과정 후 읽기 자료를 통해 지성화의 단계를 거쳐 진로와 관련된 자신의 문제가 확정되었다면, 주 텍스트를 통해 문제 해결 과정으로 나아가야 한다. 만약 독자가 문제가 확정되지 않았다면, 주 텍스트를 읽으며 지성화의 단계를 거쳐 문제를 재설정할 수도 있다. 이때 독자의 과거 독서 경험이나 앞서 읽은 텍스트가 맥락으로 작용하여 독자는 타자화된 나와의 대화를 시도해야 한다. 특히 책이나 저자와의 소통을 통해 인상적인 부분이나 새롭게 알게 된 부분, 새롭게 깨달은 부분, 새롭게 하고 싶은 활동 등의 맥락화 활동을 할 수 있을 것이다. 특히 이러한 독서 경험을 통해 자신의 과거 독서 경험을 활용하거나 반성할 필요가 있으며, 미래의 독서 경험을 설계할 필요도 있다.

일반적으로 다음의 내용을 포함하는 독서 일지를 활용할 수 있다.

독서 경험	독서 경험의 유형	독서 경험의 영역	구체적 내용 및 활동
1. 새롭게 알게 된 부분	의미 경험	지적 영역	인상 깊은 내용 새롭게 알게 된 내용
2. 새롭게 깨닫게 된 부분	정서 경험	정의적 영역	생각이 변화된 부분 (삶의 가치나 태도)
3. 새롭게 하고 싶은 부분	활동 경험	심동적 혹은 활동적 영역	문제를 해결할 수 있는 방안 탐색하기
			독서 계획 (더 찾아 읽고 싶은 글/ 책/그림/영상/음악 등)

새롭게 알게 된 부분은 텍스트의 내용 중, 인상 깊은 내용이나 자신이 새롭게 인지한 내용을 중심으로 작성한다. 다음으로 새롭게 인지된 내용을 통해 깨닫게 된 바를 기록할 수 있다. 이를 기반으로 하여 자신을 돌아보거나 자신의 문제 상황을 관련지어 보고 이를 해결할 수 있는 방안을 모색할 수 있다. 그리고 마지막으로 주 텍스트와 엮어 읽기를 할 수 있는 텍스트를 찾아 독서 계획을 세울 수 있다. 이러한 일련의 과정을 거치며 맥락화와 반성적 사고 과정을 경험할 수 있다.

위에 제시한 독서 일지 작성과 관련된 내용을 『어린 왕자』에 맞추어 구성해 볼 수 있다. 『어린 왕자』를 읽으며, 의미 경험, 정서 경험, 활동 경험을 위한 독서 경험 활동지를 구안하면 다음과 같다. 특히 이러한 활동들은 책을 통해 알게 된 내용이 중심이 되는 의미 경험과 의미를 통해 깨닫게 되는 정서 경험 나아가 자신의 문제를 해결해 나아가는 활동 경험을 위한 것이다.

맥락화하기

주 텍스트와 소통하기
『어린 왕자』를 읽고 아래 활동을 통해 다양한 독서 경험을 할 수 있다.

■ 책을 읽으며 관심이 가는 구절이나 인상 깊은 장면을 적어보고, 그 이유를 말해 봅시다.

관심이 가거나 인상 깊은 장면	이유
1.	
2.	
3.	

■ 책 속에 등장하는 인물이나 대상을 중심으로 아래 활동을 해 봅시다.

1. 등장 인물을 나열해 봅시다.

2. 등장인물 중 관심 있는 대상을 선택하여 그 특징을 적어 봅시다.

■ 다음 인물들이 중요시 여기는 것(가치나 태도 등)에 대해 찾아 봅시다.

관심 있는 대상	특징
1.	
2.	
3.	

■ 등장 인물들 중, 자신이 관심 있는 인물을 골라 그들의 말이나 행동 등에 동의하는 것이나 동의하지 않는 것을 찾아 자신의 생각을 말해 봅시다.

등장인물	중요시 여기는 것
왕	
청소부	
술꾼	
사업가	
점등인	
지리학자	

■ 관심 있는 대상이 동일한 친구끼리 모둠을 구성하여 자신의 생각을 논리적으로 표현해 봅시다.

관심 있는 대상	자신의 생각	
	동의하는 것	동의하지 않는 것
1.		

2.		
3.		

■ 등장 인물의 말이나 행동을 통해 글쓴이가 책에서 말하고 싶었던 것이 무엇일지 생각해 봅시다.

관심 있는 동일 대상	모둠원의 생각 뭉치	
	동의하는 것과 그 이유	동의하지 않는 것과 그 이유

〈모둠원들의 의견〉

타자회된 나와의 대화

주 텍스트 읽기가 책이나 저자와의 소통이 중심된 활동이라면, 타자회된 나와의 대화란 이러한 독서 활동을 바탕으로 자신의 상황 맥락을 고려한 활동이 중심이 된다. 가령, 자신의 과거 독서 경험을 통해 알고 있는 내용, 그리고 위의 활동을 통해 새롭게 알게 된 내용, 나아가 문제 인식하기 활동을 통해 읽었던 텍스트를 연결시켜 자신과의 대화를 시도하는 과정이 중시된다. 아래 활동은 의미 경험을 바탕으로 다양한 활동 경험을 통해 자신의 문제를 해결하기 위한 정서적 경험의 활동이라 할 수 있다.

■ 등장 인물 중, 자신이 닮고 싶은 사람이 있다면 그 이유를 말해 봅시다. 만약 그 반대라면 왜, 그러한 생각을 했는지를 이야기해 봅시다.

닮고 싶은 대상	이유

닮고 싶지 않은 대상	이유	고쳐야 할 방향 (말이나 행동, 태도 등)

■ 자신이 중요하게 여기는 것들에는 무엇이 있는지 말해 봅시다.

| 자신이 중요하게
여기는 것
(물질, 혹은 가치로운
것, 또는 삶의 태도 등) | |

■ 자신이 꿈을 정하거나 진로를 선택할 때, 고려해야 할 것들에 대해 말해 봅시다.

고려해야 할 것	이유
1.	
2.	
3.	

■ 고려해야 할 것이 유사한 친구끼리 모둠을 구성하여 자신의 생각을 논리적으로 표현해 봅시다.

고려 사항이 유사한 것	모둠원의 생각 뭉치	
	동의하는 이유	동의하지 않는 이유

〈모둠원들의 의견〉

■ 독서 경험을 통해 생각이 달라진 점이나 새롭게 깨달은 것이 있다면 무엇인

지 이야기를 해 보자.

〈생각이 달라진 부분〉

〈새롭게 깨달은 것〉

문제 해결하고 나아가기

이 과정은 독서 후에 이루어지는 독서 경험으로 문제 해결을 위한 실천 방법을 수행하는 것이다. 주 텍스트에 대한 의미 경험, 정서 경험을 바탕으로 문제를 해결할 수 있는 방안을 탐색하거나 아래 글을 읽으며, 진로나 꿈을 선택할 때, 자신의 문제를 재확인하고 자신만의 문제 해결 방안을 세우는 것이 주된 활동이라 할 수 있다. 특히 자신의 문제를 해결할 수 있는 독서 계획을 세우는 것도 좋은 방안일 수 있다. 이러한 활동을 통해 앎을 삶으로 확장시킬 수 있을 것이다.

가치화하기와 삶으로 나아가기

가치화하기란 자신의 진로나 꿈을 설정할 때, 자신의 현재 모습을 직시하는 과정을 의미한다. 이를 위해 자신의 인생 그래프를 그려볼 필요가 있으며, 현재 자신의 모습을 성찰할 수 있는 새로운 텍스트를 읽을 수도 있다.

■ 아래 글을 읽고 다양한 활동 경험을 해 봅시다.

어린 시절 가장 많이 받은 질문.
"너 커서 뭐가 될래?"
내 꿈은 계절마다 바뀌어서, 지금은 기억조차 가물가물하다. 하지만 초등학교 시절까지 가장 오래 간직했던 꿈은, 부끄럽지만 피아니스트였다. 사실 피아니스트의 삶이 어떤 건지는 잘 몰랐지만 나는 그저 피아노가 좋았다. (중략) 피아노를 '잘 쳐서' 좋은 것이 아니라, '그냥 좋아서' 좋아했다. 특출한 재능이 있는 것

은 아니었다. (중략)

　꿈의 불꽃이 타오르기 시작한 순간은 이상하게도 잘 기억나지 않는데, 꿈의 불꽃이 사그라지던 순간은 정확히 기억이 난다. 어린 시절 우리 집에서 같이 살던 이모와 수다를 떨었는데, (중략) 내가 그저 어떤 꿈을 꾼다는 것이 부모님께 부담이 된다는 것을 미처 헤아리지 못했던 것이다. 조숙한 척만 했지 전혀 철들지 못했던 초등학생겐 너무나 커다란 충격이었다.

　그 다음부터 피아노 연습을 게을리하기 시작했다. (중략)

　그 이후로도 나는 꿈을 여러 번 포기했다. 때로는 성적이 모자라서, 때로는 사람들의 평가가 두려워서, 때로는 그저 꿈만 꾸는 것이 싫증나서 수도 없이 꿈을 포기했다. 내 꿈의 역사는 '포기의 역사'였다. 그런데 그 수많은 꿈을 포기하며 살아가다 보니, 정말 인정하기 싫지만 나의 진짜 문제를 알게 되었다. 실패가 두려워 한 번도 제대로 된 도전을 해 보지 못했다는 것을. 아무리 이모의 조언이 충격적이었더라도, 내가 피아노를 좀 더 뜨겁게 사랑했더라면, 좀 더 세상과 싸워 볼 용기가 있었다면, 그렇게 쉽게 포기하진 않았을 것이다.

　나는 계란으로 바위를 치는 심정으로, 자신의 꿈을 행해 도전하며 처절하게 실패하는 사람들을 마음속 깊이 질투하고 존경한다. 이제야 알았기 때문이다. 포기의 역사보다는 실패의 역사가 아름답다는 것을. 제대로 부딪혀보지도 않은 채 포기하는 것보다는, 멋지게 도전하고 처참하게 실패하는 사람들이 훨씬 많은 것을 배운다는 것을. 꿈을 이루는 데 실패하더라도, 삶에서 실패하는 것은 아님을.

　얼마 전 내 소중한 벗이 함께 술을 마시다가 내게 불쑥 물었다.

　"넌 왜 그렇게 매사에 자신감이 없냐?"

　나는 아무렇지도 않다는 듯 적당히 둘러대긴 했지만, 그 말이 오랫동안 아팠다. 가슴에 날카로운 사금파리가 박힌 것처럼, 시리게 아팠다. 내 삶의 치명적인 허점을 건드리는 말이었기 때문이었다. 나를 오래 알아온 사람만이 알아볼 수 있는 내 아픔이었기 때문이다. (중략)

　나는 이제야 깨닫는다. 피아노를 포기하는 것이 아니라, 그때부터 '포기하는 버릇'을 가슴 깊이 내면화한 것이 문제라는 것을. 도전을 하기 전에, 미리 온갖

잔머리를 굴려 내 인생을 '시뮬레이션' 해 보고, 안 되겠구나 싶어 지레 포기하는 것. 아주 어릴 때부터 나도 모르게 소중하게 가꿔온(?) 버릇이라 쉽게 고칠 수도 없었다. 내게 주어진 현실을 실제 상황보다 훨씬 나쁘게 인식하는 것. 내가 가진 것을 실제보다 훨씬 작게 생각하는 버릇. 가슴 깊이 감추어진, 생에 대한 뿌리 깊은 비관. 그것은 금속에 슬기 시작한 '녹' 같다. 처음에는 아주 하찮아 보이지만 나중에는 가득 덮인 녹 때문에 물체의 원래 모습조차 알 수 없게 되어버리는. 나는 진로에 대한 공포 때문에, 미래에 대한 비관 때문에, 나의 원래 모습마저 잃어버린 것 같았다.

나의 글을 읽는 '마음의 20대들'은 나 같은 실수를 반복하지 말았으면 한다. 진로를 생각할 때 '실현 가능성'부터 생각하지 말자. 진로를 생각할 때 곧바로 '직업'과 연결하지도 말자. 미래를 생각할 때 생활의 안정을 1순위로 하지 말자.

하지만 이런 건 괜찮다. 예컨대, 내가 얼마나 그 꿈에 몰두할 수 있는지 실험해 보는 것. 밥 먹는 것도 잊고, 잠자는 것도 잊고, 약속 시간도 잊고, 무언가에 몰두해본 적이 있는가. 그게 바로 우리들의 가슴을 뛰게 만드는 것이다. (중략)

- 정여울, 『그때 알았더라면 좋았을 것들』, 21세기북스, 2013, 175~181쪽.

■ 지금까지 살면서 자신이 가졌던 꿈이나 진로를 가족들의 생각과 비교하여 아래 그래프에 표시해 봅시다.

- 가족 생각: 점선으로 표시
- 내 생각: 실선으로 표시

정도

초등학교　　　　　중학교　　　　　고등학교

■ 학창 시절 중, 자신이 가졌던 꿈이나 진로가 가족의 생각과 일치했다면 그
이유를 만약 차이가 있었다면 어떤 부분에서 다른 견해가 있었는지를 정리
해 봅시다.

일치한 부분	이유

일치하지 않은 부분	이유

■ 자신의 꿈을 찾거나 진로를 선택하기 위해 자신이 고려해야 할 가치가 무엇인지 그리고 자신에게 부족한 점이나 갖춰야 할 점 등에 대해 이야기해 봅시다.

고려해야 할 점	자신이 부족한 점	자신이 갖춰야 할 것

〈해야 할 일(독서 계획 및 향후 계획 등)〉

■ 자신이 선택한 진로나 꿈을 이루었다고 가정해 봅시다. 자신이 활동하는 별에 또다른 어린 왕자가 왔다고 할 때, 어린 왕자에게 자신이 하는 일에 대한 가치를 설명해 봅시다.

[참고문헌]

강진호(2013),「맥락주의와 '공유된 내용'의 문제」,『철학적 분석』, 제27호, 한국교육철학회.

고도원(2013),『꿈꾸는 책방』, 해냄.

고영성(2015),『어떻게 읽을 것인가』, 스마트북스.

고영준(2012),「교육적 경험의 의미: 오우크쇼트와 듀이의 관점」,『교육철학연구』, 제34권, 제1호, 교육철학회.

교육과학기술부(2012),『2009 개정 교육과정에 따른 성취기준 성취수준: 고등학교 국어』, 교육과학기술부.

곽현주(2004),「수업반성과정과 유치원 교사의 교수행동」, 중앙대학교대학원 박사학위 논문.

권민균(2002),「초등학생의 읽기동기에 관한 연구」,『아동학회지』, Vol.23, No.3, 한국아동학회.

권은경(2012),「독서태도와 읽기 성취도 분석이 시사하는 학교도서관 독서 교육의 방향」,『한국도서관정보학회지』, Vol.43 No.4, 한국도서관정보학회.

권정숙 · 최석란(2003),「반성적 사고경험에 나타난 유아교사의 반성적 사고 과정」,『열린유아교육연구』, Vol.8, No.2, 한국열린유아교육학회.

길호현(2016),「생애 주기별 역량 기반 독서 평가 방안 연구」,『한국언어문화』59, 한국언어문화학회.

김대행(2002),「국어교과학의 과제」,『청람어문교육』, 25집, 청람어문교육학회.

김도남(2001),「상호텍스트성에 기반한 텍스트 이해 단계설정 검토」,『독서연구』, 제6호, 한국독서학회.

──(2009),「읽기 상호텍스트성의 기제와 교육」,『한국초등국어교육』, 제40집, 한국초등국어교육학회.

김명순(2003),「활동 중심 읽기 교육의 내용 연구」, 교원대 박사학위논문.

김무길(2006),「듀이의 교육이론에 나타난 '지식교육'의 위상: '인식론적' 문제의 재고찰」,『교육철학』, 제37집, 한국교육철학회.

──(2007),「듀이의 상황 개념에 대한 교육현상학적 이해」,『교육철학』, 제40집, 한국교육철학회.

김석수(1997),「칸트의 반성적 판단력과 현대 철학」,『칸트연구』, 3권, 한국칸트연구회.

김성희 · 김혜숙(2013),「매체 생태학의 관점으로 본 독서교육의 방향」,『독서연구』30권, 한국독서학회.

김수천(1982),「Dewey의 교육관과 반성적 사고」,『춘천교육대학 논문집』, 22.

김슬옹(2009),「2007 개정 국어과 교육과정 '맥락' 범주의 핵심 교육 전략」,『국어교육학연구』, 제36권, 국어교육학회.

──(2010),「국어교육 내용으로서의 '맥락' 연구」, 동국대학교 박사학위 논문.

김아영(1998),「동기 이론의 교육현장 적용 연구와 과제: 자기효능감 이론을 중심으로」,『교육심리학연구』, Vol.12, No.1, 한국교육심리학회.

김재건(2004),「듀이의 경험론에 기초한 교수-학습과정의 대안 모색」,『한독교육학연구』, Vol.19, No.1, 한독교육학회.

김재봉(2005),「맥락의 의사소통적 기능(1): 맥락의 선택과 맥락효과」,『인문과학연구』, 16, 조선대학교 인문학연구원.

──(2007),「2007년 개정 국어과 교육과정과 맥락의 수용 문제」,『새국어교육』제77호, 한국국어교육학회.

김진애(2017),『여자의 독서』, 다산북스.

김찬호(2009),『생애의 발견』, 인물과 사상사.

김창엽(2005), 「'Learning To Be'와 'Learning: the Treasure Within' 비교 연구」, 『평생교육연구』, Vol.11, No.3, 한국평생교육학회.

김창원(2007), 『국어교육론: 관점과 체제』, 삼지원.

김한별(2010), 『평생교육론』, 학지사.

김한식(2003), 「이야기, 삶, 주체: 자기의 해석학을 위하여」, 『프랑스학연구』, 제25권, 프랑스학회.

김혜정(2004), 「읽기 연구에서 텍스트 이론의 영향과 그 교육적 전개-미국에서의 읽기 연구를 중심으로」, 『텍스트언어학』, No.17, 한국텍스트언어학회.

김혜정(2009), 「읽기의 맥락과 맥락 읽기」, 『독서연구』, 제21호, 한국독서학회.

노명완(1987), 「독서는 스스로 점검하는 반성적 사고」, 『한국과학기술정보연구원(KISTI) 출판저널』, 제30호, 대한출판문화협회.

———(2012), 「독서와 작문: 그 개념의 변천과 지도 방법에의 시사점」, 『독서연구』28권, 한국독서학회.

———(2015), 「창의,융합 과정으로서의 독서,작문교육과 테크놀로지」, 『독서연구』35권, 한국 독서학회.

노은희(1993), 「상황 맥락의 도입을 통한 말하기 지도연구」, 서울대 석사학위논문.

노진호(1998), 「듀이(J. Dewey)의 교육이론에서 반성적 사고의 위상」, 『교육철학』, 19, 한국교육철학학회(구 교육철학회).

류보라(2010), 「청소년의 독자 인식과 독서 실행의 관계 연구」, 『독서연구』, 24호, 한국독서학회.

류보라(2013), 「고등학생의 독자로서의 자기 인식 연구」, 『새국어교육』, 제97호, 한국국어교육학회.

류성창(2012), 「역량 중심 교육을 위한 교육평가 개선방안」, 한국교육개발원.

문광훈(2006), 『김우창의 인문주의: 시적 마음의 동심원』, 한길사.

문화체육관광부(2017), 「2017년 국민 독서실태 조사」.

민현식(2014), 「국어교육과 생애주기(평생)교육의 학제적 접근」, 『제57회 전국학술대회 자료집』, 국어교육학회.

박부권(2000), 「기존 '교육' 개념의 탈맥락성과 재맥락화를 위한 시도」, 『교육사회학연구』, 제10권, 제3호, 한국교육사회학회.

박상진(1999), 「열림, 컨텍스트, 해석의 한계: 움베르토 에코의 기호학적 해석 전략 비판」, 『기호학연구』, 제6권, 한국기호학회.

———(2003), 「컨텍스트의 이론: 데리다와 구조주의적 마르크스주의를 중심으로」, 『현대문학이론연구』, 제20권, 현대문학이론학회.

박수자(2011), 「맥락 기반 읽기 지도의 관점과 반성」, 『한국초등국어교육』, 47, 한국초등국어교육학회.

박영민(2008), 「중학생의 읽기 동기 구성 요인 분석과 읽기 동기 신장 프로그램 개발」, 『청람어문교육』, 제38집, 청람어문교육학회.

박영환(1987), 「Dewey의 성장이론과 교육목적」, 『교육철학』, 제5권, 한국교육철학학회.

박은혜(1996), 「반성적 사고와 유아 교사교육」, 『아동교육연구』제16권, 제1호, 한국유아교육학회.

박정진·이형래(2009), 「읽기 교육에서의 콘텍스트: 의미와 적용」, 『독서연구』, 제21호, 한국독서학회.

박주병(2013), 「학습의 개념과 교사: 플라톤의 '회상', 아퀴나스의 관조, 루소의 경험」, 『인문과학연구』, 창간호, 강원대학교 인문과학연구소.

박지원 · 박수밀 옮김(2011), 『연암 산문집』, 지식을 만드는 지식.

박찬부(2001), 「상징질서, 이데올로기, 그리고 주체의 문제: 라캉과 알튀세르」, 『영어영문학』, 제47권, 제1호, 한국영어영문학회.

박철홍(1995), 「듀이의 "하나의 경험"에 비추어 본 교육적 경험의 성격: 수단으로서의 지식과 내면적 가치의 의미」, 『교육철학』, 제13집, 한국교육철학회.

서울대학교 국어교육연구소(2004), 『국어교육학사전』, 서울: 대교출판.

서정혁(2012), 「상호주관적 읽기교육의 철학적 기초」, 『독서연구』, 제18호, 한국독서학회.

서종훈(2012), 「독서의 가치에 대한 비판적 소고-교육과정 및 교과서에 제시된 양상을 중심으로」, 『새국어교육』, No.92, 한국국어교육학회.

선주원(2002), 「상호텍스트성의 관점에 의한 소설교육」, 『청람어문교육』, 제24집, 청람어문교육학회.

송도선(2009), 『존 듀이의 경험교육론』, 교육과학사.

신명선(2013), 「맥락 관련 문법 교육 내용의 인지적 구체화 방향」, 『국어교육연구』, 제32집, 국어교육학회.

신호철(2012), 「맥락 중심의 문법 교육 내용 기술 방안 연구: 높임 표현을 중심으로」, 『국어교육학연구』, 제43권, 국어교육학회.

안도연(2017), 『연어』, 문학동네.

양명수(1995), 「말뜻과 삶의 뜻: 리쾨르의 상징론 이해」, 『문학과 사회』, 제32호, 문학과 지성사.

엄윤숙 · 한정주 쓰고 엮음(2007), 『조선 지식인의 독서 노트』, 포럼출판사.

염은열(2011), 「국어과 교육과정과 초등 문학교육에서의 '맥락'」, 『한국초등국어교육』, 제47집, 한국초등국어교육학회.

유현숙 외(2002), 「국가수준의 생애능력 표준설정 및 학습체제 질 관리 방안 연구」, 1, RR2002-19, 한국교육개발원.

유현숙 외(2003), 「국가수준의 생애능력 표준설정 및 학습체제 질 관리 방안 연구」, 3, RR2004-11, 한국교육개발원.

윤정일 · 김민성 · 윤순경 · 박민정(2007), 「인간 능력으로서의 역량에 대한 고찰: 역량의 특성과 차원」, 『교육학연구』, 45권 3호, 한국교육학회.

윤현진 외(2007), 「미래 한국인의 핵심역량 증진을 위한 초·중등학교교육과정 비전 연구」, 한국교육과정평가원.

오현석(2010), 「역량중심 인적자원개발의 비판과 쟁점 분석」, 『역량기반교육: 새로운 교육학을 위한 서설』, 서울대학교 교육학과 BK21 역량기반 교육혁신연구사업단, BK 21 핵심역량 연구센터, 교육과학사.

이경화(2008), 『읽기교육의 원리와 방법』, 박이정.

이경화 외(2007), 『교과 독서와 세상 읽기』, 박이정.

이근호 외(2012), 「미래 사회 대비 핵심역량 함양을 위한 국가 교육과정 구상」, 한국교육과정평가원.

이근호 외(2013), 「미래 핵심역량 계발을 위한 교과 교육과정 탐색: 교육과정, 교수 학습 및 교육평가 연계를 중심으로」, 연구보고 RRC 2013-2, 한국교육과정평가원.

이도영(2008), 「읽기 능력의 개념과 구성 요소」, 『문식성 교육 연구』, 한국문화사.

──(2011), 「초등 듣기 말하기 교육에서 맥락 교육의 문제와 개선 방안」, 『한국초등국어교육』, 47, 한국초등국어교육학회.

이돈희(1994), 「성장의 교육과 교육의 민주화」, 『교육이론과 실천』, 제4권, 경남대학교 교육문제연구소.

이돈희(2004), 『교육정의론(수정판)』, 교육과학사.

이동언(1999), 「맥락주의를 건축이론화 하기 위한 시도(1)」, 『건축역사연구』, 제8권, 제2호, 한국건축역사학회.

이득재(2003), 『바흐찐 읽기: 바흐찐의 사상 언어 문학』, 문학과학사.

이삼형(1998), 「언어 사용 교육과 사고력 - 텍스트의 이해를 중심으로」, 『국어교육연구』 5, 서울대학교 국어교육연구소.

이삼형(2011), 「생애교육으로서의 독서 교육」, 『국어교육학연구』 제41집, 국어교육학회

이삼형(2013), 「읽기와 독서 교육과정이 나아갈 길」, 『독서연구』 29, 한국독서학회.

이삼형 · 김중신 · 김창원 · 이성영 · 정재찬 · 서혁 · 심영택 · 박수자(2001), 『국어교육학』, 소명출판사.

이삼형 외(2007), 『국어교육학과 사고, 역락.

이성만(2007), 「텍스트 이해에서 상호텍스트성의 역할」, 『언어과학연구』, 제41집, 언어과학회.

이성영(2001), 「구성주의적 읽기 교육의 방향」, 『한국초등국어교육』, 제18집, 한국초등국어교육학회.

──(2003), 「생태학적으로 타당한 독서 교육을 위하여」, 『한국초등국어교육』, 제22집, 한국초등국어교육학회.

──(2006), 「읽기 교육의 마당 넓히기: 내용교과에서의 읽기 지도」, 『독서연구』, 제15호, 한국독서학회.

──(2009), 「독서 영역의 구조와 내용」, 『국립국어원 한국어교육학회 공동 국제학술회의집』.

이순영 외(2015), 『독서교육론』, 사회평론.

이영석 · 이세나(2004), 「유아교사의 전문성 개발을 위한 소고: 반성적 사고를 중심으로」, 『미래유아교육학회지』, Vol.11, No.4, 미래유아교육학회.

이인학(2003), 「교육적 가치의 준거로서 J. Dewey의 반성적 사고」, 『아동교육』, 제12권, 제2호, 한국아동교육학회.

이재기(2005), 「문식성 교육 담론의 주체 형성에 관한 연구」, 교원대 박사학위논문.

──(2006), 「맥락 중심 문식성 교육 방법론 고찰」, 『청람어문교육』, 34, 청람어문교육학회.

이종재 · 송경오(2010), 「핵심역량 개발과 마음의 계발: 중용, 中庸의 관점」, 『역량기반교육: 새로운 교육학을 위한 서설』, 서울대학교 교육학과 BK21 역량기반 교육혁신연구사업단, BK 21 핵심역량 연구센터, 교육과학사.

이주섭(2001), 「상황 맥락을 반영한 말하기 듣기 교육의 내용 구성에 관한 연구」, 한국교원대 박사학위논문.

이주한(2003), 「듀이의 습관개념과 교육」, 『교육철학』, 제30집, 한국교육철학회.

──(2012), 「Dewey의 반성적 사고 개념에서 본 반성적 교사의 특질」, 『한국초등교육』, 제23권, 제2호, 서울대학교 초등교육연구원 Journal.

이지호(1998), 「독서와 쾌락: 전통적 독서관과 관련하여」, 『독서연구』, 제3호, 한국독서학회.

이진향(2002), 「교사의 수업개선을 위한 반성적 사고의 의미 고찰」, 『한국교원교육연구』, Vol.19, No.3, 한국교원교육학회.

이홍우(1991), 『교육의 개념』, 문음사.

이희용(2015), 「성장을 위한 경험 교육으로서의 독서 교육에 관한 연구」, 한양대학교 박사학위논문.

임성미(2014), 「중고등 아침독서」, 행복한 아침 독서 신문 89호 4면.

임주탁(2013), 「문학교육학 및 문학교육의 방법론 검토: 맥락 중심 문학교육학과 비판적 문학교육」, 『문학교육학』, 40, 한국문학교육학회.

임천택(2007), 「새 국어과교육과정의 내용 선정 범주 '맥락'의 현장 소통 방안」, 『청람어문교육』, 36집, 청람어문교육

학회.

전제응(2011),「쓰기 맥락의 본질과 쓰기 맥락 지도의 실제」,『한국초등국어교육』, 47집, 한국초등국어교육학회.

정여울(2015),『그때 알았더라면 좋았을 것들』, 21세기북스.

정민(2013),『오직 독서뿐』, 김영사.

──(2015),『책벌레와 메모광』, 문학동네

정약용(박무영 옮김, 2002),『뜬세상의 아름다움』, 태학사.

정옥년(2007),「독서의 정의적 영역과 독자 발달」,『독서연구』, 제17호, 한국독서학회.

정혜승(2006),「읽기 태도의 개념과 성격」,『독서연구』, 제16호, 한국독서학회.

정해연(2018),「퇴계의 독서관을 반영한 인성 함양 독서 프로그램 개발 연구」, 부산대학교 대학원, 국어교육학과 박사 논문.

진선희(2009),「국어과 교육 내용 '맥락'의 구현 방향」,『국어교육연구』, 제45집, 국어교육학회.

──(2011),「문학교육 내용 '맥락'의 요소 및 지도 방법 연구」,『국어교육연구』, 제48집, 국어교육학회.

──(2013),「국어교육 내용으로서 '맥락'의 실행 현황 및 개선 방안 연구: 초등 설득적 언어 수행을 중심으로」,『청람 어문교육』, 47, 청람어문교육학회.

최미숙 외(2016), 국어교육의 이해』, 사회평론.

최숙기(2010),「중학생의 읽기 동기와 읽기 태도에 관한 상관성 연구」,『독서연구』, 제23호, 한국독서학회.

최승현(2013),「PISA/TIMSS 결과 분석을 통한 흥미, 자아 효능감, 가치 함양 방안」, 한국교육과정평가원.

최신한(1994),「슐라이어마허의 전반성적 주체와 직접적 자기의식」,『철학연구』, 34권, 철학연구회.

최창렬 · 심재산 · 성광수(1986),『국어의미론』, 개문사.

최인자(2006),「청소년 문학 경험의 질적 이해를 위한 독서 맥락의 탐구: 학교에서의 다양한 문식적 클럽들을 중심으로」,『독서연구』, 제16호, 한국독서학회.

최효찬(2010),『세계명문가의 독서교육』, 바다출판사.

한철우(1998),「사람들은 왜 책을 안 읽는가」,『독서연구』, 제3호, 한국독서학회.

한철우 · 김도남 · 김명순 · 김봉순 · 김혜정 · 박수자 · 박영민 · 선주원 · 이경화 · 이재승 · 정옥년 · 천경록 · 한명숙 · 홍인선(2009),『독서 교육사전』, 교학사.

홍준기(2002),「후설, 데카르트, 라캉의 주체 개념」,『철학사상』, 14권, 서울대학교 철학사상연구소.

한국교육심리학회 편(2000),『교육심리학 용어사전』, 학지사.

가와시마 류타, 이소영 역(2008),『현명한 부모가 똑똑한 아이를 만든다』, 형설라이프.

니콜라스 카, 최지향 역(2011),『생각하지 않는 사람들』, 청림출판.

매리언 울프, 이희수 역(2009),『책 읽는 뇌』, 살림.

모티머. J. 애들러, 민병덕 역(2011),『독서의 기술』, 범우사.

M. 스캇 펙, 최미향 역(2011),『아직도 가야할 길』, 율리시즈.

샤를 단치, 임명주 역(2013),『왜 책을 읽는가』, 이루.

생텍쥐페리, 함미경 역(1986),『어린왕자』, 을지출판사.

스티븐 로저 피셔, 박수철(2010),『문자의 역사』, 21세기북스.

스티븐 핑거, 김한영 역(2008),『언어본능』, 동녘사이언스.

알베르토 망구엘, 정명진 역(2017),『독서의 역사』, 세종서적.

오에 겐자브로, 정수윤 역(2015),『읽는 인간』, 위즈덤 하우스.

이토 우지다카, 이수경 역(2012),『천천히 깊게 읽는 즐거움』, 21세기북스.

잭 캔필드. 게이 헨드릭스, 손정숙 역(2007),『내 인생을 바꾼 한 권의 책』, 웅진출판사.

헤르만 헤세, 김지선 역(2006),『독서의 기술』, 뜨인돌.

Afflerbach, Peter(2010), Understanding and Using Reading Assessment: K-12. 조병영 외 역,『독서 평가의 이해와 사용』, 한국문화사.

Allport, G. W.(1935), (The)Historical background of modern social psychology. 송대현 역(1978),『사회심리학』, 정음사.

Anderson, Lorin W.(2001), A taxonomy for learning, teaching, and assessing : a revision of Bloom's taxonomy of educational objectives. 강현석 외 역(2005),『교육과정 수업 평가를 위한 새로운 분류학: Bloom 교육목표분류학의 개정』, 아카데미프레스.

Beaugrande · Dressler, M., 김태옥 이현호 역(2008),『텍스트 언어학 입문』, 창한신문화사.

Blakemore, Sarah-Jayne, Frith, Uta(2005), How The Brain Learns - Towards A New Learning Science, Blackwell Pub. 사라제인 블랙모어 & 우타 프리스; 손영숙 역(2009),『뇌, 1.4킬로그램의 배움터』, 해나무.

Brinker, K.(1985), Linguistische Textanalyse. Berlin. 이성만 역(2004), 텍스트 언어학의 이해 , 역락.

Brozo,W.G.&Simpson,M.L.(1995), Readers,Teachers,Learners, Prentice-Hall.

COVEY, Stephen R.(2000), The 7 Habits of Highly Effective People, Running Press Book Publishers. 김경섭 역(2003),『성공하는 사람들의 7가지 습관』, 김영사.

Dewey, J.(1910), How we think. (정회욱 역(2011),『하우 위 싱크: 과학적 사고의 방법과 교육』, 학이시습.

Dewey, J.(1916), Democracy and Education: An Introduction to the Philosophy of Education. New York: Macmillan. 이홍우 역(1988),『민주주의와 교육』, 교육과학사.

Dewey, J.(1934), Art as Experience. New York: Capricorn Books, G. P. Putnam's Son. 이재언 역(2003),『경험으로서의 예술』, 책세상.

Dewey, J.(1938), Experience and Education. New York: Collier Books. 강윤중 역(2004),『경험와 교육』, 배영사.

Dorothy Butler(1979), CUSHLA AND BOOKS, Hodder and Stoughton Ltd. 김중철 역(2003),『큐슐라와 그림책 이야기』, 보림.

Elena Bodrova and Deborah J. Leong(1996), Tools of the Mind: The Vygotskian Approach to Early Childhood Education, Prentice-Hall, Inc. 엘레나 보드로바 데보라 J 리옹, 김억환 박은혜 역(1999),『정신의 도구: 비고츠키 유아교육』, 이화여대출판부.

Hauenstein, A. Dean(1998), A conceptual framework for educational objectives :a holistic approach to traditional taxonomies. 김인식 외 역(2004), 『신 교육목표분류학』, 교육과학사.

Marzano, Robert J.(2001), Designing a new taxonomy of educational objectives. 강이철 외 역(2005), 『신 교육목표분류학의 설계』, 아카데미프레스.

Roach Elliott Webb(2005), Alignment of an Alternate Assessment with State Academic Standards.

Spivey, N. N.(1997), The Constructivist: Reading, Writing and the making of meaning. 신헌재 박태호 이 주섭 김도남 임천택 역(2004), 『구성주의와 읽기 쓰기』, 박이정.

L. S. Vygotsky(1962), Thought And Language, Cambridge, Mass, MIT Press.

Witte, S. P.(1992), Context, Text, Intertext: Toward a Constructivist Semiotic of Writing, Written Communication, 9(2).